U0590536

国家社会科学基金项目（编号：08CXW007）阶段性研究成果
中国博士后科学基金资助项目（编号：20070421205）研究成果
浙江省教育厅人文社会科学研究规划项目（编号：20070035）研究成果
浙江省重点学科"传播学"学科研究成果
浙江省哲学社会科学重点研究基地"浙江省传播与文化产业研究中心"研究成果

Game of Culture and Economy

文化与经济的博弈

博弈

出版经济学理论研究

吴赟⊙著

中国社会科学出版社

图书在版编目(CIP)数据

文化与经济的博弈：出版经济学理论研究/吴赟著.
—北京：中国社会科学出版社,2009.2
ISBN 978-7-5004-7641-2

Ⅰ.文… Ⅱ.吴… Ⅲ.出版工作—经济学—理论
研究 Ⅳ.G23－05

中国版本图书馆 CIP 数据核字(2009)第 025933 号

责任编辑 王　曦
责任校对 易　凡
封面设计 李尘工作室
版式设计 戴　宽

出版发行　**中国社会科学出版社**
社　　址　北京鼓楼西大街甲 158 号　　　邮　编　100720
电　　话　010—84029450(邮购)
网　　址　http://www.csspw.cn
经　　销　新华书店
印　　刷　新魏印刷厂　　　　　　　装　订　广增装订厂
版　　次　2009 年 2 月第 1 版　　　印　次　2009 年 2 月第 1 次印刷
开　　本　880×1230　1/32
印　　张　10.875　　　　　　　　　插　页　2
字　　数　285 千字
定　　价　28.00 元

凡购买中国社会科学出版社图书，如有质量问题请与本社发行部联系调换
版权所有　侵权必究

目　　录

序一

邵培仁[①]

出版业是一个既拥有久远历史又充满蓬勃朝气的行业。从人类传播史的早期阶段，到新的传播媒介与方式层出不穷的信息时代，传统和新兴的出版物在人类的信息传播、文化传承活动中扮演着重要角色。在现今世界各国的传媒业中，出版产业处于重要的位置。由清华大学崔保国教授主编、已连续出版五年的《中国传媒蓝皮书》提供的数据显示，在最近几年中，图书出版占据了中国传媒产业细分市场的最大份额，图书出版业的产值在中国传媒产业总产值中居第一位。在当前数字传播环境之下，出版传媒、出版活动和出版行业正在加速实现数字化、网络化、集成化，出版产品形态、出版生产流程和出版产业结构正经历着升级和转型。在这一过程中，学界和业界迫切需要从经济、文化、技术等不同角度对出版理论和实践问题开展深入、全面的研究，以促进出版业的健康、和谐、可持续发展，丰富和充实出版研究与传播研究的理论体系。吴赟博士的《文化与经济的博弈：出版经济学理论研究》正是因应上述情势，而及时撰写、出版的一

---

① 邵培仁先生为浙江大学传播研究所所长、教授、博士生导师，浙江省哲学社会科学重点研究基地——浙江省传播与文化产业研究中心主任，浙江省文化产业重点研究基地——浙江省娱乐与创意产业研究中心主任，《中国传媒报告》杂志总编辑，中国传播学会副会长，浙江省传播学会会长。

部运用现代经济学的理论与方法，对出版活动中的经济规律进行分析和总结的传媒经济学理论研究专著。

在这部著作中，作者采用现代主流经济学理论和研究范式，对出版产品、出版机构、出版需求与供给、出版产品消费者行为、出版机构供给行为、出版市场的垄断与竞争、政府对出版产业的规制与出版产业经济政策等内容进行了系统、深入研究。在这一过程中，作者充分关注了出版业的特殊规定性和行业内在规律。该书最大限度地反映国际出版业的新动态、新变化（如近年来由出版传媒业贡献的新理论——"长尾理论"）和中国文化体制改革中出现的新现象、新事物（如出版机构分类运营体制，经营性出版企业的等级评估和分级管理，以及新近出台的《国家知识产权战略纲要》），并在此基础上总结出一般性的出版经济规律与出版经济原理。因此，从理论层面来说，该书的推出，对于经济学、传播学、出版学理论体系的完善和发展具有积极的理论意义。而就其应用意义而言，该书突破了单个出版行业（如图书出版业、期刊出版业）的局限，立足于整个出版产业的高度审视、解析出版经济问题，以"大出版"的视野考察出版经济现象，这对于出版产业的健康、稳定运行将发挥积极的参考、指导作用。

纵观全书，我感到该书的理论创新特色主要包括以下几方面：

首先，《文化与经济的博弈：出版经济学理论研究》一书，丰富了传媒经济学的理论体系，在一定程度上填补了中国传媒经济学研究领域的空白。

根据吴赟博士对相关研究资料的梳理，在我国对不同传媒行业的经济学研究中，出版经济学的概念和研究任务较早就被提出（1983年经济学家巢峰先生撰文论述了出版经济学，1986年经

济学家于光远先生也明确阐释了出版经济学的概念），但从目前
我国传媒经济学各分支领域的研究状况来看，出版经济学研究的
发展滞后于广播电视经济学、报业经济学等研究领域的发展。吴
赟博士的著作大致建构起了一个出版经济学的理论框架，对出版
领域的经济问题进行了比较深入的阐述。从这一意义来说，《文
化与经济的博弈：出版经济学理论研究》一书的出版，不仅对
出版经济学研究具有积极的推动作用，而且在一定程度上填补了
我国传媒经济学研究领域的空白。

其次，作者对与传媒经济学、出版经济学研究密切相关的文
化经济、信息经济理论学说进行了系统的梳理、归纳，为传媒经
济学、出版经济学研究提供了坚实的理论依托。

任何学科、理论的建立和发展必须有坚实的根基。出版经济
学的发展，不仅要有丰富的出版活动作为其现实土壤，而且必须
拥有深厚的理论根基。吴赟博士正是意识到此点，所以下大工夫
对传媒经济学、出版经济学的理论资源和理论基础进行了梳理、
归纳。通过这一工作，古典经济学、马克思主义经济学、现代西
方经济学中与传媒经济学、出版经济学直接相关的理论资源被系
统地呈现在人们面前，这使得《文化与经济的博弈：出版经济
学理论研究》一书在理论分析上显得更为厚实、大气，也为传
媒经济学、出版经济学研究的可持续发展增添了更加丰富的理论
基础。

第三，作者在对出版传媒的经济学研究中做出了将传媒经济
学研究和传播政治经济学研究相融合的努力，体现了一种人文道
德关怀。

在经济学领域，政治经济学是经济学理论体系中的重要组成
部分，古典政治经济学是马克思主义经济学和现代西方经济学的
共同理论起源。而在传播学的学科版图中，传媒经济学和传播政

治经济学的研究取向和观点是存在较大分野的,传播政治经济学包含有较多的批判内涵,而传媒经济学主要侧重于产业、市场和经营研究。就传媒领域的特有属性而言,将传媒经济学与传播政治经济学的视角和方法适当地融合,是必要而且可行的。国际知名的传媒经济学家皮卡德(Robert G. Picard)即根据多年的研究将传媒经济学的研究归纳为三种:理论型研究、应用型研究、批评型研究(包含传播政治经济学研究),这类学术观点在美国华人人文社会科学教授协会的教授们撰写的"西方人文社科前沿述评"丛书之《传播学》分册中得到反映①。

《文化与经济的博弈:出版经济学理论研究》一书并没有仅仅局限于进行纯粹的现代西方经济学理论分析,而是引入了不少政治经济学的理论视角和观点,其中充分体现了一种人文道德关怀。比如,作者在对出版产品的公共产品和私人产品属性的分析中,提出:"社会整体需要进步、和谐,必然要求拥有文化属性和内容本质的出版产品发挥一定的公益作用,出版产品必然被赋予一部分公共产品属性。""社会需要公共产品与私人产品共存的出版业,而建设公共产品与私人产品共存的出版产业也有利于出版业自身的可持续、良性发展。"

另外,吴赟博士在对出版经济中的诚信博弈进行分析时,也体现了将传媒经济学研究与传播政治经济学研究相融合的特色。他指出,出版诚信不仅仅是一个伦理学层面的行业伦理和职业道德论题,而且是一个政治经济学论题、文化哲学论题、传播学论题,他分别从这三种理论视角出发对出版诚信的本质进行了分析,并提出出版诚信体系建设可从出版市场规则的完

---

① 鲁曙明、洪浚浩主编:《传播学》,中国人民大学出版社2007年版,第143页。

善、出版职业精神的强化、出版传媒社会责任的回归三个层面来寻求对策。

总之，《文化与经济的博弈：出版经济学理论研究》是一部继承和超越前人研究、体现时代研究水平的、富有鲜明特色的学术专著。

序二

罗 紫 初①

　　"出版学"这一概念在 20 世纪 30 年代即已出现，中国成规模的出版学研究起步于 20 世纪 70 年代末。虽然中国的出版学研究已走过了数十年历程，但在相当长的时期内，出版学的研究都停留在学科基本范畴的界定和争论上。自 20 世纪 80 年代初以来，随着一大批高等学校设立编辑出版学专业、系科，以高校师生为重要力量的出版研究界对出版学学科理论体系进行了大量的研究，取得了蔚为可观的研究成果。然而，出版学研究的核心内容是探讨出版活动本身的规律，而恰恰是在对出版活动的规律性探讨上，我国的出版学研究因受宏观环境和出版实践的制约而较难突破从单一的文化视角切入的局限。进入 21 世纪后，中国出版业受国内外宏观环境的影响而快速地经历市场化、产业化转型，出版体制改革的深入推进及出版机构运行机制的根本变革，迫使出版业界和学界不得不对出版经济问题予以特别关注，由此而使出版经济问题的研究显得比以往任何时候都更为迫切和

---

　　① 罗紫初先生为武汉大学信息管理学院教授、博士生导师，中国编辑学会教育专业委员会副主任，全国出版专业职业资格考试教材审定委员会委员，"中国出版政府奖"评委，国家新闻出版总署教育培训中心兼职教授，湖北省出版物发行业协会副会长、教育与研究分委会主任，中国台湾南华大学华文出版趋势研究中心顾问、客座教授。

重要。

吴赟博士顺应学科和行业发展趋势，果断地将自己的研究重点定位在文化产业经济、出版经济上，先是以《微观出版经济理论研究》为题顺利完成了自己的博士学位论文，后又在此基础上深入钻研、反复打磨，推出了这部名为《文化与经济的博弈：出版经济学理论研究》的学术专著。作为作者攻读博士学位期间的指导教师，在本书正式付梓前，我有幸先睹了书稿，对其内容有着较为具体的了解。该书作者运用经济学的研究范式，围绕出版产品的供求这一主线，对出版产品与出版机构的经济性质进行了深入剖析；对出版产品需求与消费者行为的基本特征进行了系统描述；对出版产品的供给机制与出版机构的生产行为进行了经济学探讨；对出版业市场的类型与特征及其垄断与竞争进行了全面分析；并从国际比较的视角对出版市场的政府规制进行了深刻分析。

该书是一项令人耳目一新的出版学研究成果。之所以做出这一判断，主要是基于该书具有以下几方面鲜明特色。

第一，该书为出版经济学的建立、发展奠定了良好基础。出版经济学是出版学的重要分支学科，而出版经济学研究要获得稳固的根基和长足的发展，必须在微观出版经济学的研究上取得突破。从经济学角度讲，微观经济学是相对于宏观经济学而言的，是研究社会中单个经济单位（企业）的经济行为，以及相应的经济变量的单项数值如何决定的经济学说。微观经济学是宏观经济学的基础，两者的研究内容是互为补充的，两者所运用的分析方法也是相同的；产业经济学与微观经济学也存在着十分密切的联系，产业经济学是微观经济学的应用。该书目前论及的内容，基本涵盖了微观出版经济研究的各个方面。微观经济学包括的主要内容有：均衡价格理论、消费者行为理论、生产者行为理论、分配理论、一般均衡理论与福利经济学、市场失灵与微观经济政策，等等。这些研究内容在吴赟的此部著作中都已论及。该书七章内容，包括对出版产品与出版机构的经济性质的分析，对出版产品需求及消费行为的探讨，对出版产品供给与生产行为的阐述，以及对出版市场的垄断与竞争及市场失灵现象与政府规制的经济学缘由与理论范围进行的剖析，等等，基本都属于微观经济学研究的范畴。这实际上为微观出版经济学构建起了一个颇为完整的理论框架。诚然，学科体系中某一门独立分支学科的建立，不能仅凭一本著作来认定，但一些对学科建立产生过重要影响的著作、对学科研究具有导向作用的著作，其对分支学科发展的标志性意义是无法否定的。正是从这种意义上讲，吴赟的《文化与经济的博弈：出版经济学理论研究》一书也许可以成为微观出版经济学出现的标志。

第二，该书对如何运用经济学的基本原理来探讨出版业的发展规律具有示范意义。出版研究领域需要经济学理论和研究方法，但是要将经济学理论与出版业成功结合却非易事，因为出版业具有其特殊规定性和内在规律。在我国以往的出版学研究中，普遍存在着两类片面性：一是机械地套用经济学理论，忽视甚至不承认出版行业的特殊性；二是过分强调出版行业的特殊性而忽视甚至否认经济学一般原理在出版领域的作用。这样探讨的结果，往往使出版学理论研究脱离出版活动的具体实践，因而难以产生令人信服的研究成果。吴赟的《文化与经济的博弈：出版经济学理论研究》一书的出版，意味着出版学理论研究已开始摆脱这种尴尬局面。

在《文化与经济的博弈：出版经济学理论研究》一书中，作者运用微观经济学基本原理来分析出版企业的经济行为以及相关要素的变动条件，以此探讨其规律性及其发展对策，在研究思路上取得了可喜的突破。这从全书内容构建中可以看出，首先，作者对微观经济学理论进行了深入研究，因此在将其运用于出版学研究时就能驾轻就熟；其次，作者对出版行业特性的分析、把握较为准确，因而在运用经济学原理探讨出版规律时就具有了鲜明的行业特色。以本书的第三章中对出版产品经济特征的分析为例，本书选择出版产品作为出版经济学研究的逻辑起点和基点，并从出版物的经济特征和版权（著作权）的经济特征两方面对出版产品的经济属性进行了分析，这种内容构建的思路，就是运用经济学理论知识的结果；但在具体分析出版产品时，又能结合出版产业的特征，从文化与经济的结合上来剖析。所以最终得出的结论：出版产品既是精神产品与物质产品相结合的内容产品，又是文化资本与经济资本相结合的文化商品，就显得全面而科学。

第三，该书对出版学理论研究如何服务于出版产业发展实践给出了较为圆满的答案。理论性强，无疑是该书的一大特色。即使是对出版领域的一些基本问题的分析阐述，其剖析的深度及理论抽象的高度，也是一般研究者所难以达到的。以本书第四章对出版产品需求与消费行为的分析为例，在分析需求特征时，作者先对出版产品需求的复杂性及其原因进行了定性分析，然后用数学建模方式，对出版产品的需求曲线和需求弹性进行了定量分析；在分析消费行为时，作者先对出版产品的消费行为，包括消费者的收益和偏好，理性决策与行为模式等进行了规范研究，然后以作为出版产品重要类型之一的期刊为例，对其消费现状、特征，以及中外期刊消费的异同等问题进行详尽的实证分析。正是作者在研究中所坚持的这种规范研究与实证分析相结合、定性研究与定量研究相结合的原则，不仅确保了本书观点的理论深度与内容的科学性，突出了本书理论性强的特点，而且促进了理论与实践的有效结合，强化了本书内容指导、服务出版实践的特色。

出版学属于应用性的社会科学学科，理论与实践的关系密不可分：理论离不开实践，丰富的出版活动实践，是出版理论产生的源泉，是出版学研究的基础；而科学的出版理论，则是对出版实践的科学概括与规律性认知，能指导实践正确发展。因此，出版学研究成果的价值，也主要体现在对出版实践的指导与服务上。正是从这种意义上讲，本书作者向出版理论研究界交了一份满意的答卷。在理论与实践的结合上，本书除了运用大量的实证分析使得科学研究的结论符合出版业发展实践需要，能有效地指导出版实践人士进行科学思考与正确认知之外，还通过不少相关对策的提出，直接指导出版实践的具体运作，强化了对出版实践的服务与指导意义。如：本书第四章第四节对出版产品消费者需求的开发与利用的探讨，第五章第六节中对出版诚信体系建设的对策考察，第七章中的国际比较视野中的出版市场政府规制分析等内容，都是在对相关论题进行深刻分析的基础上，向出版产业的实践操作者所提出的发展思路。毋庸置疑，这些对策的提出，能直接指导出版实践朝着更为科学化的方向发展。

以上三个方面，仅是就此书对我国出版学理论研究的主要贡献而言的，不足以涵盖本书所有的特色与优点。总而言之，尽管书中某些内容的分析还可以尝试着进一步深入，作者今后的研究仍有继续深度推进、潜心挖掘的空间，但无论如何，对如此有难度的论题勇于涉猎、大胆探索，且已达到了如此高的水准，作者的探索精神与学术功力是很值得赞许的。

近年来，吴赟在出版学、编辑学研究领域勤奋钻研、严谨治学，不断有高质量的学术研究论文在专业刊物上发表。他坚持不懈的学术态度给武汉大学出版学系的老师们留下了深刻印象。我希望他能以此书的出版为契机，潜心求索，努力创新，取得更为丰硕的学术成果！

前　言

　　人类的出版活动具有悠久的历史，但作为一个独立领域的现代出版研究却是一个新兴的学术领域。目前，包括出版经济理论在内的出版学研究仍滞后于其他学科和出版行业的发展，因此应该加大出版学的研究力度。借鉴经济学的有关原理、方法来建立出版经济理论，是完全必要和可行的。出版经济理论研究需要具备"较高的理论起点"和"稳固的实践根基"，并注意理论与实践的紧密结合。所谓"较高的理论起点"，是指出版经济理论研究应在充分考虑出版产品、出版活动、出版行业的特殊性的前提下，以经济学等理论作为理论依托。所谓"稳固的实践根基"，是指出版经济理论研究应当立足于出版产业、传媒产业，应从出版产业实践出发，对出版产业实践发挥指导、咨询作用。现有的出版经济研究就产业层面的问题探讨较多，例如，较多地运用产业经济学的 SCP（市场结构—市场行为—市场绩效）分析框架，对出版产业发展问题进行探讨，而微观层面的出版经济研究中还有不少重要理论问题尚待突破。本书主要侧重于传媒经济学基础理论层面的学理研究，研究内容集中于微观经济学范畴，同时注意紧密结合出版产业实践，以期推动传播学、传媒经济学理论的发展，并在一定程度上对出版实践发挥参考作用。本书坚持创新性研究原则，对传媒经济学的理论基础进行了梳理，对出版产品与出版机构的经济属性、出版产品供求行为、出版产业的市场垄断与竞争、出版传媒的政府规制进行了理论研究和实证分析。

出版经济是社会经济的重要组成部分，出版产业在社会经济发展中扮演着不可或缺的角色。与出版产业发展相对应的是，出版科学研究正在顺势前行。出版经济是出版学研究的重要内容，对出版经济活动和现象进行分析，总结出版经济发展规律，具有重要的现实和理论意义。本书分析了出版经济研究的背景和重要意义，对国内外出版经济研究状况进行了述评，并在此基础上阐述了本书的研究内容、创新之处及主要研究方法。

出版经济理论研究应将出版业作为文化业、信息业、传媒业的一个重要节点或组成部分加以观照。本书对学术史、思想史上与文化经济、信息经济有关的理论进行扫描、梳理，目的在于为出版经济研究提供较为坚实的理论依托，将出版经济研究置于宏阔的理论背景之中，其中涉及的出版经济研究的理论基础，以经济学说史上的有关精神文化经济、信息经济的理论学说为主。

出版产品的经济特征是出版经济学需要研究的首要问题，因此，本书选择出版产品作为出版经济学研究的逻辑起点和基点。出版产品的经济特征应包括出版物的经济特征和版权（著作权）的经济特征两方面，出版产品的经济特征直接决定出版机构的经济属性。本书具体分析了出版产品的经济性质、版权的经济特征和出版机构的经济特征。

出版活动归根结底源于人类社会对知识、信息的需求和消费行为，出版产品的需求和消费问题理所当然地是出版经济理论研究的核心内容。本书分析了影响出版产品需求的主要因素、出版产品需求曲线和需求弹性、出版产品消费者决策的原理、出版产品消费者行为模式，并以期刊为例，对出版产品的需求与消费进行了实证分析。

无论对于行业运作实践还是对于出版经济理论研究来说，分析微观出版组织的供给特征和生产规律都是必要的。本书分析了影响出版产品供给的主要因素、出版产品的供给曲线与供给规律、出版产品的供给弹性、出版产品的生产函数与供给决策的原则、出版生产的成本结构与成本曲线、出版产品价格与价值的关系、出版行业的定价方法以及中外出版机构生产行为的特点。

在一个特定的产业内部，可能会有垄断竞争市场、寡头垄断市场和完全垄断市场并存的情况。就中外出版传媒业的总体情况来看，出版市场主要分属于垄断竞争市场和寡头垄断市场两种市场形态。本书分析了出版市场的类型与特征、出版市场不完全竞争的根源和有效竞争的前提，分类考察了完全竞争、完全垄断、垄断竞争和寡头垄断条件下的出版市场的特征。

出版经济的运行不能单纯地依靠市场机制，市场机制在出版经济活动中出现的失灵现象要求政府对出版传媒市场进行干预，以克服市场缺陷并影响和改变市场条件。本书探讨了政府对出版市场规制的经济学缘由和理论范围，并对中外出版规制立法状况、出版市场进入规制、出版机构行为规制、出版产品内容规制和出版产品价格规制进行了分析。

出版业在历史上和现今的文化生产中扮演着重要角色，当前出版文化生产机制的市场化、产业化转型正深刻影响着社会文化的形貌和走向。出版业蕴涵"文化性"与"经济性"的双重属性绝非只是一个空洞的说辞，"文化理想"与"商业理性"这对矛盾统一体的博弈在出版活动中清晰易见，且直接波及文化的生产、传播和消费。作者将本书命名为《文化与经济的博弈：出版经济学理论研究》，意在探寻出版业这一文化与经济博弈的典型场域的内在经济机理及其对出版文化的作用规律。从学术理论发展的角度来看，出版学、传播学研究领域需要经济学理论和研究方法，但是要将经济学理论与传媒业、出版业成功结合实属不易，因为传媒业、出版业确有其特殊规定性。由于作者时间和学识有限，而且出版经济研究所需资料的搜集存在一定困难，因此，本书难免存在一些缺憾与不足，还需各位专家、学者多加指正。本书的出版，只是作者在出版经济理论研究领域迈出的一小步，作者今后将继续对出版经济问题进行深入研究，为中国出版产业的发展和出版经济理论体系的建构与完善贡献自己的一份力量。

第 一 章

出版经济学：一个新兴学术领域的研究现状与未来走向

经济学包括三个方面或者起着三种作用：极力要理解经济是如何运转的；提出改进的建议并证明衡量改革的标准是正当的；断定什么是可取的，这个标准必定涉及道德和政治判断。经济学绝不可能是一门完全"纯粹"的科学，而不掺杂人的价值标准。①

——琼·罗宾逊

世界上的事物千差万别，各有其特殊性质。图书、报纸、杂志等出版物当然也有它的特殊性质。只有弄清出版物的特殊性，才能确定它与其他事物的区别，弄清出版工作的运动发展的特殊原因和内在规律，才能运用正确的方法，处理和解决出版工作的矛盾，促进出版事业的发展。②

——巢峰

---

① ［英］琼·罗宾逊、约翰·伊特韦尔：《现代经济学导论》，陈彪如译，商务印书馆 2002 年版，第 5 页。

② 巢峰：《出版物的特殊性——出版经济学绪论》，中国出版工作者协会编：《出版研究年会文集（1983）》，山西人民出版社 1984 年版，转引自巢峰《政治经济学论稿》，复旦大学出版社、上海辞书出版社 2007 年版，第 172 页。该文是巢峰先生在 1983 年中国出版工作者协会第一届出版研究年会上提交的论文，曾发表于《出版工作》1984 年第 1 期，这是我国目前所见到的最早阐述"出版经济学"的研究文献。

出版经济学：是研究出版经营经济规律的一门新学科。这是我国著名经济学家于光远同志 1986 年提出的……要研究各个层次、各个方面的读者的需求；要研究出版物的消费市场，并努力去创造市场；要研究出版物的宣传、发行工作。①

——《社会科学学科大全》

新的世纪，中国出版业自身和其外部生态发生了巨大变革，中国"入世"、信息化时代的来临、出版业产业属性的明确和市场化进程的深入，都对中国出版业的发展提出了更高的要求。而在全球范围内，出版业在理念、运作、管理、市场等层面正日益呈现国际化、集中化、多元化、数字化和信息化等特征。新环境下的出版业要取得持续进步，有必要对既往的发展历史、当下的行业实践和国外的科学经验加以梳理、考察，从中总结出科学规律，用以指导实践前行。这一切，正是出版经济学发展的时空情境和现实缘由。

第一节　出版经济学研究的情境和意义

任何学科、理论的产生必须具备一定的现实土壤，其发展终归缘于一些客观动因。出版经济学亦是如此，出版经济学研究的现实动因来自实践和理论两个层面。

---

① 高放等编：《社会科学学科大全》，北京理工大学出版社 1996 年版，第 158 页。

一　出版经济学研究的情境

文化和经济是出版业发展的两大主题，如何正确处理出版业经济属性与文化属性的关系，是世界各国出版界需要共同面对的课题。各国出版界对出版业文化与经济特质的认识不尽相同。在出版业的本质属性问题上，我国出版界较多强调出版的文化属性，具有较强的文化责任意识，如刘杲先生的观点具有代表性："在出版产业中，文化是目的、经济是手段"①；在一些西方国家，出版业的经济属性（商业性）较为突出，但就总体而言，这些国家的出版界也并未忽视出版的文化属性。尽管因社会制度环境、出版业发展历史与现状的不同，国际出版界存在着多元化的价值理性，但不容否认的是：出版经济是社会经济的重要组成部分，出版产业在社会经济发展中扮演着不可或缺的角色。

在人类社会进入知识经济和信息经济时代的背景下，出版产业对社会经济、文化的发展起到日益重要的作用。从世界范围来看，出版产业已经发展成为许多国家国民经济门类中的重要产业。我们可以将出版经济对社会经济的推动作用归纳为以下两个方面。

（一）出版产品的知识、信息价值在社会经济发展中的重要功用

出版活动具有重要的文化和信息选择、生产、传播、积累功能，出版产品也因此具有不容忽视的知识、信息价值。从知识、信息生产和获取的角度考虑，出版经济所体现的价值就在于能够源源不断地生产信息、传播信息和创造新知识，而这正好符合了社会整体发展趋势的要求。除此之外，出版经济可归属到注意力

---

①　刘杲：《出版：文化是目的　经济是手段——两位出版人的一次对话》，《中国图书商报》2003 年 11 月 14 日。

经济的范畴。所谓注意力经济，是指当市场充分关注信息对称以及信息自身的价值时，公众对信息的注意力就会成为有价值的东西。由于注意力经济的存在，出版产品的信息价值不仅仅体现在其自身的内容上，其另一个价值在于公众对出版产品的关注程度以及由此对关注者产生的影响，这种注意力本身就是一种重要的经济资源。因此，从以上两方面来看，出版活动和出版产品对于社会经济发展具有重要的推动作用。

（二）出版产业链的拓展对社会经济发展的深远影响

从传统的图书、报纸、期刊、音像制品出版到现今的数字出版，出版产业链已经得到了极大的拓展。如果单纯地考察图书、报纸、期刊等传统印刷出版模式，则编辑、印刷、发行、物资供应、广告等行业是其产业链上的主要构成环节；如果出版业引入数字化平台，则网络、数字信号处理、传输技术等环节，不仅给传统出版业带来新的发展契机，而且使全新的出版模式成为社会经济新的增长点。

出版业的最新进展可以充分说明上述两方面的作用：在不少国家，以互联网、通信网、电视网为基础的电子图书、电子报纸、电子期刊、网络文学、网络数据库、网络游戏、手机报、手机杂志等新型数字出版产品蓬勃发展，网络与数字化阅读已经成为人们重要的媒介消费和信息消费方式之一，数字出版产业链和数字出版产业规模正在迅速形成，并对整个文化传媒产业和社会文化、国民经济的发展产生重要的推进作用。

当今世界范围内出版业的发展正呈现全球化、集中化（集团化）、多元化、数字化等几大特点。这些发展趋势在中国出版业的发展中得到不同程度的体现。中国社会经济、文化、科技、教育的发展也对出版业提出了更高的要求，中国出版业正发生着重大变革。在中国文化和中国文化产业"走出去"的过程中，出版产业担负着不可替代的重要使命，扮演着不可或缺的角色，与新闻业有所不同的是，书刊、电子、网络等出版业在这一进程中承担着深度传播中国文化的重要职能。对于中国出版产业而言，当前的核心任务应是加快转型升级、优化产业结构、增强产业实力，顺利实现出版经济与出版文化、出版供给与受众需求的和谐、均衡、良性发展。

与出版产业发展相对应的是，出版科学研究正在顺势前行。当今世界各国出版研究领域中存在着两种不同的研究路径：一种是从人文主义的视野对人类社会出版活动和出版现象进行系统研究，从科学主义的视角和构建学科理论体系的高度出发，审视出版活动和出版现象，这种研究路径在中国、日本、韩国等国的出版研究中占主流；另一种是在技术主义和经验主义视角下进行出版技术和出版经济、出版经营管理的研究，为加速出版业的国际化和市场化而构筑更精细的实用知识体系，这一路径在现今欧美国家出版研究中居上风[①]。就出版学研究的发展而言，研究界应积极进行跨学科借鉴，引进成熟学科的理论观念和方法，引进新的知识、技术内涵，加强对新兴研究点的研究。以出版经济学的研究为例，借鉴经济学的有关原理、方法来建立出版经济学，是完全必要和可行的。笔者在研究中发现，我国经济学家、出版家巢峰和经济学家于光远分别于1983年、1986年提出"出版经济学"的概念和研究任务[②]，在国外已有 Publishing Economics（出

---

① 吴赟：《欧美出版研究的发展路径与特色》，《中国人民大学复印报刊资料·出版工作》2006年第12期。

② 巢峰先生关于出版经济学的观点详见巢峰《出版物的特殊性——出版经济学绪论》，中国出版工作者协会编：《出版研究年会文集（1983）》，山西人民出版社1984年版；于光远先生的有关论点详见高放等编《社会科学学科大全》，北京理工大学出版社1996年版，第158页。

版经济学）、Economics of Micro – publishing（微观出版经济学）及 Economics of Book Publishing（图书出版经济学）的提法，但出版经济学在中国还未真正形成，出版经济问题需要进行深入研究。

二　出版经济学研究的意义

出版经济是传播学、出版学、传媒经济学研究的重要内容。传播学、出版学、传媒经济学理论体系的完善，出版产业的健康、良性发展，均需要我们对出版经济活动和现象进行理论思辨与实证分析，科学总结出版经济发展规律，尽快构建、完善出版经济学。

（一）出版经济学研究对于出版传媒业的发展具有不容忽视的现实意义

将出版产业、出版经济视作一个与国家信息化建设、国家文化安全战略密切相关的新兴研究领域，运用现代经济学的理论和方法对其进行分析、考察，具有逻辑必然性和现实合理性。然而，当前从经济学视角对出版产业进行的理论研究却比较贫乏，出版经济理论研究相对于出版产业的蓬勃发展显得滞后，远远不能满足实践发展的需要。出版经济学研究的水平直接影响着出版产业的发展水平，出版活动的开展应该有理性的研究和科学的结论进行指导，出版产业的发展离不开出版经济学研究的理论支持。

（二）出版经济学研究对于经济学、传播学、出版学学科理论体系的完善具有重要的理论意义

由于出版业、传媒业自身具有较为复杂的多重属性，目前关注出版等传媒领域经济问题的主流经济学家较少。迄今为止，除诺贝尔经济学奖得主罗纳德·科斯（Ronald H. Coase）等人外

（科斯曾对广播电视波段分配的经济与政策问题给予较多关注，并得出相应的制度经济学结论），较少有主流经济学领域的学者对传媒经济、出版经济问题展开专门、深入探讨。但这并不意味着出版经济问题就没有研究的价值和意义。相反，我们很有必要以一种继承和发展的态度去进行出版经济学研究，从出版经济的实践出发，合理地运用信息经济学等经济学理论和方法，深入研究各种出版经济活动和经济现象，使经济学理论获得丰富和发展。

出版学既是传播学领域的重要组成部分，也是传播学研究中的薄弱环节。在当前我国的传播学和出版学研究中，经济学分析又是一个薄弱环节。与教育经济学、电信经济学、旅游经济学等部门经济学学科相比，包括出版经济在内的传媒经济研究已经落后。而在传媒经济研究领域内部，出版经济研究又滞后于广播电视经济研究等研究板块。就出版学学科发展与理论建设而言，较为成熟的出版经济理论体系远未形成，相关的理论研究多停留在学科体系设想和基本范畴研讨阶段。在研究方法层面，目前我国的出版经济研究以定性研究、思辨研究为主，很多论著停留在经验总结、描述层面，经济学研究方法在出版经济研究中亟待加强。

出版产品供求及与之相关的出版经济问题不仅是出版业界广为关注的问题，而且也是出版学理论研究的一个核心问题。我国部分出版学研究者即认为，出版学的研究对象应界定为出版物商品供求矛盾①。笔者认为，出版产品的供求矛盾不仅具有经济学意义，而且也具有社会学、文化学、传播学层面的含义，出版产

---

① 罗紫初、吴赟、王秋林：《出版学基础》，山西人民出版社 2005 年版，第 11 页。

品供求及与之相关的出版经济问题应该受到学界和业界的充分关注和深入研究。正是基于上述背景和意义，本书拟从出版产品经济性质和出版产品供求问题切入，运用经济学的理论和方法，对出版经济理论问题进行系统、深入的探讨。

第二节　中西出版经济学研究述评

一　中国的出版经济学研究

在计划经济时代，中国出版界较少将"出版"和"经济"、"商品"、"市场"、"产业"、"资本"等语汇联系在一起，因而也较少有真正意义上的出版经济问题研究。1978年以后，随着中国经济体制的逐步转型，中国的出版经济研究开始起步。

在1983年中国出版工作者协会第一届出版研究年会上，巢峰提交了一篇《出版物的特殊性——出版经济学绪论》，该文将"出版"与"经济"联系起来，提出了"出版经济学"的概念。1985年，李明在全国首届出版科学学术讨论会上提交的论文《论出版经济学》，阐述了建立出版经济学的必要性及出版经济学的性质、地位和研究范围。以上两篇论文的作者较早提出了建立出版经济学的构想。1989年，苏联学者库兹涅佐夫著的《图书发行经济学》经焦玉英等学者翻译，由武汉大学出版社出版，这是我国翻译出版的第一本外国出版经济学著作。1990年，陈昕、杨龙、罗靖合著的《中国图书业经济分析》由学林出版社出版，该书用经济学的理论与方法对中国图书出版业进行了分析、预测。1991年，梁宝柱的《出版经济学导论》在中国书籍出版社出版，该书是我国首部冠以"出版经济学"之名的著作。1994年，吴江江、石峰、邬书林等著的《中国出版业发展与经济政策研究》由湖北人民出版社出版，该书是我国较早出版的一部以较大篇幅论述出版经济政策问题的专著。从 20 世纪 70 年代末期到 90 年代中期的这段时间内，我国研究者对出版经营、价格、市场、经济政策等出版经济问题进行了较多的探讨，并取得了一些成果。但就总体而言，这一时期我国出版经济研究在研究的方法、结论等方面存在一定的局限性。当然，任何理论研究都离不开一定的时代和社会背景，出版经济研究亦是如此。

1992 年，我国提出了建立社会主义市场经济体制的宏伟目标，此后，我国出版体制改革也进入一个新阶段，出版业市场化、产业化进程进一步加快，"市场"和"产业"成为中国出版业的两个重要关键词。建立出版市场体系是我国出版业改革的核心和难点，出版市场的建设与完善对于出版产业全局的影响，可谓"牵一发而动全身"。值得一提的是，1996 年，新闻出版署发出《关于培育和规范图书市场若干意见》，倡导图书出版市场"三建一转"（建立图书批销中心、建立代理制、建立发行企业集团，转换企业经营机制），以此为标志，我国出版物发行体制改革进入了以"统一、开放、竞争、有序"为基本目标的新的发展阶段。自 20 世纪 90 年代中期以来，在国家和行业的宏观发展态势影响下，我国的出版经济研究得到了更多的关注和参与，在研究成果和研究阵地方面皆有进步。近十年来，为数可观的涉及出版经济问题的论文发表在各类报刊上；数部出版经济研究著作得以出版；一些出版专业报刊常设了"出版经济研究"或"出版产业研究"专栏，专门探讨出版经济问题的专业刊物《出版经济》于 1999 年创刊，以《出版经济》为代表的出版专业报刊为我国出版经济研究的发展做出了重要贡献。本书将从出版经济学基础学理研究、出版产品的经济研究、出版市场供求的经济研究、出版产业的经济研究四个方面对近十年来我国出版经济研究状况进行描述和评价，以期推动我国出版经济研究的深入开展。

（一）出版经济学基础学理问题的研究

近十年来，我国一些研究者不仅阐发了建立出版经济学的构想，而且从多个方面提出了自己对出版经济学基础学理问题的看法。

1. 出版经济学研究的对象与内容

出版经济学研究的顺利开展，离不开一个重要前提：明晰出版经济学的研究对象和研究内容。

关于出版经济学的研究对象，基本上有三种观点。第一种观点认为出版经济学的研究对象是"出版经济规律"，如罗紫初认为，"出版经济学只是运用经济学的原理与方法来研究出版规律的一门学科"[1]；彭松建认为，"出版经济学是研究市场经济条件下，出版物商品生产过程的经济规律的科学，是研究出版物商品的生产、流通和消费规律的科学"[2]。第二种观点认为出版经济学的研究对象就是"出版经济本身"，如王秋林认为，"出版经济学的研究对象就是出版经济本身"[3]。第三种观点认为出版经济学的研究对象是"社会出版活动"，如高淑霞、盛晓东认为，"出版经济学是一门运用经济学的理论和方法对社会出版活动进行分析和研究的科学"，所谓"社会出版活动"是指"文化产品的生产和传播过程，是宏观的社会出版活动"[4]。

关于出版经济学的研究内容，彭松建认为，出版经济学研究的主要内容应包括："一、研究出版物商品生产和流通过程，分析出版物商品和出版产业运行的矛盾特殊性，向人们揭示出版物商品运行的经济规律"；"二、由于出版物商品所具有的经济和文化

① 罗紫初：《出版学原理》，武汉大学出版社1999年版，第58页。
② 彭松建：《出版经济学之我见》，《出版经济》1999年第2期。
③ 王秋林：《出版经济学学科构建探讨》，《出版发行研究》2002年第7期。
④ 高淑霞、盛晓东：《出版经济学刍议》，《科技与出版》2002年第6期。

双重特殊属性，出版经济学应从这双重特殊属性出发，考察出版物商品在生产和流通过程中以及进入人们消费过程中所产生的社会影响或社会效果，即人们常讲的出版物商品的社会效益"；"三、对出版物商品和出版产业的考察和观察，和对其他产业部门的考察和观察一样，可从微观和宏观两个方面进行"①。刘杲认为出版经济学的研究内容应包括"出版经济的基本概念（例如，出版物，出版物的精神生产，出版物的物质生产，出版物的流通，出版物的价值、价格和利润，出版物的资金运作和产品运作，出版物市场），出版经济发生、发展的条件和过程，出版经济的内部关系（例如，出版、印刷、发行的关系，社会效益和经济效益的关系），出版经济的外部关系（例如，与国民经济和社会发展的关系，与国家经济政策的关系），出版经济活动的宏观管理和微观管理，出版经济活动的特殊经济规律，等等"②。

2. 出版经济学研究的特殊性

由于出版产品和出版产业具有自身的特性，因而出版经济学研究存在一定的特殊性。刘杲指出："在出版经济学的研究中，如何紧密结合出版经济活动的实际？核心是把握出版物既是商品又是精神产品这个特殊性。"③ 张美娟认为，出版经济学"既有遵循经济学一般规律的共性，更具有自身的特殊性。这种特殊性主要表现在其研究的出版经营对象的特殊性、出版经济研究方法的特殊性、出版经营主体的特殊性和出版经营环境的特殊性"④。

---

① 彭松建：《出版经济学之我见》，《出版经济》1999 年第 2 期。
② 刘杲：《盼望出版经济学更快成长》，《出版经济》2000 年第 5 期。
③ 同上。
④ 张美娟：《我国出版经济研究的特殊性》，罗紫初、方卿主编：《出版探索——纪念武汉大学编辑出版学专业创建廿周年校友论文集》，武汉大学出版社 2003 年版，第 19 页。

巢峰在《要研究出版经济的特殊矛盾》一文中认为，出版经济研究中要重视出版经济的特殊矛盾，出版经济的特殊矛盾包括：精神产品与物质产品的矛盾、使用价值与社会效果的矛盾、社会效益与经济效益的矛盾、价格与价值矛盾。与此相对应的是，徐志京认为《要研究出版经济的特殊矛盾》一文"只研究了作为出版活动产品的出版物与工农业产品相比的特殊性以及它们之间的区别。这种研究尽管是必要的，但对人们把握出版规律的作用不会很大……真正市场经济条件下，这两类产品的差距并不是很大"①。徐志京提出，研究出版活动的特殊矛盾（规律）应着眼于对宏观、中观、微观三个层次出版规律的研究②。

3. 出版经济学的学科性质与相关学科

关于出版经济学的学科性质，罗紫初认为："出版经济学不应属于那种'在原有学科领域之间的交接点上产生的'边缘学科，而应属于以探讨出版物的商品供求矛盾为其研究对象的出版学的分支学科。"③ 刘杲认为："出版经济学是专业经济学、应用经济学，在理论经济学和出版经济活动之间起着桥梁作用。"④ 高淑霞、盛晓东认为，出版经济学是一门交叉学科，出版经济学"所研究的是出版学与经济学的交叉或集合"，"出版学和经济学的交集是建立出版经济学的基础"⑤。

在出版经济学的相关学科问题上，王秋林认为，出版经济学的相关学科有出版学、经济学、出版管理学和出版营销学；经济

① 徐志京：《也谈"出版经济"的特殊矛盾——与巢峰先生商榷》，《编辑之友》2000 年第 6 期。

② 同上。

③ 罗紫初：《出版学原理》，武汉大学出版社 1999 年版，第 58 页。

④ 刘杲：《盼望出版经济学更快成长》，《出版经济》2000 年第 5 期。

⑤ 高淑霞、盛晓东：《出版经济学刍议》，《科技与出版》2002 年第 6 期。

学为出版经济学提供分析手段和工具，是出版经济学的基础学科之一；出版经济学和出版管理学、出版营销学同属出版学的分支学科①。

（二）出版产品经济特征的研究

出版产品的属性是出版学研究的重要问题，也是出版经济学研究的起点。笔者认为，出版产品经济特征的研究应包括出版物经济特征的研究和版权（著作权）经济特征的研究两方面。

1. 出版物经济特征的研究

从 20 世纪 70 年代末开始，我国研究者对出版物的属性问题进行了多角度、多层次的探析。起初，出版界和学术界争论的焦点在于"出版物是否是商品"这一论题上。进入 90 年代后，尤其是 1992 年我国提出建立社会主义市场经济体制的目标之后，出版物的商品属性逐渐得以明确，论题的中心也转变为"出版物商品是否是特殊商品"和"出版物商品是否具有特殊性"。最近三十年以来，学术界和出版界对于出版物商品的经济属性问题曾有不同的看法：多数人主张出版物商品具有特殊性，少数人否认有特殊性；有人认为出版物是特殊商品，有人则不赞成出版物是特殊商品。部分研究者对出版物的经济属性和出版物商品的特殊性进行了深入分析，提出了自己的看法。

袁亮认为，出版物的商品属性与其精神产品属性相比较，是非本质属性；同时，出版物的商品属性与其他物质产品的商品属性相比较，又有其特殊性；"要肯定出版物有特殊性，否定这一点是不对的；作为习惯用语，说出版物是特殊商品未尝不可，但作为科学用语，宜于不使用出版物是特殊商品这一提法，而使用

---

① 王秋林：《出版经济学学科构建探讨》，《出版发行研究》2002 年第 7 期。

出版物商品属性有特殊性这一概念"①。袁亮指出，出版物商品的特殊性主要表现在以下三个方面：（1）使用价值不同（包括使用价值的内涵、使用价值的优劣标准、使用时间的长短、使用效果的评判都存在区别），（2）交换价值不同（包括交换价值计算的难易不同、价格体现交换价值的程度不同、价值规律发挥作用的效果不同），（3）使用价值与交换价值辩证关系不同（物质产品和精神产品在使用价值与交换价值的一致性与矛盾性上都存在差异）②。袁亮关于出版物经济属性的观点在他主编的《出版学概论》（辽宁教育出版社 1997 年出版，该书为教育部、新闻出版署"八五"规划教材）一书中也得到了体现。

1999 年，王益、汪轶千主编的《图书商品学》由人民出版社出版。该书堪称 20 世纪我国图书商品研究成果的结晶，其作者提出了"图书商品学"的概念，并对图书商品的特性进行了分析，对图书商品进行了分门别类的研究。

罗紫初、吴赟、王秋林著的《出版学基础》（山西人民出版社 2005 年出版，该书为国家"十五"规划教材）是我国新近出版的一部出版学理论著作。该书作者从政治经济学理论视角分析了处于生产与流通过程中的出版物的经济特征，认为出版物具有商品的基本特征："与其他任何商品一样，出版物是劳动产品"，"出版物是用来交换的劳动产品"，"出版物是使用价值与价值的统一体"③；指出出版物商品既具有一般商品的共性，又具有自己的特性，这些特性表现在出版物商品再生产过程中的生产、流通、消费等不同阶段。

---

① 袁亮：《出版物的性质》，《出版发行研究》1996 年第 5 期。
② 同上。
③ 罗紫初、吴赟、王秋林：《出版学基础》，山西人民出版社 2005 年版，第 55—61 页。

有研究者认为："部分出版产品具有准公共品性质，即具有不完全的非竞争性和非排他性，这主要体现在这部分产品具有正的外部效应"①。

2. 版权（著作权）经济特征的研究

出版业等内容产业就其本质而言，皆可归入版权产业的范畴。包括出版产业在内的版权产业是知识经济的重要驱动力。目前，版权产业已成为一些发达国家经济增长的主要动因，我国的版权产业也已渐成规模。出版业等版权产业在各国社会经济中的地位日趋重要，因此近年来版权（在我国，这一概念等同于"著作权"概念）的经济特质和经济规律受到法学、经济学、出版学、信息管理学等学科领域研究者愈来愈多的关注。

目前学术界对于版权属性的认识大致可归纳为两种理论："人格权论"和"无形财产说"。版权的"人格权论"强调版权的人身权及其保护，这突出表现在大陆法系国家的版权立法中；而版权的"无形财产说"则认为版权是无形财产权，这种理论强调版权的经济利益，这一理论成为英美普通法系版权立法的哲学基础。从我国的立法框架来看，我国现行著作权法（版权法）兼容了大陆法系的"人格权论"和英美法系的"无形财产说"。随着时代的进步和社会科学技术、文化教育的发展，版权的经济属性日益突出。

李明德指出："透过版权和版权法的经济特征，透过国际贸易规范体系对于版权的保护，我们可以看到一个版权产业或版权经济的存在。确实，从作品的创作到作品的利用和传播，都体现

---

① 王联合：《转制下的规制逻辑（上）：基于出版物属性的考察》，《出版发行研究》2005 年第 3 期。

了突出的经济特征。"①

王连峰分析了著作权的经济属性及其在国民经济中的地位、著作权经济属性重要性的成因、著作权经济属性的现实意义②。王利民认为，"著作权的性质是由它的客体特征或者调整对象决定的，著作权关系是财产关系，著作权的客体是统一的无形财产——作品。基于著作权客体的财产性和统一性，以作品这一'财产'而非以'人身'为客体的著作权，其内涵或性质只能是财产权，所谓的'著作人身权'在性质上根本就不是人身权，而是财产权或财产权的一项权能，都统一于著作权并归于财产权的范畴"③。胡知武认为，"版权是一种财产，一种资源，一种广泛存在于各种民事法律关系主体之间的无形财产资源"④。

明确和重视版权的经济属性对出版企业和出版产业、传媒产业的发展具有重要意义，出版学、传媒经济学研究界应加大对版权经济特征的研究力度。

（三）出版市场供求的经济学研究

对供给和需求的分析是经济学分析经济对象、解决经济问题的基本工具。出版供求规律是出版市场规律的核心内容，也是出版经济学研究的重要对象。

1. 出版市场供给规律的研究

经济学中的供给规律表明的是某物品的价格与其供给量之间的正向变动关系。目前我国的出版经济研究成果中，有一些研究成果涉及出版机构的供给行为和出版产业的产品供给结构，但运

---

① 李明德：《版权产业与知识经济》，《知识产权》2000 年第 1 期。
② 王连峰：《论著作权的经济属性》，《郑州大学学报》（哲学社会科学版）1997 年第 1 期。
③ 王利民：《论著作权的性质》，《财经问题研究》1999 年第 7 期。
④ 胡知武：《版权经济实务》，中国经济出版社 2002 年版，第 43 页。

用供给规律对出版供给与价格之间的变动关系进行实证分析的成果较少，这方面的研究还有待加强。

张其友利用经济学的原理和方法进行了出版物供给量（销售量）、成本、利润关系的边际分析，并阐释了出版物量、本、利关系的决策模型①。出版企业的供给行为受到企业使用生产要素的成本、企业技术以及政府政策的影响，周蔚华对这些影响因素进行了分析②。有研究者对我国新兴的电子出版物市场供给状况进行了分析。黄长征指出，与市场需求不振相对应的是，我国电子出版产业内厂家数量过多，低水平重复和资源浪费现象严重③。

2. 出版市场需求规律的研究

与出版供给规律的研究现状相比，我国研究者运用经济学中的需求定理和弹性理论，对出版市场需求进行了较多的研究。

张其友、李星等人运用经济学上的弹性理论，探讨了出版物的需求弹性规律④。周蔚华分析了图书价格、替代品的价格和数量等影响图书市场需求的因素及图书需求的发展趋势⑤。李治堂、张志成利用多元统计分析方法，定量分析了城镇人均可支配收入、农村人均纯收入和图书平均价格对图书市场需求量的影

---

① 张其友：《出版物量、本、利关系的边际分析》，《出版经济》2002 年第 5 期。

② 周蔚华：《中国图书出版产业的供求分析》，《出版经济》2002 年第 9 期。

③ 黄长征：《我国电子图书市场的问题、成因与对策》，《情报科学》2003 年第 2 期。

④ 张其友：《出卖物需求价格弹性的分析与应用》，《出版经济》2003 年第 4 期；张其友：《影响出版市场需求非价格因素》，《出版经济》2004 年第 11 期；张其友：《出版物需求弹性的微观调控策略》，《编辑之友》2005 年第 5 期；李星：《探讨图书的市场需求弹性规律》，《图书发行研究》1996 年第 4 期。

⑤ 周蔚华：《中国图书出版产业的供求分析》，《出版经济》2002 年第 9 期。

响，揭示了变量之间存在的复杂因果关系①。姚建中根据现代控制理论的基本原理和出版物需求预测的基本参数，分析了出版物需求预测中各个基本参数的含义及可靠性②。

电子、网络出版的市场前景引人关注，黄长征对我国电子图书市场需求分析后认为，我国电子图书市场容量狭小，电子图书市场的总体购买力并不高③；黄凯卿、李艳从网络用户的角度分析了我国网络出版的需求状况④。

另有一些研究者运用比较研究的方法，对中外出版物市场需求状况进行了比较分析⑤。

3. 出版市场供求矛盾的研究

出版市场供求矛盾是长期以来我国出版研究领域中备受关注的问题。近年来，我国研究者集中探讨了出版市场供求矛盾的内涵、表现形式、成因及发展趋势等问题。

周蔚华运用经济学中的供求分析工具，从供求脱节问题、库存问题、退货问题、销售网点问题、信息传递问题的角度分析了我国图书供求矛盾⑥。于波分析了图书市场供求矛盾的主要成因⑦。

---

① 李治堂、张志成：《我国图书市场需求的实证分析》，《现代情报》2004 年第 1 期。
② 姚建中：《出版物需求预测的风险分析》，《出版发行研究》2001 年第 8 期。
③ 黄长征：《我国电子图书市场的问题、成因与对策》，《情报科学》2003 年第 2 期。
④ 黄凯卿、李艳：《从统计数据看我国网络出版的市场状况》，《出版发行研究》2003 年第 5 期。
⑤ 李凌芳：《中外图书市场消费状况比较研究》，《图书情报知识》2004 年第 2 期；吴赟：《中外期刊消费市场比较分析》，中国期刊协会主编：《中国期刊年鉴 2003/2004》，中国大百科全书出版社 2004 年版。
⑥ 周蔚华：《中国图书出版产业的供求分析》，《出版经济》2002 年第 9 期。
⑦ 于波：《图书商品与市场经济》，《社会科学战线》1999 年第 4 期。

"买方市场"和"卖方市场"是用来形容供求双方的市场关系和市场地位的一对概念。就整体而言，我国出版物市场已呈现买方市场的格局。贺剑锋、刘炼将我国图书买方市场的主要特征归纳为：市场的高度垄断与自由竞争相统一，价格上涨与打折销售并存，选题低水平重复与原创性作品缺乏并存，体内循环与体外循环并存，合法市场和非法市场并存，买方市场的初级阶段和相对性[1]。邱勤认为，现阶段我国出版物买方市场仍处于初级阶段，是相对的、不完全的买方市场[2]。吴乐平分析指出，中国期刊业已经初步实现了由"卖方市场"向"买方市场"的巨大转变[3]。

有研究者为描述中国图书市场的供求关系，进行了构建图书市场经济模型的尝试。李智慧和刘薇根据收集到的中国图书市场1994—2004年相关数据，提出了一个中国图书市场宏观经济模型：$Y = c(9) + c(1) \times X_1 + c(2) \times X_2 + c(3) \times X_3 + c(4) \times X_4 + c(5) \times X_5 + c(6) \times X_6 + c(7) \times X_7 + c(8) \times X_8$，其中，$Y$ 人均购书量表示图书市场的需求，X_1 表示平均印张价格，X_2 表示品种，X_3 表示图书进口数，X_4 人均购书额表示支付能力，X_5 人均收视时间和 X_6 人均上网时间表示替代品，X_7 成人识字率表示教育程度，X_8 人均 GDP 表示经济增长，$c(9)$ 表示其他变量。[4] 笔者认为，由于这一模型只是根据近十年的相关数据得出的，所以尚需更多的数据进行验证。

---

[1] 贺剑锋、刘炼：《我国图书买方市场的特征及对策研究》，《出版科学》2001年第4期。
[2] 邱勤：《买方市场条件下的出版经营观》，《天津商学院学报》2004年第6期。
[3] 吴乐平：《近观中国期刊市场走势》，《中国图书商报》2001年12月4日。
[4] 李智慧、刘薇：《中国图书市场的宏观经济模型》，《出版参考》2005年12月下旬刊。

（四）出版产业的经济学研究

近十年来，出版产业研究在我国出版经济研究中的地位日益突出，这方面的成果在出版经济研究成果中占有相当大的比重。我国出版产业研究的成果主要分布在产业结构、产业组织、产业竞争力、产业发展趋势、产业政策与政府监管等方面，研究涉及书刊出版业、电子与网络出版业。另外，中国"入世"对中国出版产业的影响及对策曾是一个研究热点；国家提出"西部大开发"、"中部崛起"的战略目标和宏观理念后，中西部出版产业的发展战略也受到较多关注。这一时期，我国出版产业研究的成绩体现在：数量可观的研究论文在各类报刊、文集上发表；一些具有不同视角、不同侧重点的出版产业研究专著或探索性文集得以出版，如于友先著的《现代出版产业发展论》（苏州大学出版社 2003 年出版）和《现代出版产业论集》（中国书籍出版社 2004 年出版）、贺剑锋著的《中国出版企业竞争力研究》（湖北人民出版社 2004 年出版）、曾庆宾著的《中国出版产业论》（中南大学出版社 2004 年版）、周蔚华著的《出版产业研究》（中国人民大学出版社 2005 年出版）、黄健著的《出版产业论》（广西人民出版社 2005 年出版）、廖建军著的《中国出版产业竞争力评价问题研究》（湖南师范大学出版社 2006 年出版）、陈昕著的《中国出版产业论稿》（复旦大学出版社 2006 年出版）和《中国图书出版产业增长方式转变研究》（广西师范大学出版社 2008 年出版）、乔东亮等著的《"十五"首都出版产业发展状况研究》（中国人民大学出版社 2007 年出版）；一批博士、硕士先后完成了以出版产业问题为选题的学位论文。本书将从产业结构、产业组织、产业竞争力、产业政策与政府规制几个方面对近十年来我国出版产业研究状况进行总结与评价。由于出版产业组织研究是近一时期我国出版经济研究的重要内容，我国研究者较多地运用了产业经济学中经典的 SCP（市场结构—市场行为—市场绩效）分析框架，分析了出版市场结构、出版企业的市场行为、出版企业的市场绩效问题，因此，下文对出版产业组织研究状况的评述予以细化。

1. 出版产业结构的研究

产业结构从广义来讲，是指产业间的技术、经济联系与联系方式；从狭义来讲，是指国民经济各个产业之间以及产业内部的比例关系和结合状况。产业结构和市场结构并非两个可以等同的概念，在产业经济学中市场结构是指企业市场关系的特征和形式。我国研究者对出版产业结构的探讨主要集中在出版产业结构现状、产业结构调整趋势、出版产业链、产业关联分析等方面。

我国出版产业在产品结构、地域结构等方面存在突出的问题。周蔚华认为，我国图书出版的产品结构呈现供求不平衡以及产品不均衡发展的态势，应采取均衡发展战略调整我国图书产品结构；我国出版产业在地域结构上存在均衡性和"同构性"，应采取非均衡发展战略调整我国图书出版的地域结构①。王建辉对"省域出版经济"进行了理论层面的阐述，他在《省域出版经济再思考》一文中分析了我国现有出版经济地域格局，指出了省域出版经济的困境和出路②。

促进出版产业结构优化和升级，事关出版业的繁荣和发展，意义重大。姚德鑫认为，出版产业整合要借鉴其他产业整合的成功经验，更要从实际出发；从出版业目前的结构现状和调整的目标来看，出版业应进行关联性重组③。张霞从出版产业结构调整

① 周蔚华：《中国图书出版产业结构分析》，《出版经济》2003 年第 3 期。
② 王建辉：《省域出版经济再思考》，《中国新闻出版报》2005 年 8 月 2 日。
③ 姚德鑫：《论出版产业整合》，《出版发行研究》2001 年第 4 期。

的历史出发，结合产业属性和行业特点，指出跨媒体经营是我国出版产业结构调整的重要趋势①。

在出版产业链研究方面，一些研究者从不同的角度阐述了自己的观点。方卿认为出版产业链具有价值增值、物流供应、信息传播三方面的基本属性②。陈昕从内容生产的角度探讨了数字化条件下出版产业链的建设③。翁昌寿认为，可以从三个方向去打造出版产业链：系列化产业链（走向是"图书—报纸期刊—广播电视—数字多媒体"）；一体化产业链（走向是"出版上游—出版—出版下游"）；多元化产业链（走向是"出版—其他行业"）④。朱胜龙认为，出版产业链的延伸，可以使出版业由主业市场向边缘市场拓展，形成更多的产业支撑点；出版业在自身发展的同时，可以有效地拉动相关产业和地方经济的发展⑤。王睿新、丁永健分析了图书出版发行业产业链中各环节关系及利润分配情况，指出我国图书出版发行业在政策、历史等多种因素作用下形成的独特产业结构使得图书出版市场效率欠佳⑥。

产业关联是指经济活动中各产业间以投入和产出为联系纽带的技术、经济联系。周蔚华从产业链的投入产出和单制品的投入产出两个角度分析了出版业与其他相关产业的关系⑦。

---

① 张霞：《跨媒体经营——出版产业结构调整新走向》，《图书情报知识》2005年第1期。

② 方卿：《论出版产业链的基本属性》，《出版科学》2006年第4期。

③ 陈昕：《加快出版产业链和价值链的建设》，《编辑学刊》2004年第3期。

④ 翁昌寿：《中国出版产业链理论构想与现实操作》，《编辑之友》2003年第3期。

⑤ 朱胜龙：《出版产业链：拉动地方经济发展的强力引擎》，《当代财经》2004年第5期。

⑥ 王睿新、丁永健：《图书出版发行业产业链的利润分配和效率分析》，《重庆社会科学》2005年第12期。

⑦ 周蔚华：《中国图书出版的产业关联分析》，《大学出版》2004年第3期。

2. 出版市场结构的研究

从本质上讲，市场结构是一个反映市场竞争和垄断关系的概念。市场集中度、产品差别化程度和市场进退障碍是决定市场结构的三个主要因素。近年来，我国研究者对出版市场结构的探讨主要集中在出版市场的特征、出版市场集中度、出版市场进退壁垒等问题上。

根据竞争和垄断程度的不同，市场可分为完全竞争市场、垄断竞争市场、寡头竞争市场和完全垄断市场四种类型。从博弈论的视角看，"出版市场的发展和变化实质上是利益主体各方竞争与合作的结果，竞争各方在遵循一定的游戏规则的基础上，运用策略以达到己方利益的最大化，从而在客观上促进了市场的成熟和演进"[1]。陆祖康认为，我国图书市场是在国家计划指导下的特殊商品市场，从市场类型来看，属于垄断竞争市场[2]。尹章池指出，市场的行政化是我国出版市场的显著特征[3]。封延阳从市场集中度、产品差别化和进入退出壁垒三方面分析了我国图书出版产业市场结构，认为管理体制方面的问题是造成我国图书出版产业市场结构缺陷的重要原因[4]。袁国雄也分析了我国图书市场结构问题及其成因，并提出了改善方法[5]。张志成、李治堂认为，我国图书发行业垄断与过度竞争并存[6]。张晓玲认为我国出

①　白琳：《我国现有出版市场的博弈分析》，《科技与出版》2005 年第 6 期。
②　陆祖康：《我国图书市场供需特征分析》，《暨南学报》（哲学社会科学版）1996 年第 2 期。
③　尹章池：《影响我国出版市场的制度因素、制度缺陷与化解设计》，《编辑之友》2004 年第 4 期。
④　封延阳：《我国图书市场结构研究》，《出版发行研究》2002 年第 9 期。
⑤　袁国雄：《图书发行市场结构与市场行为分析》，《出版科学》2003 年第 1 期。
⑥　张志成、李治堂：《我国图书发行业市场结构、行为与绩效分析》，《出版发行研究》2003 年第 12 期。

版物发行市场存在垄断市场下的分散性竞争①。

有研究者对期刊、电子出版市场的特征进行了分析。彭建斌从同类期刊社之间的竞争、其他替代媒体经营者的竞争、潜在进入者的竞争、订户的竞争、作者的竞争、印刷厂商的竞争六个方面对期刊市场竞争状况进行了分析②。陈浩义、冷晓彦通过对中文电子图书市场的分析，认为我国中文电子图书市场已经形成寡头竞争市场，并用博弈论对该寡头市场的竞争进行了分析③。

在出版产业市场集中度的研究方面，周蔚华、吴明华、吴赟分别运用比较研究的方法，对中外图书、期刊出版业的产业集中度进行了分析，研究的结论是：产业集中度低是我国出版业与发达国家出版业的一个重大区别；出版机构的性质、定位和市场的行政垄断，是造成我国出版业产业集中度低的重要原因；优化产业组织结构、提高市场集中度已成为提高出版产业竞争力的当务之急④。封延阳认为，规模经济性不明显、专业分工体制和产业布局政策、政府行为是影响我国出版产业市场集中度的主要因素⑤。

出版市场的准入与退出机制是出版市场规则的重要内容，是形成出版市场体系的关键。周蔚华指出，我国出版业的进入壁垒主要是由法律和制度造成的壁垒⑥。姚德权探析了我国出版市场

---

① 张晓玲：《关于我国图书发行市场的若干思考》，《经济师》2005 年第 1 期。

② 彭建斌：《期刊市场中的竞争势力》，《中国出版》1997 年第 4 期。

③ 陈浩义、冷晓彦：《我国中文电子图书市场竞争分析》，《情报科学》2005 年第 2 期。

④ 周蔚华：《我国图书出版产业的集中度和规模经济分析》，《中国出版》2002 年第 10 期；吴明华：《中外出版产业集中度比较分析》，《出版发行研究》2002 年第 9 期；吴赟：《中西期刊业的产业集中度分析》，《出版参考》2005 年第 25 期。

⑤ 封延阳：《影响我国图书出版产业市场集中度的主要因素》，《中国出版》2002 年第 9 期。

⑥ 周蔚华：《中国图书出版产业的垄断分析》，《大学出版》2002 年第 4 期。

准入规制的内涵与动因①。贺剑锋、韩梅、胡博对我国出版业市场进退壁垒进行了分析②。

3. 出版企业市场行为研究

企业的市场行为一般可分为：以控制和影响价格为基本特征和目的的价格行为，以促进产品销售、开发为主要内容的非价格行为，及以产权关系变动为主要特征的企业组织调整行为。我国出版研究者从多个角度对出版企业的价格、促销、产品创新、集团化等市场行为进行了探讨，但这方面现有的研究成果主要集中在出版营销研究等领域，其研究大多是从管理学、市场营销学等学科理论层面来展开的。严格来说，真正从经济学的视角出发，利用经济学的方法来研究出版企业市场行为的成果并不多见。

从经济学的角度来看，价格是价值的表现形式，是调节市场供求和资源配置的杠杆。如果没有科学、合理的价格机制，规范的经济活动就不能进行。近年来，一些研究者开始运用经济学的理论与方法来分析出版企业的价格行为。

20 世纪 90 年代，我国出版物价格的大幅度上涨，引发了关于出版物定价是否合理的争议。不少研究者认为目前我国的出版物定价过高、不合理，相关部门应采取有效措施调控出版物价格，但也有与此不尽相同的观点。如卿家康认为，我国书价的上涨是基本合理的；"改革开放以来，我国经济处于持续高速增长之中。与此同时，也出现了持续的通货膨胀……一旦书价松动，

---

① 姚德权：《我国新闻出版市场准入规制内涵与动因分析》，《出版发行研究》2004 年第 11 期。

② 贺剑锋：《对我国出版业市场进入与退出关系的思考》，《中国出版》2003 年第 3 期；韩梅、胡博：《出版体制改革带来的新冲动——破产退出机制的建立》，《大学出版》2004 年第 2 期。

书价的持久攀升就是必然的……具体地看，则是成本推动的结果"①。陈资灿认为书价的上涨既有不合理的一面，又有合理的一面，并从政府行为、企业成本控制、著作权保护、市场建设等方面提出了深化图书价格改革的思路②。赵晶认为，"目前我国图书的定价方式实际上是一种转卖价格持平（Resale Price Main-tenance，RPM），它有利于图书市场上的出版、批发、零售等环节达成默契合谋，共同抬高书价，谋取垄断利润"③，并提出了应对书价虚高问题的措施④。曹明和吴文华运用经济学基本原理，分析了我国出版物市场价格的形成机制，并对完善我国出版价格形成机制提出建议⑤。

我国出版发行业的市场集中度较低，市场过度竞争导致企业之间的价格战现象比较普遍。出版物的定价与成本核算是出版企业重要的市场行为。袁亚春从经济学的视角分析了不同市场条件下的出版企业定价策略⑥。张其友分析了出版企业的定价目标与经营目标的关系，以及适合出版社的定价策略和方法⑦。开儒认为，在影响出版企业利润的因素中，"发行折扣影响最终利润的弹性余地最大，适当做一些微小的发行价格调控，就可以产生意想不到的利益收获"，"合理调整图书发行折扣在今天显得尤为

① 卿家康：《我国图书定价改革与当前书价》，《出版发行研究》1996年第4期。
② 陈资灿：《图书价格及其定价改革》，《价格月刊》1998年第9期。
③ 赵晶：《我国书价虚高问题的RPM分析》，《华北水利水电学院学报》（社科版）2005年第4期。
④ 同上。
⑤ 曹明、吴文华：《图书价格形成的经济学分析》，《价格理论与实践》2004年第3期。
⑥ 袁亚春：《图书定价的社会与经济意义及其分析》，《浙江社会科学》1997年第3期。
⑦ 张其友：《加强出版物定价管理的思考》，《出版经济》2001年第12期。

重要"①。

电子出版物和网络出版物正成为出版业新的经济增长点,电子、网络出版的定价模式应该受到出版界和学术界更多的关注。徐丽芳、刘峥等研究者对电子出版物、网络出版物的定价问题进行了探讨。徐丽芳分析了成本因素、读者心理因素、供应链内部的利益分配等制约网络出版定价的因素;指出网络出版企业可以尝试订阅费模式、站点授权模式、每单位收费模式(per – unit fee)三种定价模式②。刘峥从信息商品的价格影响因素出发,分析了出版商和数据库商的电子出版物销售政策(主要有免费上网服务、收费上网服务、集团购买方式等)和电子出版物价格影响因素(包括内容因素、使用情况、技术因素、存档方式、销售策略等),指出了现行电子出版物价格模式中存在的问题,并探讨了电子出版物的价格发展趋势③。

当前,我国对于出版企业的广告、产品创新等非价格行为进行经济学分析的成果较少。李宇彤用经济学理论分析了出版机构营销渠道的经营管理及我国出版机构在出版物营销体系的建立和控制上存在的问题,认为出版机构"应该从针对性、控制性和经济性三方面着手,遵循一般的经济学原理,优化和整合现有的渠道体系,建立一个适合自己的健全稳定的营销体系"④。

就目前的情况而言,我国出版行业内部以产权关系变动为主

---

① 开儒:《控制发行价格,提升出版利润》,《出版经济》2004 年第 2 期。
② 徐丽芳:《网络出版的定价模式研究》,《出版发行研究》2004 年第 3 期。
③ 刘峥:《电子出版物的价格影响因素及模式分析》,《情报科学》2003 年第 9 期。
④ 李宇彤:《出版社图书营销体系优化的经济学分析及建议》,《出版发行研究》2001 年第 7 期。

要特征的企业组织调整行为，主要包括出版企业集团、发行企业集团的建设和出版企业产权制度的改革等内容。这方面的研究已取得一些成果，已有一些论文发表在各类专业报刊上，一些报刊甚至开辟了这方面的专栏，但在一部分论文中经济学理论和方法的运用不足。相形之下，数篇以这方面内容为选题的博士学位论文在理论和方法上具有明显的优势。

4. 出版企业市场绩效研究

市场绩效是企业市场行为结果的综合反映。市场绩效是企业在一定的市场结构下，通过一定的市场行为所产生的价格、产量、成本、利润、产品质量和品种，以及在技术进步、社会福利等方面的最终成果。对出版企业而言，其市场绩效包括我们通常所说的经济效益和社会效益两方面。总的来说，目前我国对出版企业市场绩效的研究多停留在定性描述的层面，这方面的研究有必要得到深化。

2005 年，巢峰发表了《中国图书出版业的滞胀现象——兼论出版改革的症结所在》一文，在我国出版界、研究界引起很大反响（该文曾被《新华文摘》、《中国人民大学复印报刊资料》等重要文摘类期刊全文转载）。该文分析了自 20 世纪 90 年代下半叶起我国图书出版业出现的滞胀（"膨胀性衰退"）现象，其研究结果充分说明我国出版企业的整体市场绩效较低①。

张志成和李治堂经过分析认为，我国出版发行业垄断的存在降低了对企业的激励强度，企业缺乏积极开拓市场的动力；市场集中度较低，导致企业之间的价格战现象比较普遍；组建的发行

---

① 巢峰：《中国图书出版业的滞胀现象——兼论出版改革的症结所在》，《中华读书报》2005 年 1 月 26 日。

集团与发行连锁企业，在销售收入成倍增加的同时，组织、协调与运营成本也在成倍增加；由于这些原因，我国出版发行业市场绩效与国外相比存在较大差距①。

一些研究者利用数理方法对出版企业的赢利水平进行科学测算，在出版经济的定量分析上进行了有益的探索，如张其友对出版物销售收入的预测方法进行了分析②；傅英宝撰文探讨了出版物的经济效果评价方法③。

出版企业的社会效益与经济效益的关系，是我国出版研究者探讨的重要议题。于友先认为："现代出版产业的活力不仅体现在高经济效益上，而且体现在高社会效益上，两者是互生互动的"，"社会效益和经济效益的联动加快了出版产业的发展步伐"，"出版产业的高效益首先要体现在社会效益上，社会效益第一的原则是出版业遵循的首要原则"④。巢峰认为："社会效益与经济效益的矛盾是出版物效益运动中的主要矛盾。社会效益是两个效益矛盾的主要方面。两个效益矛盾运动形成了社会效益第一，经济效益第二，经济效益服从社会效益，社会效益兼顾经济效益的规律。"⑤田建平对出版产业中的"两个效益"问题进行了辨析，认为出版物"两个效益"的最佳结合应该体现在质量上⑥。

---

① 张志成、李治堂：《我国图书发行业市场结构、行为与绩效分析》，《出版发行研究》2003 年第 12 期。

② 张其友：《出版物销售收入预测方法的探讨》，《大学出版》2002 年第 4 期。

③ 傅英宝：《图书的经济性评价》，《大学出版》1999 年第 4 期。

④ 于友先：《论现代出版产业的双效益活力》，《出版发行研究》2003 年第 8 期。

⑤ 巢峰：《论出版物效益中的矛盾》，《中国编辑》2004 年第 4 期。

⑥ 田建平：《我国出版产业中"两个效益"问题之辨析》，《出版发行研究》2005 年第 5 期。

5. 出版产业竞争力的研究

出版产业竞争力研究是近年来出版经济研究的一大热点，一些研究者对出版产业的竞争力问题进行了积极探索，取得了一些成果。我国研究者对出版产业竞争力的研究涉及国家、产业和企业竞争力三个层面。此外，由于产业竞争力评价可以揭示产业结构的演进趋势和产业的动态比较优势，有研究者从产业竞争力评价的角度对出版产业竞争力进行了探讨。

程三国在其发表于 2001 年 9 月 12 日《中国图书商报》的《中外出版业发展战略研究与竞争力分析》一文中对世界出版业的格局与趋势，出版业全球化的特征与规律，跨国集团的竞争优势、国际战略和中国战略，中国出版业的优势和机会等问题进行了分析，但该文的理论依据和分析框架主要是战略分析中的 SWOT 分析模式及比较优势分析，对竞争优势及竞争力较少涉及。

2003 年，贺剑锋和姚永春完成了以中国出版企业核心竞争力研究为选题的博士学位论文，2006 年，廖建军完成了以中国出版产业竞争力评价问题研究为选题的博士学位论文，他们从不同的角度和层面对出版产业竞争力问题进行了探索性研究。

刘蔚绥认为，影响出版产业核心竞争力的主要因素有人力资源、科学技术、企业文化创新与应变能力[①]。陶明远认为，"目前我国出版产业核心竞争力以其构成的基本要素可以表述为：人才 + 机制品牌（特色）+ 企业文化 = 核心竞争力"[②]；并对西部

---

① 刘蔚绥：《浅议出版产业的核心竞争力》，《出版科学》2005 年第 3 期。
② 陶明远：《出版产业的核心竞争力及西部出版社核心竞争力的培育》，《中国图书评论》2004 年第 1 期。

出版社核心竞争力的培育途径进行了探讨①。

浙江出版集团《中国图书出版资源基础数据库》课题组发布了《"九五"期间全国出版社竞争力评估报告》。该报告对我国出版社市场竞争状况进行了初步分析，对我国出版业在"入世"前的资源配置状况进行了总结性研究。由于这份报告所采用的评价指标是描述性的静态指标，所以这份报告对我国出版社竞争力发展态势的分析不够②。

孙寿山的《中国出版业现实竞争力研究分析》运用产业竞争力的测度和分析方法，对出版产业的盈利能力、市场占有状况、中国出版业的技术状况进行了定量和定性的分析及评价。该文属于现实竞争力的实证分析，对于竞争力现状的形成原因及变化趋势没有深入分析，在理论依据和分析框架上也有所欠缺③。

在出版产业国际竞争力研究方面，方卿探讨了提升我国科技出版国际竞争力的重要意义和现实途径④；蔡继辉构建了出版业国际竞争力综合评价的指标体系框架，对我国出版产业的国际竞争力进行了分析与评价⑤。

就整体而言，我国的出版产业竞争力研究需要在以下方面予以改善：出版产业竞争力的概念、内涵需要进一步明晰；对出版产业竞争力的实证研究和应用分析较为匮乏，尚待加强；研究的

①　陶明远：《出版产业的核心竞争力及西部出版社核心竞争力的培育》，《中国图书评论》2004年第1期。

②　《中国图书出版资源基础数据库》课题组：《"九五"期间全国出版社竞争力评估报告》（上）、（下），《出版广角》2001年第10、11期。

③　孙寿山：《中国出版业现实竞争力研究分析》，《出版发行研究》2004年第12期。

④　方卿：《提升我国科技出版的国际竞争力》，《出版发行研究》2003年第1期。

⑤　蔡继辉：《中国图书出版产业国际竞争力分析》，《出版经济》2004年第9期。

方法不够严谨，需要引入科学的研究方法；研究模式的适用性需要加以明确。

6. 出版产业政策与政府规制的研究

市场经济的逐利性特征导致出版产业具有波动性、盲目性、投机性、不确定性等内在缺陷，因此，政府对产业的规制是必要的，对于出版产业而言更是如此。制度经济学理论认为，规制是政府在转型经济中的一种政策工具。从本质上来说，政府的出版规制就是出版政策工具的组合和选择。在我国出版业产业化、市场化的发展进程中，一些新问题、新情况的出现，使得出版产业政策与政府规制的研究尤显重要。

一些研究者对出版产业政府规制的特点、必要性、要求、功能、历史和现状进行了分析。于友先指出，出版业具有的文化性和商业性二重属性给出版管理带来了文化上和商业上的双重要求①。王联合在考察出版物属性和出版产业属性的基础上，探讨了出版业的政府规制问题②。吴士余认为，出版业的体制性改革必须强化局部性的政府规制来应对市场的失度与失衡，这对体制转型中的中国出版业显得尤为必要③；"没有规制的产业是不成熟的产业，而缺乏多重规制组合及其政策架构的产业也不会有持续发展的动力和保障"④。王建辉持有如下观点："出版产业的企事业单位（包括集团）和出版政府管理部门是共存共荣的"，"中国出版目前还不具备全面市场化的条件，因此，政府部门在

---

① 于友先：《论出版产业的两重属性与宏观管理》，《编辑之友》2003 年第 4 期。

② 王联合：《转制下的规制逻辑（上）：基于出版物属性的考察》，《出版发行研究》2005 年第 3 期。

③ 吴士余：《出版泡沫与政府规制——读〈出版大崩溃〉》，《中国新闻出版报》2004 年 6 月 3 日。

④ 同上。

省域出版经济发展中的作用是不可替代的。这是文化体制改革后面临的新课题"①。廖建军在分析出版产业的经济外部性的基础上，论证了政府对出版业管理的必然性与要求，他认为注重出版经济的外部性管理是现代出版宏观管理的一大特点②。非法出版活动是市场机制内在缺陷的充分体现，刘本仁认为应该从理顺监管机构、完善法规建设、强化经济手段、追击非法出版源头、延伸监管触角等方面建立健全高效的监管机制③。毕伟将出版产业政策的调控功能总结为：资源配置结构的政策导向功能、产业运行态势的政策协调功能、产业运行机制的政策组合功能④。刁其武从历史的视角考察了我国图书出版政府监管的演变轨迹，指出随着我国社会主义市场经济的发展，深化图书出版监管的改革势在必行⑤。

　　有研究者对外国出版业管理的经验与教训进行了总结、分析。魏玉山分析了国外新闻出版业国家监管的发展阶段、模式、机构及主要内容⑥。罗紫初撰写了多篇论文，对中外出版业宏观调控的状况进行了比较分析⑦。李莉和于睿从比较研究的视角分

---

① 王建辉：《省域出版经济再思考》，《中国新闻出版报》2005 年 8 月 2 日。
② 廖建军：《论出版产业的外部性与政府管理》，《图书情报知识》2005 年第 2 期。
③ 刘本仁：《目前非法出版活动的特点及其监管》，《出版发行研究》2003 年第 6 期。
④ 毕伟：《出版产业的市场作用机制及产业调控政策》，《中国出版》1998 年第 6 期。
⑤ 刁其武：《新中国图书出版的政府监管》，《当代中国史研究》2003 年第 6 期。
⑥ 魏玉山：《国外新闻出版国家监管体制》，《出版发行研究》2005 年第 1 期。
⑦ 罗紫初：《中外出版业宏观调控体制比较——中外出版业比较研究之一》，《编辑学刊》1998 年第 4 期；罗紫初：《中外出版业宏观调控手段比较——中外出版业比较研究之二》，《编辑学刊》1998 年第 5 期。

析了我国图书出版业贸易监管体制现存的问题和国外图书出版业监管中的成功措施，对我国图书出版业贸易监管提出了政策性建议①。这方面的专著中，周源编著的《发达国家出版管理制度》和余敏主编的《国外出版业宏观管理体系研究》具有较强的现实参考价值。

出版单位转制是我国文化体制改革的重要内容。阎晓宏在界定出版产业、出版事业的基础上，论述了出版业的分类管理问题②。姜明提出，应重新审视文化领域里出版社和政府管理机构的社会定位、功能及相互关系，建立起国家依法管理和调控、行业严格自律、出版社自主经营的新体制姜明：《浅谈出版社转制后的定位与政府职能转型》，《中国出版》2005 年第 8 期。。

在出版物市场监管研究方面，黄先蓉的《出版物市场管理概论》（武汉大学出版社 2005 年出版）是专论出版物市场管理的一部力作。杨红卫分析了我国出版物市场监管的特性、边界、创新途径，认为"我国出版物市场的繁荣还有待政府的推动和竞争机制的引入，出版物市场的监管也要引入公共服务与大市场的观念，其重点放在改变出版发行企业经济决策的环境参数，而不是干预、限制和替代企业的决策和行为"③。针对一段时期内我国辞书出版市场的混乱现象，张稷撰文分析了市场经济条件下辞书出版的宏观监管与市场规范问题④。

---

① 李莉、于睿：《图书出版业贸易监管体制的中外比较分析》，《生产力研究》2005 年第 11 期。
② 阎晓宏：《关于出版产业、出版事业的界定以及分类指导问题》，《出版发行研究》2003 年第 2 期。
③ 杨红卫：《加强和完善出版物市场监管体系》，《中国新闻出版报》2003 年10 月 14 日。
④ 张稷：《市场经济条件下辞书出版的宏观监管与市场规范》（上）、（下），《中国出版》2001 年第 11、12 期。

对网络出版实施有效管理是出版管理部门面临的严峻挑战。林江根据网络出版的一般规律和在我国的发展现状与趋势，对网络出版管理提出了自己的建议①。

刘杲、罗紫初、曾庆宾、刘明勋等研究者从不同的视角探讨了出版业的经济政策问题②。

总的来说，我国的出版产业政策与政府规制研究已取得了一些成果，今后这方面的研究应朝着细化、深入的方向发展，为政府部门的决策和调控提供更加科学的建议。

（五）我国出版经济学研究的不足与努力方向

如前所述，出版经济学研究对于出版产业的发展和经济学、传播学、出版学学科理论体系的完善均具有重要的意义。但目前我国的出版学研究中，经济学分析是一个薄弱环节，与其他部门经济学学科相比，出版经济学的研究已经落后。我们在看到我国出版经济研究已有成绩的同时，还必须认识到，当前我国出版经济研究中还有一些不足之处需要加以改善。

1. 经济学理论和方法的欠缺

我国现有的涉及出版经济问题的研究成果中，有相当数量的论著只是"出版经济问题的研究"，而不是严格意义上的"出版问题的经济学研究"。从整体上来说，这一状况与我国出版研究界对经济学理论知识的储备不足有很大关系。

2. 现有成果以定性分析和思辨研究为主，定量分析和实证研究不足

在我国已有的出版经济研究成果中，通过定性研究方法取得

---

① 林江：《宽带时代的网络出版及其监管》，《中国出版》2001年第8期。

② 刘杲：《延续和完善出版经济政策》，《出版经济》1999年第2期；罗紫初：《中外出版业经济政策比较》，《大学出版》2004年第1期；曾庆宾、刘明勋：《我国出版产业税收政策的思考》，《中国出版》2004年第4期。

的成果占有绝大部分比例。不可否认，定性分析、思辨研究作为一类重要的研究方法和模式，在出版研究中的地位是不可替代的。但出版经济研究科学化、精确化的要求，使得定量分析和实证研究模式的引入很有必要。实证研究和量化分析的加强，能增加出版经济研究成果的说服力，对出版实践起到更大的指导作用，另一方面，出版经济研究科学性的增强也无疑能促进出版学学科地位的提高。

3. 宏观层面的经济研究成果多，微观层面的经济学分析偏少

我国出版经济研究成果中，宏观层面的出版产业研究成果要多于微观层面出版问题的经济学研究成果。目前出版经济研究中的实证、定量研究成果主要集中在出版产业研究方面，而针对出版产品和出版企业的实证、定量分析较少。这种情况的出现，主要源自出版经济数据积累的不均衡现状，即出版产业的宏观数据、资料的获取要易于具体出版企业和出版产品的数据、资料的获取。

4. 重复性研究较多，创新性研究有待加强

目前国内真正从经济学视角来分析出版活动和出版现象的相关论著还较少，而且出版经济研究论著的主题多集中在出版产业结构、出版产业竞争力、出版企业的集团化行为等方面。出版经济研究中存在一定的重复性研究现象，一些研究成果重复着相似的观点，而缺乏新观点。我国出版经济研究中还有不少重要研究领域尚待突破，而要使出版经济研究深入发展，必须加强创新性研究。

5. 出版产业的某些现实特点对出版经济学研究的进展也有影响

目前，我国出版业的管理体制、产权机制和机构运作模式与社会主义市场经济体制的要求还存在一定的距离，出版产业是一

个发展欠成熟、开放度不够、市场规则有待完善的产业。就宏观层面而言,出版产业存在增长方式不尽合理、产业结构趋同、产业集中度低、市场秩序有待进一步规范等问题;就微观层面而言,一些出版机构则存在经营模式落后、法人治理结构陈旧、产权结构单一等问题。出版产业自身的这些现实特点也是影响出版经济学研究迅速发展的重要因素。

出版经济研究中的不足,也从一个方面说明了我国出版经济研究还有很大的发展空间。笔者认为,我国出版研究界应着力做好以下工作,以加快出版经济学研究的发展步伐。

首先,经济学研究讲求研究的前提和假设,出版经济研究中也需要进一步明晰有关研究对象的基本概念和内涵。

其次,在引入经济学等学科理论时,应认真分析、充分考虑出版业的特殊性,明确所运用的理论和研究模式的适用性。

再次,引入科学的研究方法,加强出版经济实证分析和应用研究,处理好实证分析与规范分析的关系。

最后,研究界和出版界应通力合作,做好出版产业、出版企业、出版产品的数据与资料的收集、整理和储备工作。

二 西方的出版经济学研究

(一) 西方国家出版经济研究的成果

出版研究的历史并不短,但作为一个独立领域的现代出版研究却是一个新兴的学术领域。在亚洲,日本和韩国学者在 20 世纪 60 年代开始了出版研究学术化、体系化的努力和探索。欧美出版业发达国家的现代出版理论研究起步较晚,但此前以各种视角对出版现象和出版问题进行的研究却并不少见,在不少学科领域,如传播学、文化研究、历史学、社会学、经济学、文献学等,早已包含了出版研究的成分和有关出版的知识内容。

尽管西方国家出版研究的历史并不短，但从产业经济和市场的角度对出版业进行系统的研究始自 20 世纪 30 年代。1931 年，O. H. 切尼（O. H. Cheney）受美国书商协会的委托，发布了著名的 *The Cheney Report*（《切尼报告》），该报告又称 *Economic Survey of the Book Industry*（《图书产业经济状况调查》）。此后，在出版业发达国家，系统的出版经济研究以专题研讨会、市场调查等多种形式得以广泛进行。[①] 自 1931 年至今，随着社会的快速发展，西方发达国家出版研究的热点、重点问题也在不断变迁，从研究广播、电影、电视等媒介与出版业的竞争，图书馆体系对出版业的影响，大众阅读和图书购买习惯等问题，过渡到研究电子出版、网络出版等问题。目前，出版经济、出版国际化、版权和出版法制等问题是西方出版研究界关注的重要内容。

在西方国家，与出版经济研究的关联最为紧密的研究领域是传媒经济研究。从严格的研究意义上讲，西方传媒经济研究起步于 20 世纪 50—60 年代。从 70 年代开始，除传播学、新闻学学科的研究者外，越来越多的经济学、管理学研究者也开始探究传媒经济问题。西方国家的传媒经济理论研究欣欣向荣，传媒经济研究论著蔚为可观。仅 2000 年以来出版的相关论著就为数不少。例如：美国经济学者布赖恩·卡欣（Brian Kahin）和哈尔·瓦里安（Hal R. Varian）于 2000 年出版了 *Internet Publishing and Beyond: The Economics of Digital Information and Intellectual Property* 一书（中文版书名译为《传媒经济学：数字信息经济学与知识产权》），该书对网络电子期刊的竞争、定价和版权保护的经济学问题进行了深入分析。2000 年，美国媒介经济学者本杰明·

---

① Adams, Peter W. (2001) Faces in the Mirror: Five Decades of Research and Comment on the Book Trade 1931—2001. *Publishing Research Quarterly*, Vol. 17, No. 1.

M. 康佩恩（Benjamin M. Compaine）和道格拉斯·戈梅里（Douglas Gomery）联袂推出传媒产业经济研究名著 *Who Owns the Media?：Competition and Concentration in the Mass Media Industry*（《谁拥有媒体：大众传媒业的竞争与集中》）的第三版（第一版、第二版分别于 1979 年、1982 年出版），该书涉及报纸、图书、期刊、电视、广播、音乐、电影、网络等诸多行业，并对"垄断"一词提出了新的理解与判断，是当前介绍美国传媒产业经济较为详尽、系统、全面的权威论著。2002 年，国际著名媒介经济学专家罗伯特·G. 皮卡德（Robert G. Picard）出版了 *The Economics and Financing of Media Companies*（《媒介公司财经》，2006 年中文版书名译为《传媒管理学导论》），该书是继 *Media Economics：Concepts and Issues*（《媒介经济学：概念与问题》）之后皮卡德教授的又一力作，是第一本广泛运用商业理念和分析方法阐述传媒公司运营及其影响因素的著作，其中不少内容涉及出版传媒的经济问题。2002 年，英国学者吉莉安·道尔（Gillian Doyle）出版了 *Understanding Media Economics*（《理解传媒经济学》）一书。传媒经济的核心是内容经济与受众经济，受众是传媒经济理论和实践的起点，美国学者菲利普·M. 纳波利（Philip M. Napoli）在 2003 年出版了 *Audience Economics Media Institutions and the Audience Marketplace*（《受众经济学：传媒机构与受众市场》），该书分析了受众市场上多种核心角色之间相互作用的方式及受众市场最新的发展变化。2004 年，美国出版了艾利森·亚历山大（Alison Alexander）等学者编著的 *Media Economics：Theory and Practice*（《媒介经济学：理论与实践》），该书有一章"图书和杂志的经济学"以美国出版业为背景，论述了出版经济问题。2004 年，柯林·霍斯金斯（Colin Hoskins）、斯图亚特·麦克法蒂耶（Stuart McFadyen）、亚当·费恩（Adam

Finn）出版了 *Media Economics*：*Applying Economics to New and Traditional Media*（《媒介经济学：经济学在新媒介与传统媒介中的应用》），该书结合媒介行业的最新进展，将微观经济学工具贯穿于对媒介产业及相关政策的实证分析之中，因而受到一些国际媒介经济学名家的推崇。

以从事内容、文本的产业化生产与传播为主旨的出版传媒业是文化产业、创意产业的核心板块之一，因此文化艺术经济学、文化产业与创意产业研究也是与出版经济学研究相关度极高的一个领域，这一领域的不少研究也涉及了出版传媒经济问题。2001年，两位经济学教授查尔斯·M. 格雷（Charles M. Gray）、詹姆斯·海尔布伦（James Heilbrun）合著的 *The Economics of Art and Culture*（《艺术文化经济学》）由剑桥大学出版社出版。2001年，哈罗德·L. 沃格尔（Harold L. Vogel）出版了 *Entertainment Industry Economics*：*A Guide for Financial Analysis*（《娱乐产业经济学：财务分析指南》）一书的第五版，其内容涉及电影电视、出版、音乐、广播、网络、玩具和游戏、体育、表演艺术文化、娱乐主题公园等多种文化娱乐产业的经济学分析。该书从 1986 年到 2001 年，以三到四年为周期连续修订再版，可见其影响力和受欢迎程度。2001年，鲁思·托斯（Ruth Towse）出版了 *Creativity, Incentive and Reward*：*An Economic Analysis of Copyright and Culture in the Information Age*（《创意、激励和回报：信息时代版权与文化的经济分析》），该书探讨了版权、创意产业、文化艺术的经济学问题；2003年，鲁思·托斯又出版了 *A Handbook of Cultural Economics*（《文化经济学手册》）。2002年，大卫·赫斯蒙德夫（David Hesmondhalgh）出版了 *The Cultural Industries* 一书（该书已有中文版，中文版《文化产业》由中国人民大学出版社 2007 年出版）。在大卫·赫斯蒙德夫所描述的文化产业世界中，

"一个囊括了电视、广播、电影、音乐、广告、报刊、图书等，以文本为核心、以创意为灵魂、以政策为框架、以技术为动力的文化奇观，展现在我们面前"①。与以往学者对文化产业的研究角度和方式不同，赫斯蒙德夫从历史的角度，解释、衡量并评价了文化产业的变迁与延续。2003 年，由海因茨·斯泰奈特（Heinz Steinert）撰著、英文版由萨利 - 安·斯宾塞（Sally - Ann Spencer）翻译的 *Culture Industry*（《文化产业》）一书在英国出版，该书也有不少篇幅与出版业的经济问题直接相关。

除了部分传媒经济、文化经济、文化创意产业研究论著涉及出版经济研究外，西方国家出版了一些专论出版经济问题的著作以及包含了出版经济研究内容成分的出版传媒研究专著。1966 年，美国的达塔斯·史密斯（Datas Smith）出版的 *A Guide to Book Publishing*（《图书出版指南》）一书以专门的篇章论述了 Economics of Book Publishing（图书出版经济学），该书出版后得到国际出版界较为广泛的关注，并于 1989 年修订再版。美国的小赫伯特·史密斯·贝利（Herbert Smith Bailey, Tr.）于 1970 年出版的 *The Art and Science of Book Publishing*（《图书出版的艺术和科学》）在世界上影响也较大。该书论述了出版中的理性和非理性、图书出版的内部和外部环境、出版流通的程序和决策、微观出版经济学以及出版的计划和出版新技术等内容，"Economics of Micro - publishing"（微观出版经济学）是该书中单列的一章。1978 年，本杰明·M. 康佩恩（Benjamin M. Compaine）出版了其出版产业经济研究专著——*The Book Industry in Transition: An Economic Study of Book Distribution and Marketing*（《转型中的图书

---

① ［英］大卫·赫斯蒙德夫：《文化产业》，张菲娜译，中国人民大学出版社 2007 年版，第 373 页。

出版业：图书发行与营销的经济学研究》）。1985 年，伊丽莎白·吉瑟（Elizabeth A. Geiser）、阿诺德·杜林（Arnold Dolin）和格拉蒂丝·S. 托普吉斯（Gladys S. Topkis）合作编辑出版了 *The Business of Book Publishing: Papers by Practitioners*（《图书出版经营：出版人的论文集》），该书是一部图书出版产业、出版贸易研究著作。1997 年，罗伯特·G. 皮卡德（Robert G. Picard）和杰弗里·H. 布罗迪（Jeffrey H. Brody）出版了 *The Newspaper Publishing Industry*（《美国报纸出版产业》）一书，该书介绍了美国报业公司的具体运作模式，分析了社会、技术以及经济发展变化对整个美国报纸产业的影响；同年，帕特里克·福塞斯（Patrick Forsyth）、罗宾·伯恩（Robin Birn）出版了 *Marketing in Publishing*（《出版营销》）一书。1998 年，美国资深出版人托马斯·沃尔（Thomas Woll）撰写的 *Publishing for Profit: Successful Bottom - line Management for Book Publishers*（《为赢利而出版：图书出版商底线管理成功指南》）第一版出版（该书的修订增补第二版于 2002 年出版），该书被誉为"出版产业的圣经"，作者围绕"赢利"这一出版的终极目标之一，分析了"为什么而出版"和"怎样成功出版"等问题。1999 年，美国新闻学教授萨梅尔·约翰逊（Sammye Johnson）和帕特里夏·普里杰特尔（Patricia Prijatel）合著的 *The Magazine from Cover to Cover Inside a Dynamic Industry*（《杂志产业》）一书出版，这本杂志产业经济学研究著作以独特而全面的视野，向读者展现了在多元融合的文化工业中不断变迁和持续演进的杂志产业的发展动态，该书在美国和加拿大的媒介和传播项目研究中被广泛应用。2000 年，约书亚·S. 甘斯（Joshua S. Gans）主编的 *Publishing Economics: Analyses of the Academic Journal Market in Economics*（《出版经济学：经济学领域的学术期刊市场分析》）出版。2001 年，杰尔斯·克拉克（Giles Clark）出版了以英国出版业为分析背景的专著 *Inside Book Publishing*(《图书出版业考察》)。2004 年，美国的阿尔伯特·N. 格瑞柯（Albert N. Greco）出版的 *The Book Publishing Industry*(《图书出版产业》) 是一本较新的论述出版产业问题的专著。

除了专著之外，西方国家有一些专业期刊作为出版经济研究的研究阵地，如 *Publishing Research Quarterly*(《出版研究季刊》)、*Journal of Electronic Publishing*(《电子出版学刊》)、*Journal of Scholarly Publishing*(《学术出版》)、*Journal of Media Economics*(《媒介经济学学刊》)、*Journal of Media Business Studies*(《媒介经营研究学刊》)、*Folio：The Magazine for Magazine Management*(《对开：杂志管理》)、*Publishers Weekly*(《出版商周刊》) 等刊物。以上这些刊物基本能够展示当今世界范围内包括出版经济研究在内的传媒经济研究的发展动态，这些刊物所涵盖的研究议题、研究方法和发展趋势为该领域的研究提供了重要参考。其中，传媒经济学家罗伯特·G. 皮卡德（Robert G. Picard）等人于 1987 年创办的《媒介经济学学刊》是目前世界上唯一被 SSCI 收录的传媒经济学杂志，是传媒经济学领域最为核心的刊物。1995 年在美国创刊的《电子出版学刊》目前也是出版研究者们探讨出版经济问题的一个重要园地，该刊既讨论电子与网络出版的价格机制等基本经济学问题，也讨论网络报纸、网络杂志、网络广播、网络音乐、网络视频、数字图书馆以及网络教育技术等应用问题。

本书作者利用 ISI Web of Knowledge 数据库对 SSCI 系统中有关出版经济的研究文献进行了检索。在对其中相关度低的冗余文献（如书评、编辑评论等）进行剔除后，得出以下检索结果：以主题（topic）中含有"publishing"且标题（title）中含有

"economics" 为检索条件，检索结果为 62 篇；以主题中含有 "publishing" 且标题中含有 "economy" 为检索条件，检索结果为 9 篇；以主题中含有 "political economy" 且标题中含有 "publish＊" 为检索条件，检索结果为 10 篇；以主题中含有 "copyright" 且标题中含有 "econom＊" 为检索条件，检索结果为 27 篇；以标题中含有 "publishing economics" 为检索条件，检索结果为 5 篇。这些研究文献主要集中在书报刊出版经济研究、网络出版的经济分析、版权经济研究、出版的政治经济学研究等研究内容上。必须说明的是，这些检索结果是在检索条件被限定为极少数几个关键词的情况下得出的（不少相关研究文献的标题并未出现上述关键词），作者没有对国外出版经济研究文献作非常具体的分类检索，相关文献的实际数量应远不止上述数目。

总体而言，西方国家的出版经济研究人士较为注重从经济学与传播学、信息科学等学科领域交叉融合的层面揭示出版经济运行规律，其研究具有较强的系统性、深刻性。在研究内容方面，当今的西方出版研究者较为重视市场研究。在研究方法方面，西方出版研究者注重定量分析、实证研究，更多地考虑研究的技术性、实用性，比较依赖数据、图表等资料。

（二）西方国家出版经济研究的组织力量

出版研究组织是出版研究的重要主体。出版研究的发展不仅有赖于许多研究者个体的努力，而且离不开一批专门的出版研究组织的推动。出版研究组织的发展状况是一国出版研究发展水平的重要标志。在 1931 年 O. H. 切尼发布《切尼报告》之后的很长时间内，西方国家出版研究的实用主义和技术主义色彩一直比较浓厚。自 20 世纪 60 年代开始，西方国家出现了一批专业出版研究组织，这些研究组织较多关注出版产业发展、经营管理问题。此类出版研究组织的典型代表有书业研究集团、尼尔森图书调查公司、德国图书市场研究所、牛津国际出版研究中心、加拿大出版研究中心和日本的全国出版协会出版科学研究所等。

　　1976 年，书 业 研 究 集 团（Book Industry Study Group，BISG）在美国成立，这家跨国出版研究机构吸收了欧美顶尖的出版研究人员，它的成立标志着欧美出版研究进入一个新的阶段。时至今日，它已发展成为一个国际性的出版研究和信息服务机构。在过去的三十多年中，书业研究集团的研究成果是出版领域专业人士的重要参考资源。书业研究集团在为出版商、书商、图书馆设计行业标准，开展关键性的产业研究等方面居于领先地位。它的专业范围包括：系统收集、精确分析关于书业市场、出版商、发行商的信息，分析、预测产业的未来发展趋势；引导和推动网络信息交流标准化工作；设计并调整图书数字化信息标准，以使图书供应环节和销售环节之间的信息交流、业务处理和产品流通更加高效、快捷；为出版行业的新进入者和中小出版商出谋划策；为所有的出版人士提供一个探讨业内热点问题的平台。① 目前，书业研究集团正与美国书商协会、美国出版商协会和美国大学出版社协会等行业组织紧密合作，开展市场调查分析，充分利用这些行业组织的资料，对出版业的发展现状和趋势进行研究。

　　成立于英国的尼尔森图书调查公司（Nielsen BookScan）是一家具有很大国际影响的出版市场信息研究、服务机构。尼尔森调查公司在出版界最知名的成就莫过于其 BookTrack 系统。尼尔森图书调查公司于 1992 年启动了 BookTrack 系统，以期建立一套以实际销售数字为基础的图书销售数据监测系统，在广泛的调查统计和研究分析的基础之上，较为精确、全面地掌握图书销售

---

　　① 　资料来源：http：//www．bisg．org。

的实际情况，帮助业界进行理性决策。作为尼尔森图书调查公司的知名品牌，BookTrack 目前已走在国际书业数据调查行业的前列。尼尔森图书调查公司拥有的庞大的书业数据库系统，可以准确监控销售收入，其资料被广泛用于设定出版量和出版时间、预测市场趋势、分析竞争态势。出版商利用这一系统，可以消减盲目性，降低业务成本，如时代华纳公司将此系统应用于从购买到出品的各个部门，节省了供应链的操作成本。尼尔森图书调查公司的图书销售数据监测系统已成为影响英国书业乃至世界书业的重要资料，这一系统堪称书业的风向标和度量表。①

美国的纽约大学出版研究中心、佩斯大学出版系、丹佛大学出版学院、维吉利亚大学出版和传播学系，英国的牛津国际出版研究中心、瓦特弗德出版学院，加拿大出版研究中心（设立在加拿大西蒙·弗雷泽大学）等机构都是从事出版专业研究、高等教育、在职培训、产业分析与咨询的专业机构，这些机构的一个重要特点就是直接服务于出版业界，与业界、市场联系紧密。牛津国际出版研究中心是此类出版研究组织的代表。1994 年，牛津布鲁克斯学院成立牛津出版研究中心，1999 年，该中心更名为牛津国际出版研究中心。该中心与出版界建立了密切的联系，其研究与教学都得到了出版界的指导和支持。牛津国际出版研究中心属下的研究生和本科生也积极参加出版科研活动。该中心还承担国内外的出版咨询顾问工作，并与世界范围内的许多大学和出版行业协会合作，以推进出版教育和培训工作。

除上述出版研究组织之外，西方国家的出版商协会、书商协会、大学出版社协会等行业组织也参与出版经济研究、市场调查

---

① Kirkpatrick, David D. (Apr 15, 2002). Researcher tries to end guessing on book sales. *New York Times*, Late Edition (East Coast), Media Column.

分析等活动,而且这些组织经常给专门的出版研究机构以重要的帮助和支持。

第三节 本书的研究范式与研究方法

一 关于研究范式的说明

本书的研究范式、分析框架是一种微观经济学理论范式和分析框架。微观经济学以单个经济单位的经济行为为研究对象,萨缪尔森指出:"微观经济学研究的是构成整个经济的单个市场的行为。"① 本书的研究对象侧重于出版活动中单个经济主体的经济行为。

本书的研究以出版产品作为研究的逻辑起点和研究基点,以出版传媒产品—出版传播机构—出版市场(供给与需求)—出版产业(垄断与竞争)为研究主线。需要明确界定的是,在本书中,作为微观出版经济活动客体的出版产品,包括图书、期刊、音像出版物、电子出版物、网络出版物。在本书各部分的实证分析中,以具体的某一种出版产品(如图书、期刊、电子与网络出版物)为例。另一方面,为了更好地揭示复杂的出版经济现象的内在本质,作者将在整个研究过程中努力根据出版产品的共性特点来论述,因为只有对具体的出版经济现象进行抽象,才能总结出版传播活动的一般经济规律。

本书采用现代主流经济学理论和研究范式分析、考察出版产业,同时充分关注出版业的特殊规定性和内在规律;最大限度地反映国际出版业的新动态、新变化和我国出版体制改革中出现的

---

① [美] 保罗·萨缪尔森、威廉·诺德豪斯:《经济学》(第16版),萧琛等译,华夏出版社1999年版,第48页。

新现象、新事物，并努力在此基础上总结出一般性的出版经济规律与出版经济原理。这对于经济学、传播学、出版学理论体系的完善和发展具有一定的理论价值。同时，本书突破单个出版行业（如书刊出版业、电子与网络出版业）的局限，立足于整个出版产业的高度审视、解析出版经济问题，以"大出版"的视野考察出版经济现象，以期对出版产业的高质、平稳运行发挥一定的参考作用。

二　本书的研究内容

本书的研究内容集中于微观经济学的研究范畴（即产品、供给、需求、消费者行为、生产者行为、市场垄断与竞争、政府管制等内容）。

应该予以说明的是，微观经济学与宏观经济学之间的界限是模糊的，这两者之间存在着以下密切的联系：微观经济学是宏观经济学的基础，两者的研究内容是互为补充的，两者所运用的分析方法也是相同的。但微观经济学与宏观经济学又的确存在明显的区别，这主要表现在两者研究的主要内容上。微观经济学的主要研究内容包括：消费者行为理论、生产者行为理论、成本理论、均衡价格理论、市场理论、市场失灵与政府干预等。宏观经济学则以整个国民经济为研究对象，通过研究经济总量的决定及其变化，来说明资源如何才能得到充分利用。宏观经济学的主要内容是：国民收入决定理论、失业与通货膨胀理论、经济周期与经济增长理论、宏观经济政策、开放经济理论等，其核心理论是国民收入决定理论。

有必要提及的是，产业经济学与微观经济学也存在着十分密切的联系。从理论渊源上说，产业经济学是微观经济学的应用，产业经济学所涉及的是关于企业及其所处产业的经济学理论与经验研究。自哈佛大学经济学教授爱德华·张伯伦和剑桥大学经济学教授琼·罗宾逊于 20 世纪 30 年代分别出版了《垄断竞争理论》和《不完全竞争经济学》两部专著之后，产业经济理论研究不断深化。迄今为止，产业经济学已经成为一门非常完整的、对产业政策影响极大的经济学分支学科。当前的出版经济研究中，大多数研究者是从产业层面对出版业进行考察，但微观层面的出版经济理论问题亟须加强研究。

本书运用经济学的研究范式，对出版产品、出版机构、出版需求与消费者行为、出版供给与出版机构供给行为、出版市场的垄断与竞争、政府对出版市场的干预等出版经济问题进行了系统的研究，具体而言，包括以下内容：

（1）出版产品与出版机构的经济性质及相关问题。具体包括出版产品的内容产品与文化商品属性、出版产品的公共产品与私人产品性质、版权的经济特征、出版机构的经济性质等内容。

（2）出版产品需求与消费者行为。这部分具体包括出版产品需求的基本特点、出版产品消费者决策的原理、出版产品消费者行为模式、中外出版产品的需求与消费状况等内容。

（3）出版产品供给与出版机构生产行为。具体包括影响出版产品供给的多维因素，出版产品的供给曲线、供给弹性，出版生产函数与供给决策，出版生产成本，出版产品价格，中外出版机构生产行为的特点，出版经济活动中的诚信博弈等内容。

（4）出版传媒产业的市场垄断与竞争。具体包括出版业市场类型与特征，出版市场不完全竞争的根源和有效竞争的前提，完全竞争假设条件下以及完全垄断、垄断竞争和寡头垄断条件下的出版市场的特征。

（5）政府对出版传媒市场的规制。这部分从垄断、外部性、信息失灵三个方面的市场失灵现象分析了政府对出版市场实施规制的经济学缘由与理论范围，并从国际比较的视角对出版市场的政府规制进行了分析。

三　本书的创新之处

本书不仅注重基础理论层面的学理研究，而且注意紧密结合出版产业实践进行实证分析，以期推动出版学、传媒经济学理论的发展，并在一定程度上对出版实践发挥参考、指导作用。现有的出版经济研究就产业层面的问题探讨较多，例如，较多地运用产业经济学的 SCP（市场结构—市场行为—市场绩效）分析框架，对出版产业发展问题进行探讨。而微观层面的出版经济研究中还有不少重要理论问题尚待突破。本书坚持创新性研究原则，在出版经济学理论研究中做出以下努力。

（1）对与出版经济学、传媒经济学研究密切相关的精神文化经济、信息经济理论学说进行系统的梳理、归纳。

（2）将布迪厄的"文化资本"概念、加尔布雷思的"知识资本"学说及卡尔·波普尔的"三个世界"理论引入出版经济学研究，深入分析出版产品的文化商品与内容产品属性（文化资本与经济资本结合的产物、精神产品与物质产品的统一形式）。

（3）从公共产品和私人产品的角度对出版产品的经济特质进行清晰界定，指明并分析出版产品经济属性与出版传播机构经济性质、出版供给模式之间的内在逻辑联系。

（4）从经济学的视角对出版产品供给行为、消费者行为和出版传媒市场的特征进行系统、深入的研究。

（5）分析出版传播活动中市场机制的失灵现象，探讨政府对出版传媒市场规制的经济学缘由和理论范围，在国际比较的视野中对出版市场的政府规制进行分析。

四 本书的研究方法

本书的研究方法以微观经济学的研究方法为主，即主要运用规范研究和实证分析的方法。规范研究是指经济研究者作出一定的价值判断，以此判断作为分析、处理经济现象的标准，并研究如何才能符合这些标准；实证分析则是通过对经济现象的研究总结出经济活动的内在规律，并根据这些规律分析和预测经济主体的行为及其效果。

本书的研究方法并不局限于微观经济学的分析方法。因为微观经济学的分析方法和理论框架未必能够对出版业的某些特殊规定性作出非常充分的解释，而政治经济学、经济社会学等学科理论与研究方法对于出版经济研究也有着重要的参考价值。因此，本书采用多样化的研究方法，在研究过程中坚持规范研究与实证分析互补、定性研究与定量研究互补的原则，力图使研究得以深化，并得出科学的结论。

第 二 章

传媒经济学的理论源泉在哪里?

—— 经济学说史上的相关理论寻踪与延伸思考

思想、观念、意识的生产最初是直接与人们的物质活动，与人们的物质交往，与现实生活的语言交织在一起的。人们的想象、思维、精神交往在这里还是人们物质行动的直接产物。①

—— 卡尔·马克思

我们正从满足物质需求的制度迅速过渡到创造一种与满足心理需求相联系的经济。这种"心理化"过程，是超工业革命的中心课题之一，但一直为经济学家们所忽视。然而，这一过程将会产生一种新奇的、事事出人意外的经济，它不同于以往任何的经济。②

—— 阿尔文·托夫勒

信息是每一个经济的生命线，知识是发展的关键，知识就是发展。③

—— 世界银行

---

① 《马克思恩格斯选集》第 1 卷，人民出版社 1995 年版，第 72 页。

② [美] 阿尔文·托夫勒:《未来的冲击》，孟广均等译，新华出版社 1996 年版，第 186 页。

③ 世界银行:《知识与发展》，中国财政经济出版社 1999 年版，第 72、130 页。

世界范围内的传媒经济学研究始于 20 世纪 50 年代,"传媒经济学主要研究经济和金融力量如何影响传媒体系、传媒行业和传媒机构。在过去的三十多年中,传媒经济学的研究在世界各地广泛开展并迅速发展"①。目前,这一领域具有国际性的研究组织和定期的学术研讨活动(如世界传媒经济学大会,该会议第七届于 2007 年在北京召开),拥有被 SSCI 收录的专业研究期刊(如 *Journal of Media Economics*)。包括出版经济研究在内的传媒经济研究是当前我国新闻传播学研究的一个热门领域,也是在理论层面亟待深入探究的一个领域。出版经济学、传媒经济学研究不能仅仅局限于出版产业、传媒产业本身,而应将出版等传媒行业作为更为宏观的文化业、信息业的一个重要节点或组成部分来加以观照。本书以一定的篇幅对学术史、思想史上与传媒经济有关的理论进行扫描、梳理,目的在于为传媒经济学和出版经济学研究提供较为坚实的理论依托,将传媒经济学、出版经济学研究置于宏阔的理论背景之中。需要给予明确界定的是,可资传媒经济学研究借鉴的理论资源很多,不仅有一般性的经济学理论,而且有许多专门或分支经济学理论,但本书涉及的传媒经济学研究的相关理论基础,以经济学说史上有关精神文化经济、信息经济的理论学说为主,这些理论学说对于传媒经济学、出版经济学理论体系的建构具有重要的基础学理价值。

第一节 从亚当·斯密等人说起——古典经济学与传媒经济学

古典经济学(classical economics)又称古典政治经济学,

---

① 鲁曙明、洪浚浩主编:《传播学》("西方人文社科前沿述评"系列丛书之一),中国人民大学出版社 2007 年版,第 133 页。

是指大约 1750—1875 年这一段政治经济学创立时期内的除马克思主义政治经济学之外的所有的政治经济学。① 古典经济学是凯恩斯理论出现之前的主流经济学理论，其起源以大卫·休谟的有关著作出版（1752 年）为标志，以亚当·斯密的《国民财富的性质和原因的研究》（1776 年）为奠基之作。一般说来，古典经济学派相信经济规律决定价格和要素报酬，并且认为价格体系是最好的资源配置办法，其理论核心是经济增长产生于资本积累和劳动分工相互作用的思想。自 16 世纪开始，资本主义生产方式在欧洲得到快速发展。出于推动资本主义发展的目的，古典经济学家将财富增长和社会劳动的关系作为重要内容加以研究。在古典经济学理论的发展过程中，经济学家逐渐开始关注和重视在人类社会发展史上占有重要地位的精神文化生产领域。

一　古典经济学中可资传媒经济研究取用的理论学说

（一）亚当·斯密的有关观点

以亚当·斯密为代表的古典经济学家研究精神生产的主要动因在于探讨国民财富积累和增长的原因。资产阶级最早的经济学说——重商主义理论认为，货币是财富的唯一形态；利润是商品贱买贵卖的结果；流通是利润直接的来源，社会财富产生于商业活动和货币流通中。这种观点只重视流通，片面强调商业活动，尤其是一国对外贸易在国民经济财富增长中的地位和作用，而忽视了物质生产在财富增长中的地位和作用。重商主义学说遭到另一古典经济学派——重农学派的激烈反对。重农主义者以自然秩序为最高信条，视农业为财富的唯一来源和社会一切收入的基

---

① 张卓元主编：《政治经济学大辞典》，经济科学出版社 1998 年版，第 638 页。

础。重商学派和重农学派不仅对于财富来源的认识存在较大的片面性,而且都忽视了精神文化生产在国民财富积累与增长中的重要地位和作用。古典经济学的集大成者亚当·斯密的重要理论贡献在于,针对重商主义和重农主义的局限性,"亚当·斯密大大地前进了一步,他抛开创造财富的活动的一切规定性,——干脆就是劳动,既不是工业劳动又不是商业劳动,也不是农业劳动,而既是这种劳动,又是那种劳动……这一步跨得多么艰难,多么巨大"①。因此,恩格斯将亚当·斯密称为"国民经济学的路德"②。

亚当·斯密在前人的基础上,进一步提出了区分生产劳动与非生产劳动的标准。他从两个角度对生产劳动与非生产劳动进行了定义。一方面,斯密从劳动是价值的源泉出发,认为生产劳动是生产剩余价值的劳动或同资本交换的劳动。对此,斯密认为:"有一种劳动加到对象上,就能使这个对象的价值增加,另一种劳动则没有这种作用。前一种劳动因为它生产价值,可以称为生产劳动,后一种劳动可以称为非生产劳动。"③ 另一方面,斯密由于受重农学派的影响,给生产劳动下了第二个定义,即"生产劳动是物化在商品中的劳动"。根据这一定义,生产劳动是固定或物化在可以出卖或交换的商品中的劳动,而非生产劳动则相反。马克思曾对斯密的第二个定义进行如下总结:"生产劳动就是生产商品的劳动,非生产劳动就是生产个

---

① 马克思:《〈政治经济学批判〉导言》,《马克思恩格斯选集》第2卷,人民出版社1995年版,第21—22页。

② 恩格斯:《国民经济学批判大纲》,《马克思恩格斯全集》第1卷,人民出版社1972年版,第601页。转引自马克思《1844年经济学哲学手稿》,人民出版社2000年版,第73页。

③ 转引自《马克思恩格斯全集》第26卷第1册,人民出版社1972年版,第146页。

人服务的劳动。前一种劳动表现为某种可以出卖的物品；后一种劳动在它进行的时候就要被消费掉。前一种劳动（创造劳动能力本身的劳动除外）包括一切以物的形式存在的物质财富和精神财富，既包括肉，也包括书籍；后一种劳动包括一切满足个人某种想象的或实际的需要的劳动。"① 按照斯密提出的区分生产劳动与非生产劳动的标准，在传媒领域中，提供有形媒介产品的一类传播活动属于生产劳动，而提供无形服务的一类传播活动属于非生产劳动。

在亚当·斯密所处的时代，包括文化行业在内的许多行业的分工趋于细化，精神文化产品的直接生产者和组织者（投资者）已经开始分离，这为精神文化生产专业化、文化产品商品化提供了非常重要的条件。这一点可从亚当·斯密的一段论述中看出："在印刷术发明以前，一个文人想要使他的才能得到任何报酬的唯一职业就是当公共或私人的教师，即是把自己得到的精微的有用的知识传授给他人，这比起为出版商写作这种由印刷术所产生的职业来，仍然肯定是更光荣、更有用甚至更有利可图的职业。"② 我们姑且不论教师职业与"为出版商写作这种由印刷术所产生的职业"孰高孰低，这句话至少说明了以下几点：在欧洲近代印刷术出现之后，欧洲国家出现了以雇佣劳动为基础的出版活动；出现了专门的文化产品生产商（出版商）；出版领域已经出现了商品生产方式的萌芽；资本进入出版领域也已经不是个别和偶然现象。

在近现代的欧洲，自古登堡于 15 世纪发明合金活字印刷术

---

① 《马克思恩格斯全集》第 26 卷第 1 册，人民出版社 1972 年版，第 165 页。
② ［英］亚当·斯密：《国民财富的性质和原因的研究》上卷，郭大力、王亚南译，商务印书馆 1972 年版，第 165 页。

之后, 欧洲传媒业获得了长足的发展。马克思在论及印刷术这一重要传播技术的历史作用时, 曾说过一句名言: "火药、指南针、印刷术——这是预告资产阶级社会到来的三大发明。火药把骑士阶层炸得粉碎, 指南针打开了世界市场并建立了殖民地, 而印刷术则变成新教的工具, 总的来说变成科学复兴的手段, 变成对精神发展创造必要前提的最强大的杠杆。"[①] 在人类传播史上, 古登堡的印刷术标志着印刷时代的新纪元和大众传播时代的来临。印刷术结束了人类手抄传播的历史, 使得知识产品空前广泛地影响社会的各个层面。同时, 这一传播技术的应用, 使得相同内容的出版物副本数量增加, 而出版物数量的增长和品种的多样化, 又使得社会对出版物的需求随之增长。这样, 媒介工业生产力的发展与社会对知识、信息产品的需求之间, 形成一种良性的互动关系。生产力决定生产关系, 而生产力与生产关系的统一, 又构成一定的生产方式。因此, 在亚当·斯密所处的时期, 曾经主要应用于物质产品生产领域的商品生产方式已经进入图书、报纸等文化生产领域; 在需求的推动下, 专业化的传媒从业人员和传媒机构的产生就成为必然; 在资本的作用下, 早期的采用近代传播技术和商业运作模式的传媒机构也相继出现。

(二) 李斯特等经济学家的有关观点

在古典经济学家中, 德国经济学家弗里德里希·李斯特和俄国经济学家昂利·施托尔希在精神文化生产研究领域中有着重要的贡献。18 世纪中期至 19 世纪的工业革命 (第一次科技革命), 引发了资本主义生产从工场手工业向机器大工业的巨大飞跃。这一过程中出现的近代科学知识, 对人类社会的各个方面产生了深

---

① 《马克思恩格斯全集》第 47 卷, 人民出版社 1979 年版, 第 427 页。

远影响，对人类社会的现代化进程起到不可替代的推动作用。正是在此背景下，弗里德里希·李斯特、昂利·施托尔希等经济学家关注、探究了人类社会的精神文化生产问题，他们提出的相关理论观点对于今天我们理解传媒产品、传播活动和传媒制度仍具有重要的理论价值。李斯特等经济学家关于精神文化生产的主要理论观点体现在以下几个方面。

首先，李斯特等人对精神文化生产的概念进行了明确的界定。

李斯特和施托尔希分别将精神生产界定为"财富的原因"、"内在财富的生产"。具体而言，施托尔希将物质生产称为"财富"的生产，而将精神生产称作"内在财富即文明要素"的生产。施托尔希认为："人在没有内在财富之前，即在尚未发展其体力、智力和道德力之前，是决不会生产财富的，而要发展这些能力，必须先有手段，如各种社会设施等等。因此，一国人民愈文明，该国国民财富就愈能增加。"① 李斯特经济理论体系的核心是对于生产力的研究。在他看来，生产力的概念不仅包括"物质资本"形成的生产力，而且包括"精神资本"所创造的生产力，即人类知识生产、传播、交换、积累所创造的生产力。李斯特认为："财富的原因与财富本身完全不同。一个人可以据有财富，那就是交换价值；但是他如果没有那份生产力，可以产生大于他所消耗的价值，他将越来越穷。一个人也许很穷，但是他如果据有那份生产力，可以产生大于他所消耗的有价值产品，他就会富裕起来。""财富的生产力比之财富本身，不晓得要重要

---

① 转引自《马克思恩格斯全集》第26卷第1册，人民出版社1972年版，第295页。

到多少倍。"①

其次，李斯特等人根据自身所处社会的发展状况，强调了精神文化生产在人类社会的发展进程中的重要地位和作用。

李斯特在提及精神文化生产的重要历史地位和作用时指出："现代国家在财力、权力、人口以及其他各方面的进展比之古代国家不知要胜过多少倍，如果仅仅把体力劳动作为财富的起因，那么对于这一现象将怎样解释呢？古代国家所使用的人手，与全人口对比，不知比现在要增加多少倍，工作比现在艰苦，各个人所拥有的土地面积比现在的大，然而一般群众吃的、穿的却比不上现在。要对这些现象作出解释，我们势必要提到一千年以来在科学与艺术、国家与社会制度、智力培养、生产效能这些方面的进步。"②

再次，他们对精神文化产品的特征进行了较为科学的阐释。

在精神文化产品有何主要特征这一问题上，施托尔希指出，与物质产品相比，精神产品的最主要的特征在于其无形性、不可磨损性。"原始的内在财富决不会因为它们被使用而消灭，它们会由于不断运用而增加并扩大起来，所以，它们的消费本身会增加它们的价值。"③

施托尔希对精神产品特征的这一认识，与当代经济学家对于精神产品、信息产品、文化产品的外部性所持有的观点（如梅特卡夫法则）是不谋而合的，即这一类产品被使用的次数越多，使用的频率越高，其价值越能得到最大程度的实现。

---

① ［德］弗里德里希·李斯特：《政治经济学的国民体系》，陈万煦译，商务印书馆 1961 年版，第 118 页。
② 同上书，第 123—124 页。
③ 转引自《马克思恩格斯全集》第 26 卷第 1 册，人民出版社 1972 年版，第 297 页。

　　此外，他们还阐述了精神文化生产与物质生产的关系。

　　施托尔希认为："内在财富的生产决不会因为它所需要的物质产品的消费而使国民财富减少，相反，它是促进国民财富增加的有力手段。"[①] 李斯特认为，精神生产与物质生产之间是相互依存、相互促进的；精神生产力与物质生产力之间要保持平衡和协调。李斯特指出："一国之中最重要的工作划分是精神工作与物质工作之间的划分。两方是相互依存的。精神生产者的任务在于促进道德、宗教、文化和知识，在于扩大自由权，提高政治制度的完善程度，在于对内巩固人身和财产安全，对外巩固国家的独立主权；他们在这方面的成就愈大，则物质财富的产量愈大。反过来也是一样的，物质生产者生产的物资愈多，精神生产就愈加能够获得推进。"[②] 在精神生产与物质生产二者的发展需保持均衡这一问题上，李斯特认为，如果忽视精神生产力的发展，物质生产力的发展就会受到限制；如果脱离物质生产力发展的阶段和水平，盲目发展精神生产力，就会出现精神产品"过剩"的局面，形成"一大堆无用的书本、难以究诘的理论体系和学说的空泛争论，结果使整个国家在理智上越来越糊涂而不是越来越开朗，对于实用工作则置之不顾，生产力的发展受到了阻滞"[③]。同时，李斯特还认为，精神生产各部门的发展应保持协调，否则也会形成失衡局面，对整个社会不利。

---

　　① 转引自《马克思恩格斯全集》第 26 卷第 1 册，人民出版社 1972 年版，第 297—298 页。

　　② ［德］弗里德里希·李斯特：《政治经济学的国民体系》，陈万煦译，商务印书馆 1961 年版，第 140 页。

　　③ 同上书，第 141 页。

二　古典经济学派文化生产理论对于传媒经济学研究的价值

在经济思想史上，古典经济学家是最早明确提出并试图从经济学的视角系统地探讨精神文化生产理论的学术派别。德国经济学家弗里德里希·李斯特是首次明确提出并阐释"精神生产"范畴的经济学家，他的《政治经济学的国民体系》一书中有许多关于精神文化生产的论述。古典经济学家从"物"的角度来研究精神文化生产，将精神文化生产视为国民经济财富增长的重要原因和手段，提出了一系列在今天看来仍有一定理论价值和现实意义的观点。但是，由于受到社会生产力发展状况和学科理论发展水平的制约，古典经济学家有关精神文化生产的观点、学说存在着某些局限性。具体来说，其局限性主要表现为以下两个方面。

其一，古典经济学家主要是从"物"的角度来研究精神文化生产，他们就精神文化生产中"人"自身的各种因素（如经济学意义上的时间和收入）、精神文化生产对于人的作用和意义等内容所作的阐述却相对不足，对上述问题的关注不够。

古典经济学家从国民经济财富的来源和增长原因的视角来分析精神文化生产，将精神文化生产视为财富增长的重要原因和手段。他们虽然承认精神文化生产也是创造财富的源泉，将精神文化生产理解为"内在财富的生产"、"财富的原因"或"财富的生产力"，但他们只看到精神文化生产能带来财富的一方面，却相对忽视了精神文化生产与人类自身诸多行为因素的关联和相互作用。因此，古典经济学家有关精神文化生产的理论观点具有一定的片面性。

其二，古典经济学家正确论证了精神文化生产在人类社会发展和物质财富增长中的重要作用，但他们在分析精神文化生产和物质生产之间的关系时，忽视了精神文化生产和物质生产的社会性、历史性，因此，他们对精神文化生产的分析停留在抽象、静态的层面上。

精神文化生产具有社会性和历史性的特点。在人类社会发展的不同时期和阶段，精神文化生产的方式、性质、内容是存在差异的。一般而言，经济越不发达，精神文化生产越依赖于物质生产。同时，由于精神文化生产具有相对独立性，精神文化生产和物质生产的发展还具有不平衡性甚至对抗性。所以，探究精神文化生产和物质生产之间的关系，应该把握二者的社会性和历史性。李斯特等古典经济学家忽视了精神文化生产的不同社会形式及其在人类社会发展的不同阶段与物质生产之间的不同关系，而仅仅从理论的、抽象的、逻辑的角度去理解，因此，他们对于精神文化生产与物质生产二者关系的分析具有抽象化、静态化、简单化的特点。

马克思曾经这样评价古典经济学："古典政治经济学是属于阶级斗争不发展的时期的。它的最后的伟大的代表李嘉图，终于有意识地把阶级利益的对立、工资和利润的对立、利润和地租的对立当作他的研究的出发点，因为他天真地把这种对立看作社会的自然规律。这样，资产阶级的经济科学也就达到了它的不可逾越的界限。"① 尽管如此，古典经济学派作为最早从经济学视角对精神文化生产问题进行理论探讨的经济学流派，在经济学说史上仍有其重要的地位。他们关于精神文化生产的理论观点对于我们开展传媒经济研究，总结媒介生产、传播、消费活动中的经济规律，具有重要的启迪意义。当然，这些理论观点需要我们去辩

① 马克思：《资本论（政治经济学批判）》第1卷，人民出版社1975年版，第16页。

证地认识。

第二节　政治经济学的研究进路——马克思主义
经济学与传媒经济学

在传播学领域，现有的传媒经济学研究取向和传播政治经济学研究取向既存在较大差异，也具有密切联系。国际著名的传媒经济学家罗伯特·G. 皮卡德（Robert G. Picard）根据多年的研究将传媒经济学的研究归纳为三类：理论型研究、应用型研究、批评型研究（包含传播政治经济学研究）。[①] 这三类研究取向之间存在着互补关系，它们的共存为传媒经济学提供了更广阔的发展空间。就传媒领域的特有属性而言，将现有的理论型和应用型传媒经济学研究与传播政治经济学研究的视角、方法适当地融合，是必要而且可行的。马克思主义经济学是现今经济学理论体系的重要组成部分，笔者在本节拟对传媒经济学与马克思主义经济学之间的重要联系予以专门论述。

马克思主义经济学是马克思主义理论的重要组成部分之一，而精神文化生产是马克思主义经济学理论体系的重要范畴。马克思在批判地继承古典经济学家有关精神文化生产理论的基础上，根据资本主义社会化大生产的特点和发展趋势，对精神文化生产问题进行了较为系统、深入的论述，形成了马克思主义精神文化生产理论。

---

① 鲁曙明、洪浚浩主编：《传播学》（"西方人文社科前沿述评"丛书之一），中国人民大学出版社 2007 年版，第 143 页。

一 马克思主义经济学中的文化生产理论

马克思有关文化经济、精神经济的理论成果主要集中于《1844年经济学哲学手稿》、《资本论》、《德意志意识形态》等著作中。在不同时期和不同的著述中，马克思发表的精神文化生产理论范畴的观点有：1. 精神文化生产是社会生产的一部分，它是人类社会实践的基本形式之一；2. 精神文化生产是相对独立的生产领域或生产部门；3. 精神文化生产是国民财富增长的重要原因和手段；4. 精神文化生产是消除人的需求的无限性和资源有限性的矛盾，实现人类社会可持续发展的关键。具体而言，马克思精神文化生产理论包括以下几方面的内容。

（一）精神文化生产的定义与性质

马克思在《1844年经济学哲学手稿》中将精神文化生产定义为"是不受肉体需要的支配也进行的生产"、"特殊的生产"，是"人的本质力量的对象化"①。在《德意志意识形态》一书中，马克思又将精神文化生产理解为"关于意识的生产"②。

与古典经济学家相比，马克思更准确地分析了精神文化生产作为生产劳动和非生产劳动的不同表现形式和区分标准。马克思认为，判断一种劳动是否为生产劳动，应以这种劳动借诸实现的一定社会形式即生产关系为主要衡量标准，生产劳动"同劳动的一定内容，同劳动的特殊效用或劳动所借以表现的特殊使用价值绝对没有任何直接关系"③。在资本主义生产环境下，"只有创造剩余价值的劳动，并且不是为自己而是为生产条件所有者创造

---

① 马克思：《1844年经济学哲学手稿》，人民出版社2000年版，第50—58页。
② 《马克思恩格斯选集》第1卷，人民出版社1995年版，第72页。
③ 《马克思恩格斯全集》第26卷第1册，人民出版社1972年版，第432页。

剩余价值的劳动，才是生产的"①，"生产劳动和非生产劳动始终是从货币所有者、资本家的角度来区分的，不是从劳动者的角度来区分的"②。马克思明确指出，"同一种劳动可以是生产劳动，也可以是非生产劳动。例如，密尔顿创作《失乐园》得到 5 镑，他是非生产劳动者。相反，为书商提供工厂式劳动的作家，则是生产劳动者。密尔顿出于同春蚕吐丝一样的必要而创作《失乐园》。那是他的天性的能动表现。后来，他把作品卖了 5 镑。但是，在书商指示下编写书籍（例如政治经济学大纲）的莱比锡的一位无产者作家却是生产劳动者，因为他的产品从一开始就从属于资本，只是为了增加资本的价值才完成的。"③"作家所以是生产劳动者，并不是因为他生产出观念，而是因为他使出版他的著作的书商发财，也就是说，只有在他作为某一资本家的雇佣劳动者的时候，他才是生产的。"④

（二）精神文化生产的不同形式及其在资本主义生产中的地位

马克思根据精神文化生产的主体与产品之间的关系将精神文化生产分为两种："在非物质生产中，甚至当这种生产纯粹为交换而进行，因而纯粹生产商品的时候，也可能有两种情况：〈1〉生产的结果是商品，是使用价值，它们具有离开生产者和消费者而独立的形式，因而能在生产和消费之间的一段时间内存在，并能在这段时间内作为可以出卖的商品而流通，如书、画以及一切脱离艺术家的艺术活动而单独存在的艺术作品……〈2〉产品同生产行为不能分离，如一切表演艺术家、演说家、演员、教员、医

---

① 《马克思恩格斯全集》第 26 卷第 1 册，人民出版社 1972 年版，第 144 页。
② 同上书，第 148 页。
③ 同上书，第 432 页。
④ 同上书，第 149 页。

生、牧师等等的情况。"①

与上述精神文化生产的不同形式相对应的是，包括媒介产品在内的文化产品也具有两种形式。一种文化产品是可以以物质产品形式出现的文化产品，即物化的文化产品，这类文化产品具有一定的物质载体，能够作为商品而独立存在。"一切艺术和科学的产品，书籍、绘画、雕塑等等，只要它们表现为物，就都包括在这些物质产品中。"② 另一种文化产品是"一经提供随即消失"③ 的文化产品（如信息服务），没有独立存在的形式，离不开精神文化生产者，或者一旦离开精神生产者就转瞬即逝。由于服务具有一定的使用价值（想象的或现实的）和一定的交换价值，因此对于文化生产者而言，其服务本身就是商品。

马克思还明确论述了不同形式的精神文化生产在资本主义社会生产中的地位。关于第一种精神文化生产形式，马克思指出，"在这里，资本主义生产只是在很有限的规模上被应用……这里的大多数情况，都还只局限于向资本主义生产过渡的形式，就是说，从事各种科学或艺术的生产的人，工匠或行家，为书商的总的商业资本而劳动"④。就第二种精神文化生产形式而言，"资本主义生产方式也只是在很小的范围内能够应用，并且就事物的本性来说，只能在某些领域中应用……资本主义生产在这个领域中的所有这些表现，同整个生产比起来是微不足道的"⑤。

---

① 《马克思恩格斯全集》第26卷第1册，人民出版社1972年版，第442—443页。
② 同上书，第165页。
③ 同上。
④ 同上书，第442—443页。
⑤ 同上书，第443页。

（三）精神文化生产与物质生产之间的辩证关系

马克思曾经详尽地论述了精神文化生产与物质生产之间复杂的、辩证的关系，马克思关于精神文化生产与物质生产之间关系的观点是其精神文化生产理论的重要内容。

首先，马克思认为，物质生产对精神文化生产具有决定作用。马克思在《德意志意识形态》中指出："思想、观念、意识的生产最初是直接与人们的物质活动，与人们的物质交往，与现实生活的语言交织在一起的。人们的想象、思维、精神交往在这里还是人们物质行动的直接产物。"① 以马克思的出版自由思想为例，马克思曾具体分析了近代出版自由思想的起源，认为自由观念的原始起点是简单商品交换，出版自由在法律上的确立，是在商品经济占统治地位之后对社会主导意识形态的反映。马克思认为，出版自由具有普遍的形式，而不仅仅是资产阶级的专利或徒有虚名，出版自由思想对人类经济、政治、文化活动具有重要影响。

其次，马克思分析了精神文化生产和物质生产之间关系的历史性、具体性。在人类社会发展的不同时期或阶段，精神生产发挥其作用的方式、程度、范围是不一样的，精神生产和物质生产之间的关系也具有历史性、具体性。对此，马克思指出："要研究精神生产和物质生产之间的联系，首先必须把这种物质生产本身不是当作一般范畴来考察，而是从一定的历史的形式来考察。例如，与资本主义生产方式相适应的精神生产，就和与中世纪生产方式相适应的精神生产不同。如果物质生产本身不从它的特殊的历史的形式来看，那就不可能理解与它相适应的精神生产的特征以及这两种生产的相互作用。""其次，从物质生产的一定形

---

① 《马克思恩格斯选集》第 1 卷，人民出版社 1995 年版，第 72 页。

式产生：第一，一定的社会结构；第二，人对自然的一定关系。人们的国家制度和人们的精神生产方式由这两者决定，因而人们的精神生产的性质也由这两者决定。"①

最后，马克思认为，由于精神文化生产具有相对独立性，精神文化生产对物质生产的发展和社会的进步必然产生巨大的反作用。马克思认为，精神文化生产对物质生产的重要推动作用体现在以下几方面：（1）生产出一定的精神文化产品，如科学知识、理论观点、创新理念、文学艺术等，满足劳动者的精神需要，提高劳动者的文化素质，为物质生产和社会发展提供智力支持；（2）生产（设计、实验）新的生产工具，拓展劳动范围和对象，提高社会生产效率，为物质生产和社会发展提供技术动力；（3）产生一定的意识形态，如政治理论、法律制度、道德规范、价值观念等，为物质生产和社会进步提供思想、制度保障。

二　马克思主义经济学与传媒经济研究的政治经济学取向

马克思主义理论是一个博大而精深的思想理论体系，它为许多理论提供了思想资源和学术资源，对于传媒经济研究也不例外。马克思、恩格斯等人曾对人类精神文化生产与精神交往、书报刊等现代传播媒介的社会地位和作用、出版自由等问题进行过精辟的阐述，并形成了马克思主义对于传播问题的一系列理论观点。② 马克思的精神文化生产理论不仅是马克思主义唯物史观的理论基础和核心内容，而且也是马克思主义经济学理论体系的重要内容。

---

① 《马克思恩格斯全集》第 26 卷第 1 册，人民出版社 1972 年版，第 296 页。
② 吴赟：《欧美出版研究的发展路径与特色》，《中国人民大学复印报刊资料·出版工作》2006 年第 12 期。

作为一名经济学家，马克思不仅系统地研究了物质财富生产的经济理论，而且从政治经济学的视角研究了精神文化生产的经济理论，有关精神文化生产的认识和理论也较前人更为深刻。马克思主义经济学产生于对古典经济学的批判，由于存在这种理论上的批判、扬弃关系，古典经济学也就成为了马克思主义经济学的重要来源。马克思在《资本论》等著作中对古典经济学家精神文化生产理论的局限性进行了具体的分析和批判。在批判古典经济学家精神文化生产理论的抽象化、静态化、简单化特点的过程中，马克思从社会历史发展的角度强调了物质生产对精神文化生产具有决定作用的同时，重点论述了精神文化生产与物质生产之间关系的复杂性、辩证性。

由于受时代和环境的局限，马克思在提出其精神文化生产理论后，并没有像对待其物质财富生产的经济理论那样进行更系统、更详细的阐述。在马克思辞世后的一段时期内，由于受到经济发展水平的限制（科技、文化对经济增长的贡献率偏低）以及传统发展理念（认为现代化就是工业化、经济发展等于社会发展的观点）的制约，马克思的精神文化生产理论曾经一度被忽视。

随着新一轮科技革命浪潮在全球范围内的兴起，世界各国正在或将要步入一个不同于以往工业经济社会的新的社会经济形态。不同的学者和组织对此有不同的称谓：社会学家丹尼尔·贝尔称之为"后工业社会"，未来学家约翰·奈斯比特称之为"信息社会"，未来学家阿尔文·托夫勒称之为"第三次浪潮"，科学家福来斯特称之为"高技术社会"，社会学家和思想家曼纽尔·卡斯特称之为"网络社会"，世界经济合作与发展组织（OECD）称之为"知识经济社会"。虽然说法不一，但其实质是相同的。目前理论界习惯于将这一新的社会经济形态称作"知识经济社会"。在知识经济飞速发展的今天，马克思精神文化生产理论对于我们正确理解知识经济的实质，把握知识经济给传媒业等知识产业（信息产业）带来的机遇和挑战，具有不容忽视的现实意义。

马克思精神文化生产理论也为传媒经济理论研究提供了重要的学术资源和思想资源。事实上，西方的文化工业理论和传播政治经济学的产生与发展，就受到了马克思精神文化生产理论的深刻影响。① "文化工业"（Culture Industry）的概念，最早由法兰克福学派的代表人物之一阿多诺在他与霍克海默合著的《启蒙的辩证法》一书中首次使用，它是法兰克福学派对资本主义社会大众媒介文化的总称。法兰克福学派属于西方马克思主义学术流派，深受马克思主义理论影响，这一学派的一个研究重点是从哲学、社会学视角考察现代传媒和大众文化。法兰克福学派建议以"文化工业"的概念取代"大众文化"的概念，并用批判性的社会理论对大量制作并传播文化产品的文化工业进行了系统分析和批判。如阿多诺（Theodor Adorno）、马尔库塞（Herbert Marcuse）将文化工业的主要特征和内涵概括为：商品化、技术化、齐一化和强迫化，而法兰克福学派的另一代表人物、文学批评家本雅明（Watter Benjamin）对待大众文化的态度与阿多诺、马尔库塞有所不同，他提出了"技术复制文化"的观点，认为技术复制是对文化的革命和解放。除法兰克福学派外，其他的学术派别，如文化研究学派等，也对资本主义文化工业进行了较多理论探讨，形成了西方的文化工业

① 正如本章开篇所言，本章是为出版经济理论研究梳理具有基础学理价值的文化经济、信息经济理论，而且，西方文化工业理论主要是从社会学、哲学层面展开的文化批判研究，因此，笔者没有设专节对西方文化工业理论和传播政治经济学展开论述。

理论。

传播政治经济学是国际学术界中的一个采用政治经济学理论和方法来考察传播活动的学术领域，这一领域在欧洲和北美得到较多的关注和研究，马克思主义理论对这一学术领域的研究取向也产生了很大影响。例如，加拿大的传播政治经济学专家文森特·莫斯可在其1996年出版的《传播政治经济学》一书中提出了传播政治经济学的三个起点，即商品化、空间化和结构化，并"呼吁在马克思主义辩证法的两个方面之间，在物质劳动决定意识内容和历史来源于时空特有力量及动因的多样性两种观点之间，建立起一种创造性的对峙"①。我们再回视传播研究领域，马克思精神文化生产理论对于中国的传媒经济理论研究同样具有重要的理论价值，这一理论资源应该得到应有重视和深入发掘。

第三节 理论的滋养与反哺
——现代西方经济学与传媒经济学

经济学对文化经济、信息经济问题的认识和研究是随着经济学家所处的历史、社会条件而发展变化的。目前，全球正在经历一场宏大、快速的结构性转型，这种结构性转型建立在知识、信息的基础之上，一切生产机制和竞争能力都有赖于知识、技术、信息，新的经济形态是以知识、信息为核心的经济形态，与之相应的社会形态便是知识经济社会或信息社会。知识经济社会中，包括传媒业在内的信息产业和包含媒介产品在内的信息产品具有

---

① ［加］文森特·莫斯可：《传播政治经济学》，胡正荣等译，华夏出版社2000年版，第10—11页。

重要的地位和功能。例如，管理学大师彼得·德鲁克认为知识生产已成为生产力、竞争力和经济成就的关键因素①；信息社会研究专家、"新城市社会学"的创始人曼纽尔·卡斯特认为，传媒在信息时代的公共空间中日益处于核心地位。② 随着人类社会全方位的结构转型，信息、知识的经济地位愈见突出，经济学界对于与信息、知识相关的经济问题给予愈来愈多的关注和探讨，由此而形成了一系列理论观点。相关的经济学理论对于传媒经济理论研究具有重要的借鉴意义。

在现代西方经济学领域，与传媒经济关系密切的理论学说中，首屈一指的当属信息经济学。信息经济学是对经济活动中信息因素及其影响进行经济分析的经济学，也是对信息及其技术与产业所改变的经济进行研究的经济学。③ 在信息经济学的发展历程中，其研究视角、内容和重点具有多样化的特点，但也正是多种研究取向互为补充、互相促进，才形成了现有的信息经济学理论体系。我国学者乌家培于 1989 年提出了自己对于信息经济学理论体系的看法。他认为，信息经济学的理论体系应该整合信息的经济研究、信息经济的研究、信息与经济间关系的研究三个部分的内容；信息经济学不能只限于因信息的不对称而引致的经济激励问题的研究，不能把信息产业或知识产业的分析研究排斥在外。在乌家培教授提出的这一体系中，信息的经济研究包括：信息的费用与效用问题，信息资源的分

---

① 崔保国编著：《信息社会的理论与模式》，高等教育出版社 1999 年版，第 4 页。

② 《我们究竟怎样理解全球化——美国著名社会学家曼纽尔·卡斯特教授在本报与上海学者的座谈》，《文汇报》2004 年 11 月 28 日，资料来源：http：//whb.news365.com.cn/xl/t20041128_304137.htm。

③ 乌家培、谢康、王明明编著：《信息经济学》，高等教育出版社 2002 年版，第 1 页。

配与管理问题，信息系统或信息网络的经济评价问题，最优信息系统的实现问题；信息经济的研究包括：信息产业的形成、发展及其规律性问题，信息市场及其相关问题，信息经济的含义、测量与发展规律等问题，信息基础设施的建设和经营中的经济问题，国民经济信息化的有关问题；信息（或信息学）与经济（或经济学）间关系的研究包括：信息的非对称性对经济主体行为的影响问题，信息在稀缺资源配置中的作用问题，信息技术的经济评价与对经济发展的作用问题，信息学与经济学的相互交叉和结合问题。[①]

笔者认为，乌家培教授提出的信息经济学理论体系是能够反映迄今为止国内外已有信息经济学研究成果的。如果按照研究的性质、视角和内容来划分，乌家培教授提出的信息经济学体系基本上可以划分为两个板块，即理论信息经济学（目前在经济学领域被称为主流的信息经济学）和信息部门经济学。需要说明的是，理论信息经济学与信息部门经济学的区分是相对的，这两部分研究内容只是研究的角度和侧重点具有差异，但是这两个研究领域存在相互渗透、相互影响的关系。自"信息经济学"概念在 20 世纪 50 年代末 60 年代初被正式提出后，信息经济学理论获得了长足的发展。无论是理论信息经济学研究，还是信息部门经济学研究，都取得了一系列的成果，信息经济学作为一门独立的经济学科已经获得国际学术界承认。

一　理论信息经济学研究与传媒经济学

现代西方主流经济学中的信息经济理论是指部分经济学家从

---

① 乌家培、谢康、王明明编著：《信息经济学》，高等教育出版社 2002 年版，第 7—11 页。

不完全信息的前提出发，对新古典经济学理论的各个方面进行重新考察，形成的一系列新的经济学理论。传统的西方经济学理论是以完全信息为假设前提的，信息因素被排除在经济学研究的范围之外。主流的信息经济学理论修正了原有假设，从信息的不完全、不对称性出发，指出"信息搜寻"也需要成本，也能带来收益，从而对传统经济学理论进行了补充和发展。研究信息经济学的经济学家们提出了"信息搜寻"、"信息成本核算"和"不完全信息"等概念，其研究范围几乎涉及新古典经济学的所有基本问题。西方主流经济学中的理论信息经济学的研究内容，主要包括信息搜寻和信息成本，非对称信息和刺激机制的设计，私有信息与资源配置和市场失灵，不对称信息条件下的经济行为，信息与经济组织理论等方面。

早在 20 世纪 20 年代，美国经济学家奈特（F. H. Knight），就已将信息与市场竞争、企业利润的不确定性、风险联系起来，指出企业为了获取完备的信息必须进行投入的重要性。奈特于 1921 年出版的《风险、不确定性和利润》一书中，发现了"信息是一种主要的商品"，并注意到各种组织都参与信息活动且有大量投资用于信息活动。

20 世纪 50 年代末 60 年代初，"信息经济学"概念被正式提出。1959 年，美国经济学家马尔萨克（J. Marschak）发表《信息经济学评论》一文，讨论了信息的获得使概率的后验条件分布与先验条件分布有差别的问题。1961 年，美国经济学家斯蒂格勒（G. J. Stigler）在《政治经济学杂志》上发表题为《信息经济学》的著名论文，研究了信息的成本和价值，以及信息对价格、工资和其他生产要素的影响。斯蒂格勒提出了信息搜寻理论，后来又指出，应当用不完全信息假设来替代有完全信息的假设，以修正传统的市场理论和一般均衡理论。

进入 20 世纪 70 年代,一些经济学家在考察信息的不完全性以及需要支付成本等因素的同时,进一步分析了信息的不对称性对市场运行的影响,提出了一系列理论。例如,1970 年阿克洛夫(G. Akerlof)提出"柠檬"(二手产品)理论,1971 年赫什雷佛(J. Hirshleifer)提出"信息市场"理论,1973 年斯彭斯(M. Spence)提出"信号"理论,1976—1980 年格罗斯曼(S. J. Grossman)和斯蒂格利茨(J. E. Stigliz)提出和补充了市场信息效率与市场效率的"悖论"。又如,阿罗(K. J. Arrow)将信息同经济行为、经济分析、风险转移联系起来,对信息的特性、成本以及信息在经济中的影响等问题进行了开拓性研究,并于 1984 年出版了《信息经济学》论文集。维克里(W. Vickrey)在所得税和投标、喊价的研究中解决了在信息分布不对称条件下使掌握较多信息者有效地运用其信息以获取利益并优化资源配置的问题。莫里斯(J. Mirrlees)则在维克里研究的基础上建立和完善了委托人和代理人之间关系的激励机制设计理论。

进入 20 世纪 90 年代以后,在全球范围内信息化浪潮和市场经济发展的推动下,信息经济学研究取得了新的进展:生产力要素理论、边际效益递减理论、规模经济理论、企业治理理论、经济周期性理论等传统经济学理论,不断接受信息经济学的重新审视,并得以修正和完善。数位经济学家因在信息经济学研究领域作出了重大贡献而成为诺贝尔经济学奖得主。例如,对信息经济理论具有突出贡献的阿罗早在 1972 年即获得诺贝尔经济学奖,被誉为信息经济学创始人之一的斯蒂格勒是 1982 年度诺贝尔经济学奖获得者,维克里和莫里斯同获 1996 年度诺贝尔经济学奖,斯蒂格利茨、阿克洛夫和斯彭斯三人同获 2001 年度诺贝尔经济学奖。

概而言之,理论信息经济学主要研究信息对经济主体的行为与相互关系的影响，旨在借助信息以减少或消除不确定性因素所带来的影响。理论信息经济学主要考察以经济活动中的信息因素为核心的一系列普遍存在的经济问题，因此，理论信息经济学的研究结果具有较为普遍的适用性。该领域的许多理论对于传媒行业是适用的，也无疑能够成为传媒经济学研究的重要理论源泉。

二　知识产业、信息产业经济学研究与传媒经济学

人类进入信息社会之后，知识资源、信息资源成为社会财富的重要来源，知识产业、信息产业的发展程度成为衡量国家经济发展水平和综合国力的重要标志之一。随着信息技术革命在全球兴起和扩散，经济学界对有关信息产业、知识产业的经济问题的研究（即信息部门经济学研究）急剧增长，与此紧密相关的知识经济、数字经济、网络经济、虚拟经济、电子商务等问题也得到越来越多的研究。与理论信息经济学不同的是，信息部门经济学研究的侧重点主要是信息产品（包括服务）、信息资源的开发和利用、信息系统和信息网络、信息基础设施建设、信息产业、信息市场以及信息化等方面的经济问题。相关的研究成果经过合理取舍，也能成为传媒经济学研究的理论基础。

1962 年，美国经济学家 F. 马克卢普（F. Machlup）出版了其专著《美国的知识生产和分配》。该书在国际上具有很大影响，以至有学者认为知识产业的发展将会改变传统的经济及其经济学。马克卢普在《美国的知识生产和分配》一书中将知识生产的理论研究与其统计调查结合起来，分析了知识产业与知识职业问题。他提出了知识产业的概念，并认为知识产业由教育、研究开发、通信媒介、信息机构、咨询机构五个方面组成。马克卢普还对 1958 年美国知识产业的生产进行了统计测定，根据他的

测算,1958 年美国知识产业的产值占国民生产总值的 29%,在知识产业部门工作的就业人数约占全部就业人数的 31%。① 1980—1983 年,马克卢普又扩展了上述专著,并对美国知识产业的统计测定进行更新,陆续推出了《知识:它的生产、分配和经济意义》多卷本著作,其中第一卷为《知识与知识生产》。

美国经济学家马克·波拉特(M. V. Porat)继承和扩展了 F. 马克卢普的研究成果,提出了以农业、工业、服务业和信息产业四大产业结构的新分法及其计量方法。② 波拉特在马克卢普对知识产业研究的基础上于 1977 年完成了以《信息经济:定义与测算》为题的九卷本大型研究报告,引起了人们的普遍关注和重视。波拉特把产业分成农业、工业、服务业、信息业,将信息产业视作一个独立的产业,并将信息产业分为第一信息部门(向市场提供信息产品和信息服务的企业所组成的部门)、第二信息部门(政府和企业的内部提供信息服务的活动所组成的部门)。波拉特运用投入产出技术,对 1967 年美国信息经济的规模和结构进行了详尽的统计测算和数量分析。据他测算,1967 年美国信息产业的产值占国民生产总值的 46%,在信息部门工作的就业人数约占就业人数的 45%,而该部门劳动者的收入则占全国劳动者总收入的 55%。③ 波拉特的理论和方法顺应了信息产业的发展要求,在国际上受到广泛重视。许多发达国家已纷纷采用波拉特的产业划分方法,在传统的产业划分法基础上,将以信

---

① 乌家培、谢康、王明明编著:《信息经济学》,高等教育出版社 2002 年版,第 3 页。

② 传统的三次产业划分法(将国民经济产业划分为农业、工业、服务业)是美国经济学家西蒙·库兹涅茨(Simon Kuzents)提出的产业划分方法,曾经一度在世界范围内得到普遍认同。

③ 乌家培、谢康、王明明编著:《信息经济学》,高等教育出版社 2002 年版,第 4 页。

息产业为核心的新兴产业群划分为第四次产业，并将信息产业列为国民经济的重要产业部门。1981 年世界经济合作与发展组织（OECD）采纳了波拉特的产业划分和测算方法，用来测算其成员国的信息经济发达程度。

1983 年，美国经济学家、企业家保罗·霍肯（P. Hawken）在其出版的《下一代经济》一书中，对企业生产的产品和提供的服务中所含的信息成分与物质成分的比重即"信息与物质比"进行了探索性研究，他认为企业的信息经济就是企业产品"信息与物质比"高的经济。

除美国学者外，其他国家的学者也对信息产业、信息经济问题给予了较多的关注、探讨，如日本等国学者较早开始了对信息产业经济问题的研究。日本学者增田米二认为，信息经济学就是研究信息产业及其发展规律的，它是超出传统经济学范围的新经济学。[1] 增田米二在其专著《情报经济学》中论述了信息生产力、信息产业和信息时代的特征，分析了信息时代产业结构变迁的趋势，认为第四产业将出现并向系统产业方向发展。他将第四产业分为信息产业、知识产业、情绪产业和伦理产业。其中，信息产业包括信息处理、加工、服务等领域，除了原有的通信、新闻、出版、广告产业以外，还有数据通信软件、信息处理服务等产业；知识产业是以知识和技术服务为主体的产业，包括研究、开发、教育等领域；情绪产业包括电影、电视、文化、艺术等领域；伦理产业包括哲学、宗教等有关领域。[2] 笔者认为，增田米二对信息产业的划分方法有泛化的倾向，但其指出的信息产业的

---

① 乌家培、谢康、王明明编著：《信息经济学》，高等教育出版社 2002 年版，第 5 页。

② 崔保国编著：《信息社会的理论与模式》，高等教育出版社 1999 年版，第 40 页。

特征和产业结构变革趋势却是具有理论启示意义的。

随着信息经济的深入发展,由信息经济衍生的、与信息经济紧密相关的经济概念和研究领域,如知识经济、数字经济、网络经济、虚拟经济、电子商务等经济问题,也得到越来越多的关注与研究。目前已经兴起的与信息经济学紧密相邻的经济学分支学科包括:知识经济学、通信经济学、网络经济学、数字经济学、情报经济学、教育经济学等(其中某些新兴学科只是说法不同,但研究内容比较相近)。上述经济学分支学科关注的研究内容涉及或偏重于知识、信息的生产、传播、分配、消费的不同阶段和信息产业的不同环节。相对于信息经济学来说,这些经济学分支学科具有相对独立的研究领域,同时它们与信息经济学有着千丝万缕、不可割裂的联系,其中不少学科与信息经济学之间还存在着一定的隶属关系。尽管上述研究领域的关注内容、研究进展存在差异,但它们都在不断深化人们对信息经济规律的认识。处于起步、初创阶段的传媒经济学与信息经济学以及上述学科有着密切的联系,这些学科或多或少能为传媒经济学研究提供理论滋养和方法启示。

三 深化传媒经济学、出版经济学研究的两个关键点

人类传播活动具有悠久的历史,但从产业视角对传播活动进行的研究却起步较晚。目前,传媒经济学研究仍滞后于其他研究领域和传媒行业的发展。加快传媒经济学的发展,必须使传媒经济学研究具备"稳固的实践根基"和"较高的理论起点",并注意理论与实践紧密结合。

传媒经济学和出版经济学属于专业经济学、应用经济学,在理论经济学和传媒经济活动之间起着桥梁作用。传媒经济学和出版经济学是实践性、应用性较强的社会科学研究领域,因此,其

研究资源必须来自实践，研究结论必须服务实践。对于传媒经济学而言，所谓"稳固的实践根基"，是指传媒经济学的发展应立足于传媒业，从传媒产业实践出发，对传媒产业实践发挥指导、咨询作用。"稳固的实践根基"要求传媒经济学在设置研究假设、前提时，应充分考虑产业的现实环境与发展状况，通过相关的调查研究、资料统计和个案分析，对传媒经济活动产生指导作用。

这里尤其需要强调的是，传媒经济学研究需要有"较高的理论起点"。在传媒经济学、出版经济学的建立与发展过程中，必须大量引进经济学和其他相关学科的理论、方法，结合实际，融会贯通，进行学科理论建设。所谓"较高的理论起点"，是指传媒经济学研究应在充分考虑传媒产品、传播活动、传媒行业的特殊性的前提下，以经济学等理论作为理论依托。"较高的理论起点"要求传媒经济学合理引入经济学的原理、方法和学术概念体系，从信息经济学等经济学理论中汲取营养，努力构建传媒经济学的理论体系。尽管传媒经济学有其相对独立的研究领域，但传媒经济学的理论与研究方法同信息经济学等经济学理论与方法是不能截然分割的。信息经济学及其相关学科理论对于传媒经济学研究具有重要的理论借鉴价值。例如，在对信息经济学及其相关学科领域的学习和借鉴中，我们可以通过对知识、信息产品经济特性的理解，深化对传媒产品经济属性的认识；通过对信息产业经济规律的认识，更好地认识和掌握传媒产业的发展规律，进而提升和优化传媒产业经济结构，以达到更好、更快地发展传媒产业的目的。

在对信息经济学及其相关学科学习和借鉴的过程中，应切忌照搬照抄、生吞活剥。传媒经济学研究绝不是简单地移植和套用一般性的经济学理论与相关的经济学分支学科理论，而是以经济学的理论视角和研究方法来透视传媒业这一专门的研究领域。传媒经济学界应从传媒产业实际出发，合理运用经济学理论和研究方法，深入研究传媒经济活动和经济现象，努力使经济学、传播学理论得到丰富和发展。

　　唯有同时具备"较高的理论起点"和"稳固的实践根基"，传媒经济学才能体现其应有的理论价值和现实意义，才能获得其长久的生命力。

第三章
出版产品与出版传媒机构的
经济学分析

具有效用的商品，其交换价值是从两个源泉得来的——一个是它们的稀缺性，另一个是获取时所必需的劳动量。[①]

——大卫·李嘉图

（在出版业发展的早期历史进程中）作为奢侈品，印刷文本从一开始就屈从严格的利润法则和供求法则。

（出版物）曾是西方赖以强盛的手段之一。思想的生命力在于接触和交流。[②]

——费尔南·布罗代尔

作为企业的出版，是含有前近代性、近代性和超近代性的混合物。不仅在日本，就是在英、美、法等出版发达的国家，长期以来，出版业一直都是被当作前近代企业的典型。丹尼斯·狄德罗在200多年以前所指出的出版业的风险性，至今仍然存在。与此同时，许多出版业者身上表现出来的某

---

① ［英］大卫·李嘉图：《政治经济学及赋税原理》，郭大力、王亚南译，商务印书馆1962年版，第7页。

② ［法］费尔南·布罗代尔：《15至18世纪的物质文明、经济和资本主义》第一卷，顾良、施康强译，生活·读书·新知三联书店1992年版，第473页；括号内文字为本书作者所注。

些理想主义色彩，也使出版业多少带有超越甚至脱离近代性的意味。但是，出版业的这种独特性，正在急剧地发生变化。在许多国家，出版业正在完备其近代企业的体制。其他大众媒介产业中依然见不到的特点，在"出版"业中却存在着。①

——清水英夫

在经济学中，大凡提供出来并给消费者带来效用的对象就是产品。出版产品是出版活动的生产对象和出版消费的主要对象，是出版经济活动的核心范畴。在本书中，笔者试图以出版产品作为出版经济研究的逻辑起点和基点。之所以做出如此选择，缘于两点：其一，以出版产品为起点，从微观层面对出版经济展开比较全面、深入的分析，这样能使本书研究的内容比较集中，这是本书的重要特点之一；其二，在经济学领域，商品及其相关问题是重要的研究范畴。马克思主义经济学的研究起点就是商品。马克思曾在《资本论》开篇说道："资本主义生产方式占统治地位的社会的财富，表现为'庞大的商品堆积'，单个的商品表现为这种财富的元素形式。因此，我们的研究就从分析商品开始。"②由抽象到具体是马克思主义经济学在经济分析方法论方面的重要特征，这种分析方法符合社会经济的发展规律，实现了逻辑与历史的统一。西方经济学与马克思主义经济学的研究起点和方法存在较大差异。但西方经济学的研究大致以人类社会面临的三个基本的相互关联的经济问题为着眼点，即生产什么物品和生产多

---

① ［日］清水英夫：《现代出版学》，沈洵澧、乐惟清译，中国书籍出版社1991年版，第7—8页；此处的"近代化"等同于"现代化"，见该书第12页。

② 马克思：《资本论（政治经济学批判）》第1卷，人民出版社1975年版，第47页。

少，如何生产物品，为谁生产物品。萨缪尔森在《经济学》一书中指出："人类社会——无论它是一个发达工业化国家，一个中央计划型经济，还是一个孤立的部落社会——都必须面对和解决三个基本的经济问题。每个社会都必须通过某种方式决定生产什么，如何生产以及为谁生产。"① 基于经济物品在经济学研究中的重要性，笔者认为，出版产品的经济特征是出版经济学需要研究的首要问题，选择出版产品作为出版经济学研究的逻辑起点和基点是合理的。出版产品的经济特征应包括出版物的经济特征和版权（著作权）的经济特征两方面，出版产品的经济特征直接决定着出版机构的经济属性。笔者在此致力于对上述几方面问题进行探讨，并提出一些自己的见解。

第一节　出版产品的内容产品与文化商品属性分析

出版产品是一种通过一定的物质载体使知识、信息得以记录、表现、储存、传播并以客观形式存在的文化产品。我国的《出版管理条例》（自 2002 年 2 月开始施行）和《互联网出版管理暂行规定》（自 2002 年 8 月开始施行）等出版法规将现阶段的出版产品划分为图书、报纸、期刊、音像制品、电子出版物和互联网出版物六类。出版产品作为一种内容产品，是精神产品与物质产品的统一体，同时出版产品又是一种文化商品，它是文化资本与经济资本的产物。目前，每年与出版产品相关的统计数据、发展规划、报告、年鉴可谓很多，但是，在有关出版产品的基础理论方面，目前还缺乏深入研究。例如，是知识、信息本身

---

① ［美］保罗·萨缪尔森、威廉·诺德豪斯：《经济学》（第 16 版），萧琛等译，华夏出版社 1999 年版，第 4 页。

具有价值并能转换成经济价值，还是仅仅由于资源的稀缺性原则或者供求曲线造成了出版产品具有价值甚至是超常价值？出版产品的价值到底如何衡量？出版产品究竟是公共产品，还是私人产品，抑或兼具两种产品的属性？与此相关的一系列问题，目前都亟待深入研究。

一　出版产品是内容产品——精神产品与物质产品的统一形式

在人类精神进步史上，知识、信息曾发挥过不可替代的重要作用。人类社会步入知识经济社会后，知识、信息正日益成为社会发展的决定性力量。而在人类对知识、信息的传递、交流与利用过程中，内容产品占有极其重要的地位。我们在这里将"内容产品"界定为：按照一定的逻辑将知识、信息元素集合而成（信息通过积累、提炼和升华而成为知识）的具有应用价值的知识、信息产品。出版产品是一种重要的内容产品，出版产品的核心价值取决于以内容为底蕴的知识、信息价值。

当代西方哲学家卡尔·波普尔的"三个世界"理论，为我们考察出版产品的内容产品属性提供了一个绝佳的视角。1972年，卡尔·波普尔在其《客观世界》一书中系统地提出了"三个世界"理论。"三个世界"理论很快因其新颖性和波普尔的盛名而广受瞩目。波普尔"三个世界"理论的主要含义是："世界1"为物理世界，包括物理的对象和状态；"世界2"为精神或心灵世界，包括意识状态、主观经验、心理素质等；"世界3"为客观知识的世界，是人类精神活动的产物，包括客观的知识产品和客观的艺术作品等。波普尔认为，三个世界之间直接或间接地存在着相互作用，科学知识的发展是一个主观知识客观化的过程，或客观知识自我发展的过程。在这一过程中，"世界3"是人类智力活动的产物，是人造的；同时，"世界3"并非虚构而确有其实在性。如果从卡尔·波普尔"三个世界"理论的视角来考察出版产品，作为一种承载知识、信息内容的客观形式，出版产品反映了"世界1"和"世界2"的状态和结果，应归入"世界3"。出版产品是人类文明成果的承载体，它不仅反映了人类物质实践的成果，而且也反映了人类精神生产的成果。另一方面，出版产品又确有其客观的物质表现形式，出版产品在物质层面的实在性使其具有一些物质产品属性。

在"传媒经济学的理论源泉在哪里？——经济学说史上的相关理论寻踪与延伸思考"一章中，作者已对亚当·斯密和马克思等经济学家关于精神文化生产、精神产品的经济学理论观点进行了梳理、分析。以古典经济学家和马克思的观点来看，出版产品的内核——知识、信息的生产应归属于精神生产范畴，属于精神产品。按照亚当·斯密提出的区分生产劳动与非生产劳动的标准，在出版领域中，提供有形出版产品的一类出版活动属于生产劳动，而提供无形出版服务的一类活动属于非生产劳动。马克思的劳动价值论揭示了商品的使用价值和价值，并在此基础上分析了劳动的二重性：具体劳动创造使用价值，抽象劳动创造价值。出版产品作为一种承载知识、信息元素的客观实体，其生产涉及人类社会生产的两大范畴——精神生产与物质生产，因此，出版产品兼具精神产品与物质产品的双重属性，是精神产品与物质产品的统一体。

出版产品作为精神产品与物质产品的统一体，其本质属性是精神产品属性。出版产品的价值能否实现取决于其使用价值。而出版产品使用价值的形成正是基于其精神产品功能。在此，笔者将出版产品的核心功能归纳为三个方面：（1）传承知识（传承社会文化，发挥教育功能，增加社会凝聚力，减少社会无序性)；(2) 传播信息 (帮助人们在社会中实现联系、选择、解释、批评行为的功能)；(3) 创造娱乐 (创造大众文化，增加大众的文化接触，帮助大众充实闲暇时间)。出版产品的传承知识、传播信息和创造娱乐三大功能直接决定了人们对出版活动和出版产品的区分标准。目前国际上一般将出版划分为教育出版、专业出版、大众出版三大领域，我国出版界在 20 世纪 90 年代也引入了这一国际出版理念。现代出版的教育出版、专业出版、大众出版三大领域正是基于出版产品的传承知识、传播信息和创造娱乐三大功能 (上述出版领域的出版产品兼具不止一种功能的情况是存在的)。

二　出版产品是文化商品——文化资本与经济资本结合的产物

以传统政治经济学的观点来看，商品必须具备以下基本特征：其一，是劳动产品；其二，是用来交换的劳动产品；其三，具有使用价值。如果我们以这些标准来衡量市场条件下的出版产品，出版产品具有商品的一般的、基本的特征。出版产品具有商品属性目前已成定论，但研究界对于出版产品价值的来源还需要进一步明确。由于出版产品具有商品的基本特征，因此，出版产品价值的形成、传递和利用过程必然离不开资本要素。笔者认为，出版产品作为一种文化商品，是文化资本 (知识资本) 的承载体，是文化资本 (知识资本) 的一种重要的客观表现形式，是文化资本 (知识资本) 与经济资本 (有形资本) 结合的产物。

传统的经济学理论认为，资本只有两种，一种是货币资本，另一种是土地等自然资源；劳动和劳动者的知识不是资本。萨缪尔森就曾认为："资本是三大生产要素之一。另外两种是土地和劳动，通常被称为基本生产要素。""非常有趣的是，最有价值的经济资源，即劳动，不能像私人财产那样成为可以买卖的商品。"① 进入知识经济时代，知识产业、信息产业的发展使传统的资本理论受到挑战。正如在工业社会中货币是主要的资本一样，知识经济社会中知识、信息是最主要的资本。包括出版产业在内的文化产业、信息产业是知识经济的代表性产业形态。在这些产业领域，知识要素成了文化产业的核心生产力，知识劳动者、精神劳动者在产业运作中实现了自身的价值，而知识、信息则参与生产和分配，具有增值性，成为重要的资本要素。

如果从资源稀缺性原则的角度来看，构成出版产品内核的知识、信息成为资本在理论上也是合乎逻辑的。资源的稀缺性是经济学重要的逻辑出发点，"物以稀为贵"是经济学的基本价值规律。经济学中的稀缺性是指相对于人类无限的需求而言，资源总是有限的。在一定的社会历史条件下，知识资源、信息资源、文化资源也表现出一定的稀缺性，成为不同社会主体的竞争对象。拥有了这些资源，就意味着拥有了获得价值的源泉。在此状况下，知识资源、信息资源就具备了成为知识资本、文化资本的可能性和合理性。

在经济学领域，美国著名经济学家和新制度学派的代表人物加尔布雷思（J. K. Galbrainth）于 1969 年首次明确提出了知识资本（intellectual capital）的概念。在加尔布雷思看来，知识资本是一种知识性的活动，是一种动态的资本而不是固定的资本形式。加尔布雷思提出的知识资本概念是对传统资本概念的有效扩充。

在经济学以外的学科领域，法国社会学家皮埃尔·布迪厄

---

① ［美］保罗·萨缪尔森、威廉·诺德豪斯：《经济学》（第 16 版），萧琛等译，华夏出版社 1999 年版，第 26—27 页。

（Pierre Bourdieu）则首先提出了文化资本（cultural capital）的概念。布迪厄在其著名的论文《资本的形式》中认为，文化资本有三种存在方式：文化能力（cultural competence）、文化产品（cultural product）和文化体制（cultural institution）。从某种程度来看，布迪厄所说的这三种形式的文化资本实际上可对应于人力资本、文化产业和文化制度。其中，文化产品是文化资本的客体化形式（如图书、绘画等产品）。文化资本只有在被占有并作为一种投资参与到文化生产之中，才能作为一种有效的资本而存在。文化产品作为客体状态的文化资本，有其自主的存在法则，"文化产品既可以表现出物质性的一面，也可以表现出符号性的一面。在物质性方面，文化产品预先假定了经济资本，而在符号性方面，文化产品则预先假定了文化资本"[1]。正是由于具有这种双重属性，文化产品具有和普通产品不一样的特征，例如，在消费上，文化产品与普通产品就存在差异，文化产品的消费除了需要货币和时间投入外，还要求消费者具备一定的文化能力。

文化资本理论借用了经济学的理论术语，布迪厄将这一理论称为总体性实践经济学，并认为总体性实践经济学是以那些被传统经济学所忽略的、非经济的实践形式（主要是文化实践）作为主要研究对象的。文化资本理论一经提出，不仅在社会学领域引起强烈反响，而且引起经济学家的关注。一些经济学家意识到，"文化资本"与"知识资本"概念均是对传统"资本"概念的拓展，有必要将文化资本的因素引入经济分析中，以避免经济决定论的简单化倾向。事实上，文化资本理论为研究知识经济

---

① Bourdieu, Pierre (1989). The forms of capital. In A. H. Halsey, H. Lauder, P. Brown, and A. Stuart - Wells（eds.）. *Education: Culture, Economy and Society*, pp. 46—58. New York: Oxford University Press. 转引自薛晓源、曹荣湘主编《全球化与文化资本》，社会科学文献出版社 2005 年版，第 12 页。

社会（信息社会）的社会资源分配体系提供了一个具有启迪性
的理论分析框架。

在人类出版业发展的历史进程中，知识资本、文化资本的积
累发挥了基础性的作用。知识资本、文化资本并不是隐藏的神秘
物，它往往通过特定的物品、信息储存手段或行为得以表现。图
书、期刊等出版产品正是知识资本、文化资本的重要物化形式与
现实载体，是物质资本（有形资本）和文化资本的综合体现，
是文化资本与经济资本结合的客观产物。出版产品、出版产业的
文化性与经济性双重属性，也正是基于出版产品价值来源的两
重性。

一个社会的出版物商品生产水平，不仅反映了该社会出版业
的发展程度，而且折射了社会文明的发展水平。人类出版历史源
远流长，在出版史上，图书等出版产品以商品形式出现，正是一
定的社会历史条件下文化资本与经济资本成功结合的产物。人类
进入现代社会后，在出版领域中，劳动者的文化能力和知识产权
（如版权、创意、发明等）转化为能产生价值增值的现实资本。
拥有知识资本、文化资本的劳动者参与出版活动，知识资本和劳
动者并不是对立的、不可调和的矛盾，二者统一于出版产品的生
产过程之中。知识资本、文化资本因此成为给出版业带来持续收
益的特定资源，成为决定出版经济增长的关键性生产要素，今天
我们的出版业界强调出版机构要拥有自主知识产权，正是缘于这
一点。

第二节　出版产品的公共产品与私人产品性质之辨

许多出版经济理论问题与实际的出版经济活动、经济现象
有着密切的联系，出版产品的经济物品属性问题就属于此类理

论问题。出版产品究竟是公共产品，准公共产品，还是私人产品？或者哪些出版产品属于公共产品？又有哪些出版产品属于准公共产品或私人产品？该问题直接决定着出版机构的性质和价值取向、出版市场的特征与运作模式，也直接决定着政府对出版业的管制政策。在出版产品的经济属性问题上，国外学者多认为出版产品是私人产品，如罗伯特·皮卡德（Robert G. Picard）和比尔·瑞恩（Bill Ryan）将书籍、杂志、音像制品归入私人产品。① 笔者认为，出版产品的经济物品属性不能一概而论，需要作具体分析，而且，在新的经济、技术环境下，出版产品的经济物品属性更应该进行重新界定，这一问题需要进行深入研究。

在经济学领域，一般从消费的角度将产品分为纯公共产品（pure public goods）、私人产品（private goods）、准公共产品（quasi-public goods）以及混合产品（mixed goods）（见表3-1）。公共产品（public goods）一般是和私人产品相对而言的。公共产品是市场机制发生失灵的一个重要领域，因此西方经济学家历来十分重视对公共产品理论的研究。尽管公共产品概念在经济学领域被广泛使用，但要对公共产品下一个精确的定义却比较困难。因为，公共产品所包括的范围很广，不同的公共产品在供给和需求特征上具有很大的区别；不同的经济学家对公共产品也有不同的理解。现代经济学通常从分析公共产品所具有的两大特征来界定公共产品。这两大特征均是就消费层面而言的，分别是消费的非排他性和非竞争性。

所谓公共产品，就是在消费上同时具有非排他性和非竞争

---

① ［美］罗伯特·皮卡德：《媒介经济学》，冯建三译，（台北）远流出版事业股份有限公司1994年版，第33—34页。

性的产品；私人产品则是指在消费上同时具有排他性和竞争性的产品。非排他性是指产品一旦被提供出来，就不可能排除任何人对它的不付代价的消费（至少从合理成本的角度来看是如此）。严格地说，非排他性包括三层含义：（1）任何人都不可能不让别人消费它，即使有些人有心独占，但或者在技术上无法排他，或者在技术上可行但成本却过高，因而是不值得的；（2）任何人自己都不得不消费它，即使有些人可能不情愿，但无法对它加以拒绝；（3）任何人都可以恰好消费相同的数量。非竞争性是指一旦产品被提供，增加一个人的消费不会减少其他任何消费者的受益；也不会增加社会成本，其新增消费者使用该产品的边际成本为零。非排他性和非竞争性之间存在某种相关关系，许多非竞争性的产品也是非排他性的。但这两个特征并不总是同时出现的，有些产品可能只具有以上两种特征中的一种。

表 3－1　　　　　　　　　经济学中的产品分类

		竞争性	
		有	无
排他性	有	私人产品	俱乐部产品 （准公共产品1）
	无	公共资源 （准公共产品2）	纯公共产品
混合产品			

所谓纯公共产品，是指严格满足非竞争性和非排他性两个条件的产品。国防和电视节目是这类产品的典型例子。准公共产品即不纯粹的公共产品，这类产品包括在消费上具有非竞争性但是

却可以轻易排他的俱乐部产品（club goods）和在消费上具有竞争性但是却无法有效排他的公共资源（common resources）。俱乐部产品的例子有公共游泳池、可以收费的公路桥等，公共资源的例子则有公共渔场、公共牧场等。

这里需要特别提及的是混合产品。关于混合产品的概念众说纷纭，很多人甚至将混合产品等同于准公共产品。但实际上，混合产品和准公共产品并非两个完全等同的概念。一般而言，混合产品就是同时具有公共产品性质和私人产品性质的产品，或者是具有较大范围的正外部效应的私人产品。[1] 混合产品和公共产品的区别在于：由于混合产品首先具有一部分私人产品的性质，所以在最初的时候，总是能够为非公共机构提供混合产品给予较为充分的激励；但是对公共产品而言，这种对非公共机构提供的激励是不存在的。[2] 混合产品在性质上介于私人产品与公共产品之间。它可以分为两类：一类是具有排他性和一定范围内的非竞争性的产品，如公园、图书馆、博物馆等；另一类是非竞争性和非排他性不完全的产品，如教育、卫生、科技等。前一类混合产品都有一个饱和界限，在产品还未达到饱和状态时，产品的消费具有非竞争性，但是当产品趋于饱和状态时，再增加消费者就会影响其他消费者对该产品的消费。因而，这类混合产品的非竞争性是局限在一定范围之内的。后一类混合产品在消费中往往存在较大的外部效应。

一 技术、市场因素对出版产品经济属性的影响

对出版产品经济属性的划分标准不是绝对的，要取决于多种

---

① 刘宇飞：《当代西方财政学》，北京大学出版社2000年版，第100页。
② 同上书，第100—101页。

因素。我们必须充分关注技术条件、市场因素对出版产品经济属性的影响。

当出版业在技术上处于"纸与笔"、"铅与火"的历史阶段时，图书等出版产品的私人产品属性较为突出。中国历史上的"学在官府"、重文献典藏而忽视流通的现象，以及欧洲历史上出版活动长期为贵族和教会把持的状况，均说明出版技术、出版物商品市场的不发达决定了一定社会条件下出版产品的私人产品性质。

在数字、网络技术出现之前，现代社会中的纸质出版产品在内容层面具有公共产品属性，但在技术层面具有私人产品属性。在现代社会环境中，由于知识、信息具有非竞争性，难以完全被据为己有，可以被多人共享，而且并不损害每个人拥有的知识数量和质量，因此，出版产品在内容层面具有公共产品属性。但是，由于知识、信息在社会中的分布是不均匀和不对称的，而劳动者在出版产品的生产过程中投入了文化资本（知识资本）和经济资本，在其中付出了具体劳动和抽象劳动。在这种情况下，不少出版产品的获得是要付出一定代价的（如通过市场交易的形式），出版产品在消费上存在竞争性。另一方面，纸质出版产品具有物化的实体形式，在技术上较易实现排他。因此，纸质出版产品在技术层面具有私人产品属性。从这一点来说，这一阶段的出版产品在生产和价值实现层面接近于准公共产品。

在出版业步入数字时代后，数字、网络技术使各种传统媒体的界限变得模糊，无论是纸质还是电子媒体都可以被数字化，都可以转换成多媒体版，都可以被置于网络之上。在这种技术条件下，相当一部分出版产品实际上可以被视作公共产品，如博客出版等。当然，这也要分具体情况进行具体分析。例如，某网站提供可供免费阅读、下载的电子书，但在用户超过一定数量时网络会发生拥塞，这就会产生经济学上所谓的"拥挤"问题①，从而使消费（网络阅读）质量下降，不利于消费。在这种情况下，公共产品的非竞争性条件就没有被很好地满足。又如，一些需要注册、验证会员资格的网站（如专业学术网站）上的电子书、电子杂志，可归入俱乐部产品（准公共产品）范畴。

一般来说，在市场条件下，处于市场流通过程中的出版产品属于私人产品。而在离开市场流通环节或根本未进入市场进行交易的情况下，出版产品则可能具有公共产品、准公共产品或混合产品属性，如免费的中小学教科书和图书馆内的图书。

总体而言，技术的进步、市场条件的变化对出版产品的经济属性具有重大的影响。在新的技术环境下，出版产品经济属性的变化要求出版经营者和政府部门适时地转换观念、调整对策。

二　制度、政策因素对出版产品经济属性的影响

从历史和现实来看，不同国家对于出版业的制度、政策导向对出版产品的经济属性也具有决定性的影响。

在美国、英国、法国、德国、加拿大、日本等许多西方国家，图书、期刊、报纸等出版行业基本上以商业化的出版机构为主体，出版产品的生产、流通以商业化模式运作为主，政府对于出版产业大多按照私人产品的属性实施管理。当然，从制度和政策的角度来看，西方国家也并非将出版产品一律视为私人产品。有些出版产品，如中小学教育出版物、宗教出版物、政府出版物

---

① 消费的"拥挤"问题不等于负外部性。"拥挤"问题与负外部性的区别在于，带来拥挤问题的使用者本身也要承担其行为的成本，而带来负外部性的使用者本身却不承担其行为的成本。

等，具有公共产品或准公共产品属性。例如，美国实行12年国民义务教育制度，学生一入学就全免学费，教科书由学校免费提供，但这些免费教科书并不属于学生个人而属于学校，是学校的公共财产，由学生在毕业后还回学校图书馆，以便后来的学生继续使用，一般要使用多年，直到完全用旧为止。[①]

近年来，我国出版业正在经历一个行业转轨和机构转制的过程，出版产业正在深入发展，大部分出版机构正由以往的事业单位或"企业化管理的事业单位"转变为经营性的出版企业。这一进程对于我国出版产品的经济属性肯定是存在一定影响的。目前，在我国的不同出版领域和不同地区，在不同的出版运作模式下，具有私人产品属性、公共产品属性、准公共产品属性和混合产品属性的出版产品是共存的。例如，在教育出版领域，我国正逐步对义务教育阶段的教科书实行免费供应和循环利用制度。就出版行业整体而言，出版产品兼具多种经济物品属性和形态。

在网络技术环境下，不同的政策导向可以使网络出版产品成为私人产品，也可以成为公共产品或混合产品，而且，技术条件也足以做到这一点。

三　部分出版产品的混合产品或准公共物品属性

现实经济生活中的许多物品并不是纯公共产品或纯私人产品，而是介于纯公共产品和纯私人产品之间的中间状态，即混合产品或准公共产品。

在出版领域，就有一部分出版产品属于具有不完全的非竞争性和非排他性的混合产品或准公共产品。仍以义务教育阶段的教

[①] 李文云、徐励、唐惠颖：《管理课本，一点不能含糊》，《环球时报》2006年1月13日。

科书这一类出版产品为例，接受义务教育的学生通过使用教科书，获得了知识，从而增加了今后自身生存与发展的能力，提高了自身在未来社会活动中的竞争力。这首先是一种内部效应，其收益完全为受教育者所拥有。从这一角度来看，教科书这种出版产品具有竞争性和排他性。但是，由于知识具有外部效应，教科书除了给受教育者带来收益外，还有相当一部分利益通过受教育者外溢给了社会，整个社会的劳动生产率和文明程度因此得以提高，国家的政治、经济、文化制度得以在一个较好的环境内运行。从这个意义上来说，教科书这种产品又具有一定的非竞争性和非排他性。因此，部分出版产品，如义务教育阶段的教科书，具有不完全的非竞争性和非排他性，这一部分出版产品应归属于混合产品或准公共产品。

四　社会需要公共产品与私人产品共存的出版业

对于一个健康、和谐的社会来说，实现社会公正原则与遵从客观经济规律同等重要。因此，我们对出版产品经济属性的考察不能仅仅从纯粹的经济理论角度出发，还应引入政治经济学的理论视角。加拿大学者文森特·莫斯可在前人的基础上，将政治经济学的核心特征概括为四点：研究社会变迁与历史转型、植根于社会整体、道德哲学和实践。[①] 出版产业制度、政策的制定和实施，既要遵循市场经济规律，关注效率和效益，更要遵从社会公正原则，关注社会变迁与历史转型，实现人文道德关怀。出版业需要将社会效益放在首位，兼顾社会效益与经济效益，实现两个效益的最大化，事实上，对两个效益的追求在许多情况下是并行

---

① ［加］文森特·莫斯可：《传播政治经济学》，胡正荣等译，华夏出版社2000年版，第27页。

不悖的。

社会整体需要进步、和谐，必然要求拥有文化属性和内容本质的出版产品发挥一定的公益作用，出版产品必然被赋予一部分公共产品属性。出版产品的公共产品属性和公益性主要体现在三个方面：首先，出版产品在满足社会的普遍知识、信息需求方面有着自身特定的文化使命；其次，出版产品对社会秩序和社会公共生活有着较大的影响力；最后，出版者是某些公共的知识、信息资源的受托生产者，相应的出版产品应该以公共产品的形式向社会公众提供。

社会需要公共产品与私人产品共存的出版业，而建设公共产品与私人产品共存的出版产业也有利于出版业自身的可持续、良性发展。

第三节　版权的经济学分析

在人类社会的历史发展进程中，随着社会生产力不断发展，商品经济日益发达，对知识、信息及技术成果的持有权和支配权逐步成为商品交换的对象之一。"知识资产"成为一种独立的财产形态，与动产、不动产一起，并称为人类社会的三大类资产。经济学领域的"资产"，是指实物财产或具有经济价值的非实物性的权利。作为构成知识产权的三大板块之一，版权（本书中的"版权"等同于"著作权"）属于无形资产，是一种具有经济价值的非实物性的权利。当今时代，包括出版行业在内的传媒业、信息业强调自主知识产权的获取、拥有和使用。一个明显的例证就是，最近数十年来，国际传媒业、信息业的收购和兼并活动大多是围绕版权等知识产权以及品牌展开的。在中国，近三十年来，各级政府、各行各业和广大公民的知识产权意识与观念不断增强。2008 年 6 月，中华人民共和国国务院发布了《国家知识产权战略纲要》，将知识产权提升至国家发展战略的高度。这一国家文件指明了我国知识产权战略的指导思想、战略目标、战略重点和战略措施，明确了版权、专利、商标、商业秘密、特定领域知识产权、国防知识产权等领域的专项任务，并提出了提升知识产权创造能力、鼓励知识产权转化运用、加快知识产权法制建设、提高知识产权执法水平、加强知识产权行政管理、发展知识产权中介服务、加强知识产权人才队伍建设、推进知识产权文化建设、扩大知识产权对外交流合作九项战略措施。

出版业等版权产业在各国社会经济中的地位日趋重要，版权的经济特征也开始得到不同学科领域研究者的关注。明确和重视版权的经济特征对出版企业和出版产业的发展具有重要意义；另一方面，阐明版权的经济特征，也是研究出版经济学的一个先决条件和重要基础。因此，出版研究界应加大对版权经济特征的研究力度。本节拟对版权的经济特征、版权保护的经济学缘由和意义以及出版业版权经济活动的特点进行分析。

一 经济学视野中的版权概念

我们开展版权的经济学分析，首先需要从经济学的视角来明确界定版权概念。经济学视野中的版权概念和法学视野中的版权概念存在着共通之处，但也有不尽一致之处。

目前国内外法学界对于版权的认识形成两种理论：人格权论和无形财产说。人格权论强调版权的人身权及其保护，这突出表现在大陆法系国家的版权立法中；无形财产说则认为版权是无形财产权，强调版权的经济利益，这一理论成为英美普通法系版权立法的哲学基础。从我国的立法框架来看，我国现行著作权法（版权法）兼容了大陆法系的人格权论和英美法系的财产权说。

尽管有些法学研究者认为，版权的人身权在本质上也属于财产权的范畴①，但就总体而言，法学意义上的版权概念包括版权的人身权和财产权两部分内容。我们可以这样认为：法学意义上的版权概念，是指政府批准的为智力成果的发明者或持有者所专有或在规定的年限内使用成果的一种排他性的权利，它包括版权所有者的人身权和财产权。一般而言，受版权法保护的是以各种形式存在的原创性智力成果以及对智力成果的价值通过各种途径加以实现的邻接权。

经济学意义上的版权概念和法学意义上的版权概念并非是完全一致的。经济学意义上的版权概念是一种财产权，是对知识、信息及技术成果进行排他性使用、支配的一种权利，其客体是财产权这一无形资产而不是知识、信息及技术成果本身。版权的经济学概念与法学概念的差异不仅表现在对构成版权的内容的认识上，而且还表现在对待版权排他性的立场上。

法学对待版权的立场是将版权视为一组独立而性质不同的排他性权利，从而在纯粹概念意义上对版权的排他性加以保护。而从经济学的角度来看，绝对的、无条件的排他财产权是不可能的，在现实中版权更是一种难以有效排他的权利，由于知识、信息的外溢效应（外部性），版权所有者很难对版权拥有完全的、绝对的排他权。事实上，如果赋予版权所有者对知识、信息及技术成果的完全、永久的排他权，将不会提高社会生产效率，而恰恰会降低效率。再以经济学中有关资源配置效率的观点来看，只有通过在社会成员之间相互划分对特定资源使用的排他权，才会产生适当的激励；排他权的创设是资源有效率地使用的必要条件，但并非充分条件，因为这种权利还必须是可以转让的（即

---

① 王利民：《论著作权的性质》，《财经问题研究》1999 年第 7 期。

法学意义上的"让渡"），所有者可以将排他权转让给某些能更有效使用它的人。也就是说，在经济学视野中，版权的价值和意义在于它能激励社会有效率地配置和使用知识、信息资源。以经济学的观点来看，无论各种相互竞争的知识、信息资源配置与使用方式有怎样的效率，法律层面上对权利的规定并不能决定何种资源配置与使用方式最有效率。

二　版权的经济性质分析

作为一种无形资产，版权是通过人们对知识、信息产品所蕴涵的知识、信息内容的利用而表现出来的。传统经济学理论，不论是西方经济学还是马克思主义经济学，针对有形产品提出的有关经济学观点，不完全适于版权等知识产权现象。相对于其他形态的资产而言，版权的经济属性有其独特之处。

（一）版权在使用价值与价值上的特性

物质产品在时空上的相对固定性、内聚性，使得物质产品的稀缺性虽然可能被降至最小限度但却无法消除，这一属性也使物质产品易于被占有、专用。由此决定了某一有形物品（如服装、食品等）在一定时空内只能由特定的人取得它的使用价值，而不能同时满足多人对其使用价值的需要，其所有者只能通过出让有形物品的使用价值，从特定的人那里获得价值补偿。

知识、信息产品则具有其特有属性：信息流动的方式不同于物质产品流动的方式，知识、信息产品易于不受控制地高速扩散。"如果说物质产品可以用火车、或者现在是用喷气飞机的速度来运动的话，信息产品则可以用光速来运动。"[①] 因此，对知

---

① ［英］马克斯·H. 博伊索特：《知识资产：在信息经济中赢得竞争优势》，张群群、陈北译，上海人民出版社 2005 年版，中文版自序第 3 页。

识、信息产品进行专有独占和用于经济交换，要比物质产品困难得多。这一点在使用价值和价值方面的表现就是，版权不必以牺牲所有者对其知识、信息及技术成果的使用价值为代价，可以同时向多人转让知识、信息及技术成果的使用价值，并可以从特定的多个人那里获得其价值补偿，甚至可以反复地获得价值补偿。由此不难看出，版权的价值并不是取决于生产它所耗费的社会必要劳动时间，而是取决于其社会需求程度和所能转化成的效益。

知识、信息资产可以由多人共享，而其原来的拥有者仍可以将知识、信息保留下来，这是一种"拥有自己的蛋糕并吃下它"的情况。虽然分享知识、信息资产并不降低知识、信息产品对其原来占有者的效用（使用价值），也就是说，在知识、信息传播之后，原来的占有者仍然可以继续从中得到效用，但是，知识、信息的价值却是有所降低的。这是因为，知识、信息作为一种资源具有一定的稀缺性，而共享的知识则降低甚至丧失了这种稀缺性。

（二）版权的经济寿命特征

从理论上讲，知识、信息可以被永久地传承下去，借助一定的存储手段和方式，知识、信息可以无限期地延续自身的存在。但是，从经济学的角度来说，版权仍具有一定的经济寿命。经济寿命是指一项资产有效使用并创造收益的持续时间。版权的经济寿命，关系到版权的价值及其所有者的利益。版权作为一种无形资产，其经济寿命与有形资产的经济寿命相比，具有一些特殊性。

首先，版权的经济寿命与其法律寿命不尽相同。包括版权在内的许多无形资产具有确定的法律寿命，例如，版权具有一定的法律保护期限。之所以要规定版权的法律寿命，是为了协调社会公众利益和所有者利益之间的矛盾。一方面，对版权进行法律保护是为了维护其所有者的利益，以鼓励创新；另一方面，要对版权的法律保护期限加以明确规定，以兼顾社会整体利益，防止个人无限期地垄断知识、技术。版权的保护期限实质上是法律强制的经济寿命。版权的经济寿命与其法律寿命是不尽一致的，因为版权的经济寿命受到许多外部因素的影响。在现实中，有些版权的法律寿命比其经济寿命长，而有些版权的经济寿命则比其法律寿命长。

其次，版权的经济寿命由无形损耗决定。影响资产经济寿命的因素有两种：有形损耗和无形损耗。有形损耗是指有形资产在使用过程中逐渐磨损而产生的价值损耗。有形损耗既影响资产的使用价值，又影响资产的价值。无形损耗则是指某项资产在其有效使用期之内，由于知识更新、技术进步、信息分享等因素而产生的贬值。无形损耗只影响资产的价值，不影响资产的使用价值。由此看来，版权的经济寿命取决于由知识更新、技术进步、信息分享等因素产生的无形损耗。版权的经济寿命，是版权赖以维系的知识、信息内容发生变化的速度快慢的函数。例如，日报内容版权的经济寿命一般不超过 24 小时，因为过去的新闻就不再是新闻了，而期刊内容版权的经济寿命稍长，图书内容版权的经济寿命则更长。

最后，某些版权的经济寿命在不断缩短。现代科学技术日新月异，人类社会正在以加速度前进。虽然版权的所有者想方设法来延长版权的经济寿命，以获取更大的个人利益，但是，要实现这一想法愈来愈困难，因为版权的经济寿命在不断缩短。版权的经济寿命不断缩短，主要有以下两个原因：其一，科学技术发展速度加快，使得知识更新越来越快；其二，知识、信息传播的加速，促进了人类社会的知识更新、技术进步和社会产品的升级换代，从而导致版权的经济寿命不断缩短。

由于版权的范围非常广泛，我们不可能说明每一种版权的寿命情况，版权的经济寿命主要取决于其类型及它能被利用的方式。对于具体的出版产品的版权经济寿命，要作具体分析。对于文化的传承、积累性较强的一些书籍、音像制品、电子出版物而言，其版权的经济寿命较长（对于这一类出版物，又可以作更具体的分析，科技类出版物的版权经济寿命较短，而文化、社科类出版物的版权经济寿命则相对较长）；而对于传播信息的时效性较强的报纸、期刊、网络出版物来说，其内容的版权经济寿命较短。

影响版权经济寿命的因素较为复杂。我们在评估某一版权时，必须考虑：（1）潜在的市场如何？（2）未来的开发成本是多少？（3）谁是该产品的竞争者？（4）何种产品或服务将会在何时取代该产品？（5）怎样的财务状况才能支持这一版权项目的发展？总而言之，影响某项版权利用的所有重大因素必须全面加以考虑。通常，评估版权经济寿命的方法，是在既定的条件下，确定所有影响其经济寿命的因素，然后据此判断版权最可能的经济寿命。

版权的经济寿命难以用统计方法得出的经济曲线来测评，而主要取决于法律保护期限的制约和人们的主观判断。但有一点可以明确的是，版权具有给其所有者带来收益的能力，版权的价值与经济寿命同其收益能力相当。分析某一项版权的经济寿命，需要分析与之相联系的产品或服务，因为正是这些产品或服务在市场上实现自身价值，给所有者带来收益，该项版权的经济寿命与其市场价值直接相关。

产品的生命周期理论对于评估版权的经济寿命具有一定的借鉴意义。简言之，产品的生命周期理论是指，产品的市场生命要经历导入期、成长期、成熟期和衰退期四个阶段。测评版权的经济寿命时，分析与之相关的产品或服务的生命周期并分析其处于哪个阶段是至关重要的。就一般图书的版权而言，其市场收益在1—2 年内达到最高点，然后逐渐下降。但是，图书等出版产品的版权被重复利用的几率较大，被利用的范围也较广泛，例如，一本图书可以被报纸、期刊连载，也可被改编成电视剧、电影等产品；一本小说中的人物与故事通常可被用于各种传播媒介、旅游服务或产品中；一幅漫画也可以被广泛使用在玩具、服装、贺卡等产品中。在这种情况下，出版产品版权的价值可能会东山再起。对于走市场路线的出版产品来说，出版经营者应充分重视其版权的经济寿命。

三　出版产品外部性与版权保护

由于出版产品与一般物质产品的最大区别在于其蕴涵的知识、信息内涵，而知识、信息易于扩散，因此，出版产品具有外部性。出版产品中所蕴涵的知识、信息的外部性（或溢出效应）是出版产品外部性的主要表现。

萨缪尔森将外部性（或溢出效应）界定为："企业或个人向市场之外的其他人所强加的成本或利益。"[①] 假设 j、k 表示不同的经济单位（个人或企业），当经济单位 j 的目标函数 O_j（如企业的生产函数或成本函数以及消费者的效用函数）不仅取决于其自身可以控制的变量 X_{ij}（$i=1, 2, \cdots, n$），而且也取决于某些不受市场变化影响的、其自身无法控制的变量 X_{mk} 时，则对单位 j 而言，存在单位 k 带给它的外部性。即 $O_j = O_j (X_{1j}, X_{2j}, \cdots, X_{nj}, X_{mk})$，$j \neq k$，$X_i$（$i=1, 2, \cdots, n$）。公开出版是知

---

① ［美］保罗·萨缪尔森、威廉·诺德豪斯：《经济学》（第 16 版），萧琛等译，华夏出版社 1999 年版，第 28 页。

识、信息溢出效应的具体形式之一。出版产品中所蕴涵的知识、信息的外部性主要表现为三个方面：一是知识、信息本身的外部性；二是知识、信息创造的新市场的外部性；三是知识、信息创造的新利益的外部性。

出版产品的知识、信息内容的易扩散性、可共享性、非损耗性、可反复使用的特征，使得出版产品同时具有正、负外部性。出版产品的正外部性主要在于，承载科学知识、正面信息的出版产品被使用的次数越多，使用的频率越高，其价值越能得到最大程度地实现，其社会整体收益就越大。出版产品的负外部性则表现在，内容低劣、庸俗、错误的出版产品不仅对个人也对社会整体有着消极作用。

版权和出版产品的外部性，决定了出版等版权产业中存在一个重要的规律——版权的经济效益递增规律。我们可将版权经济效益递增规律表述如下：版权的经济收益，与版权产品的复制次数、使用人数成正比关系，与版税率成正比关系，而与生产该版权产品的成本成反比关系。这一规律可用以下公式概括：

版权经济收益 =（版权产品的复制次数 + 使用人数）×版税率/生产成本

由出版产品的外部性所导致的另一个重要问题是，如何协调对知识创新实施激励（保障创新者的利益）和维护社会公众利益之间关系的问题。在产生知识溢出效应的情况下，对原创者进行模仿、复制的个人和企业事实上"搭乘"了原创者的"便车"，低成本的模仿、复制活动将使原创者丧失创新的动力。像任何其他形式的资本一样，只有当知识资本可以获得与其生产率相称的回报时，知识资本才能得到有效供给。假设不能对版权实施真正的保护，盗版行为得不到有效控制，其结果是知识资本供给的下降乃至走向枯竭，这将直接制约出版产品的供给。这正如美国经济学家道格拉斯·诺思所言："思想的经济收益面临的基本困难就是对思想自身的考核，为此，规则的设计旨在约束行为。商标、版权、商业秘密和专利法都旨在为发明创造者提供某种限度的排他性权利……就像我们在现代世界所见，改进技术的持续努力只有通过提高创新者个人的收益率时才会出现。"[①]　但是，如果对知识创新者的利益实施无条件的、绝对的保护，则不利于知识、信息及技术成果在社会中的合理传播、利用，不利于社会整体的创新、进步。

由于出版产品等知识、信息产品具有外部性，因此，为了鼓励知识、思想创新，促进科学、文化的进步与应用，保障文化生产、传播和消费的正常进行，有必要运用法律手段来规定知识、信息及技术成果的产权边界，确定知识、信息生产者和使用者的行为方式，在版权原创者和社会公众之间形成一种利益平衡机制，以保护原创者和社会公众的利益。

四　出版业版权经济活动的特征

版权产业是指以作品的版权或著作邻接权作为其产品生产经营的基础，并以国内外版权法律制度作为产业发展的保障和促进手段的新型产业类型。[②]　以知识、信息及技术成果的生产、传播和使用为核心内容的多种产业均属于版权产业范畴。出版产业是一种重要的版权产业，从某种意义上说，出版业的竞争就是版权的竞争。版权是构成出版企业核心竞争力的重要内容，版权作为一种无形资产，是出版机构从事生产、经营的根本性因素。

---

① 　[美] 道格拉斯·诺思：《经济史中的结构与变迁》，陈郁、罗华平等译，上海三联书店、上海人民出版社 2003 年版，第 226 页。

② 　史梦熊、牛慧兰、张杰、孙洁、吴寅泰：《出版产业与版权法》，科学出版社 2000 年版，第 210 页。

在许多发达国家，版权产业已成为重要的经济行业。发达国家出版界在版权经济领域形成了成熟的运作方法，积累了丰富的经验。发达国家出版业版权经济活动的特点可归纳为以下几方面。

（一）多样化的版权贸易形式

目前发达国家版权贸易的主要形式有以下几种：（1）作品翻译权转让，出版商或作者允许他国出版商将作品翻译成其他文字出版，并收取版权转让费；（2）平装书版权交易，出版商向市场推出某部畅销的精装图书，销售到一定时候（一般为一年），再将该书的平装书出版权转让给国内外其他出版机构；（3）影视与图书相互改编权的转让，是指将已经出版的图书中的内容改编成电影或电视剧，或者将热播的影视剧改编成图书予以出版；（4）作品中形象使用权转让，这是允许其他商品经营商在其产品中使用出版作品中的人物或动物形象以及某些特殊标记的交易活动，其产品主要有玩具、食品、文具、服装、卡通画片、小饰物、书签、旅游纪念品等；（5）合作出版权转让，这是指由甲国出版商与乙国出版商合作，由甲国出版商提供母本，乙国出版商将书中的甲国文字换成乙国文字，其他版式照搬，版权由甲国出版商控制，包括母本和外文本的复制都由甲国出版商掌握；（6）报刊连载权转让，这是出版商允许报刊连载出版产品中的知识内容而获取经济收入的版权贸易活动；（7）电子版制作权的转让，这是出版商允许他人将印刷版图书制作成电子版的版权交易活动。此外，缩写权、影印权、图书俱乐部版权、多媒体版权、数字化复制权等权利也是发达国家版权贸易的重要内容。

（二）专业化的运作程序和手段

发达国家出版机构在长期的版权贸易实践中形成了一套成熟

而专业化的运作方法，这体现在版权贸易运作的全过程。

发达国家出版机构在进行版权输出时，首先会认真选择具有版权出售潜力的出版物，一般他们会考虑到读者的阅读兴趣，出版物的内容、风格以及厚薄等因素。

发达国家出版机构一般在正式进行版权贸易前要进行周密的市场调研，以明确版权交易的对象、范围和时机等。市场调研的内容包括影响市场需求的宏观政治、经济环境，目标读者的阅读需求与倾向，竞争者的优势、市场地位，潜在版权购买者的购买能力，等等。

发达国家的出版机构在宣传推销自己的出版物版权方面采取了多种多样的版权营销方法。以往发达国家的出版商多采用在行业媒体上做广告，将自己的出版物加入到各种书目、主动向版权代理机构或外国出版社邮寄书目资料，以及参加各种国际性的书展等方式推销版权。发达国家出版机构的宣传促销费用一般要占其产值的5%—10%，有时甚至要占初版书价的80%，乃至相当于初版书价。[1] 在这其中，版权促销推广的费用占了很大一部分。利用互联网在内的多种媒体展开版权营销攻势，也是国外一些出版机构常用的手段。国外一些在线版权贸易机构，如国际版权在线等，利用其先进的技术、丰富的版权数据库为版权贸易提供了快捷高效的平台。

在进行版权谈判的过程中，发达国家的出版机构和版权代理商通常能严格按照规则办事，签订的版权合同条款详尽而细致。在协议达成之后，他们大多能够严格执行合同，具有强烈的法律意识。

另外，发达国家出版机构内部对版权交易的管理也非常专

---

① 王东：《图书广告的妙用》，《中国图书商报》2002年4月9日。

业。通常情况下，版权贸易部门会将每次版权贸易记录存档，予以集中管理，以便日后可以快捷地查询到每个选题的版权销售情况。发达国家的出版机构还将客户关系管理技术应用于版权交易的管理中，以保证客户与企业之间的有效互动。时下在英美出版界，较为热门的话题当属数字版权管理（Digital Rights Management），而专业出版商尤为关注这个话题。数字版权管理是一种描述、识别和保护数字内容的技术。欧美专业出版商认为，目前在音乐和电影业所发生的数字版权管理革命必将波及出版领域。①

（三）专门化的版权贸易组织

国际版权专家莱内特·欧文（Lynette Owen）认为："版权贸易领域要求各种各样的技巧：对于许可方，是创造力和销售技巧；对于被许可方，是评估和选择适合自己市场的选题和项目经济生存能力。不论卖方还是买方，都要求有高水平的组织和高效的系统，它们对于记录大规模的版权贸易是至关重要的。"② 高水平的组织和高效的系统为发达国家出版业开展版权贸易提供了有效的支持。一方面，在出版机构自身组织设计上，发达国家的出版机构只要具备一定的规模，一般都设有专门的版权部。另一方面，发达国家的版权代理业十分发达，版权代理行业作为版权产业链的重要一环，得到规模发展。在美国有 600 多家版权代理公司，在英国也有 200 多家。由于版权代理商熟悉版权交易市场行情，其操作程序和方法也比较成熟、规范，发达国家的版权贸易大多是通过版权代理商来进行的。

---

① 杨贵山：《欧美专业出版商关注数字版权管理》，《中国图书商报》2003 年 7 月 25 日。

② ［英］莱内特·欧文：《中国版权经理人实务指南》，袁方译，法律出版社 2004 年版，第 121 页。

（四）高素质的版权贸易人员

发达国家版权贸易的繁荣发展，与拥有一批高素质的专业人才分不开。在发达国家，从事版权贸易的专业人员通常具有较高的素质，他们不但具有良好的专业素养、丰富的知识储备，还具有广泛的社会联系以及较强的公共活动能力和技巧。国际版权专家莱内特·欧文提出，从事版权销售人员应具备以下素质：能判断每个出版项目的销售潜力；增加并积累他们要销售的项目的具体信息；增进并保持对外国市场的了解；热情与技巧是版权销售的精髓；对语言的要求；出色的人际交流能力；熟悉整个出版流程；具备卓越的计算技能；能同时处理一系列不同的谈判；能够签订反映双方共识的、清晰而准确的许可合同；卓越的记忆力和统筹安排工作量的能力；投入、耐心和活力。① 当然，这一系列素质要求有时很难在一个人身上同时具备，但莱内特·欧文的表述仍是对版权贸易人员理想的素质架构的极好注解。

与发达国家相比，我国出版界的版权经济活动在观念与运作层面上都还有所欠缺。我国出版界应理性地学习、借鉴发达国家的版权经济运作经验，推动我国版权经济的良性发展。一方面，我国要营造有利于版权经济发展的产业环境，另一方面，出版界需要更多地引入现代化的成熟的市场理念。具体而言，我国政府、出版界在版权经济领域的努力方向应是：完善版权经济发展的产业环境，注重版权贸易形式多样化，推进版权贸易运作专业化，提高版权贸易队伍素质，加快我国版权代理业发展。

第一，营造有利于版权经济发展的产业环境。

版权经济和版权产业的发展离不开合适的土壤，因此，版权

---

① ［英］莱内特·欧文：《中国版权经理人实务指南》，袁方译，法律出版社2004 年版，第 121—123 页。

经济要获得健康发展，首先需要各级政府营造的良好的宏观产业环境和健全的政策法规体系。二十余年来，我国先后出台了《著作权法》《著作权法实施条例》《信息网络传播权保护条例》《著作权集体管理条例》《实施国际著作权条约的规定》《计算机软件保护条例》《计算机信息网络国际联网管理暂行规定》等法律和行政法规，《互联网著作权行政保护办法》等部门规章，及《中国互联网网络版权自律公约》等行业规定。这些法律法规、部门规章极大地发挥了为版权产业发展保驾护航的功效。但相对于我国经济、科技、文化快速发展、变革的状况而言，有关版权的法律法规体系需要加紧更新、完善。例如，我国有关网络出版、数字出版版权的法律法规在一定程度上依然滞后。近年发生的"七位知名作家状告书生"和"400位学者状告超星盗版"等事件一度成为业界关注的焦点，网络版权、数字版权问题也成为业界的热门话题。由于法律法规的滞后，网络、数字出版领域的版权纠纷有愈演愈烈之势。我国应尽快建立、健全相关的法律法规，规范作者、出版发行机构、用户的行为，保障相关各方的合法权益，以确保新兴的数字出版产业能和谐、稳步发展。

2008年，我国政府颁布的《国家知识产权战略纲要》明确了国家在加快版权产业发展和加大版权保护力度方面的专项战略任务。这一国家级政策文件提出，国家将"扶持新闻出版、广播影视、文学艺术、文化娱乐、广告设计、工艺美术、计算机软件、信息网络等版权相关产业发展，支持具有鲜明民族特色、时代特点作品的创作，扶持难以参与市场竞争的优秀文化作品的创作"。"完善制度，促进版权市场化。进一步完善版权质押、作品登记和转让合同备案等制度，拓展版权利用方式，降低版权交易成本和风险。充分发挥版权集体管理组织、行业协会、代理机构等中介组织在版权市场化中的作用。""依法处置盗版行为，加大盗版行为处罚力度。重点打击大规模制售、传播盗版产品的行为，遏制盗版现象。""有效应对互联网等新技术发展对版权保护的挑战。妥善处理保护版权与保障信息传播的关系，既要依法保护版权，又要促进信息传播。"①

第二，注重版权贸易方式多样化。

我国出版界应尝试采用更丰富的版权贸易形式和方法。就对外版权贸易领域而言，目前我国出版机构开展版权贸易的方式主要有以下几种：①由我方组织作者提供作品，对方负责出版、发行，版权属于我方，对方向我方付酬，这种形式早些年前我国输出版权时采用较多；②利用国际学术会议的机会，由我方向世界各国有关专家约稿，会议期间出版论文集，在世界范围内发行，版权、发行权均属于我方，由我方向国内外作者支付稿酬；③对方提供作品的外文版，我方负责翻译成中文版，并负责出版发行，中文版权归译者所有，出版社享有专有出版权，我方向对方支付版税，目前这种形式最为普遍；④合作出版。除目前常用的作品翻译权转让（许可）、合作出版等版权贸易方式外，我国出版机构应注重其他版权贸易方式的运用，使出版产品价值得到延伸开发。

第三，推进版权贸易运作专业化。

现今我国出版界亟须提高版权贸易专业化水平。首先，开展版权贸易的出版机构要深入了解目标市场，组织周密的市场调研。其次，应进行高水准的版权贸易策划，我国出版社应树立国际视野，对每一选题的策划都应以世界市场为着眼点，站在世界

① 国务院关于印发国家知识产权战略纲要的通知，http：//www. sipo. gov. cn/sipo2008/yw/2008/200806/t20080610_406106.html（中华人民共和国国家知识产权局网站）。

舞台上经营版权，国外的很多出版社就是这种经营模式。再次，应多方面地提高我国图书的出版质量，多出精品，以精品取胜。另外，我国出版机构应强化版权营销意识，采用多种版权营销手段，尤其要注重现代信息技术在版权营销中的应用。网络作为一种新生力量，在版权贸易方面已经显示其独特的魅力。目前我国绝大多数的出版社对于利用网络开展版权业务的重视和投入都还不够，网络的主要作用暂时还停留在发布产品目录上。我国出版社应树立"网络版权营销"意识，现阶段可以在国际版权在线等网站上注册，通过网络开展更多的版权贸易业务。

第四，提高版权贸易队伍素质。

加速专门人才的培养，是发展我国版权贸易的当务之急。目前，在我国的版权经济活动中，之所以存在国外版权盲目引进、国内版权推销乏力的现象，一个重要原因就是缺少得力的版权贸易专门人才。从事版权贸易的人员，不仅要熟练掌握至少一门外语，还要掌握出版、法律、国际贸易等多种相关知识，熟练应用互联网，及时了解国际出版动态，热爱本职工作。可以采取以下措施加快对版权贸易专门人才的培养：举办版权贸易硕士研究生班，培养版权贸易的高级管理人才；在高校的编辑出版学专业中增设相关专业方向和课程，将相关国际课程引进国内；由政府或行业协会出面举办各种形式的研讨班、培训班。

第五，加快我国版权代理业发展。

版权代理对开展版权贸易起着至关重要的作用。可以通过制定相关的法规、政策及行业规范等，大力扶持版权代理业的发展。由于历史原因，过去的中国版权代理机构一直由官方主事。由于人才匮乏，体制、机制的不灵活，中国目前已有的从事版权代理的中介业务机构没有得到很好的发展。加入世界贸易组织后，中国承诺，在法律服务当中允许外商、外国律师事务所在华设立代表处,从事营利性活动。版权贸易、商标和专利的代理,已经纳入司法部律师的代理活动当中。在这样的背景下,许多具备条件的国外版权代理机构,将进入中国市场,对中国本土的版权代理机构造成冲击。我国现有的版权代理公司应加紧被改造、整合,建立以出版业为中心的多媒体的版权产业集团,从而更好地应对新形势的挑战。

第四节 出版传媒机构的经济性质和运营机制选择

经济学将能够独立做出生产决策的经济单位称为厂商(firm)。实际上,作为一种经济决策单位,除了消费者与政府以外,其余的经济组织都是厂商。厂商可以是生产产品的经济单位(如工厂、农场),也可以是提供服务的经济单位(如银行、学校),以此标准来衡量,出版企业和非营利组织出版机构都是厂商。在微观经济学中,通常假设厂商的目标是追求利润最大化。这一基本假设是西方经济学的理性经济人假设在生产和厂商理论中的具体化。实际上,经济学界对于这一基本假设也是存在争论的,因为在现实经济生活中,厂商有时并不一定选择实现最大利润的决策。以出版业为例,在特定环境下,担负着社会责任的出版机构不能以利润最大化作为其发展目标,而且在信息不完全的条件下,出版企业所面临的市场需求可能并不确定,出版企业对供给量变化所引起的生产成本的变化也缺乏准确了解,于是,很多出版企业长期生存发展的做法主要就是依靠经验来追求实现市场销售份额最大化,以此取代利润最大化的决策。因此,我们对出版机构进行经济学分析必须充分考虑出版行业自身的特性。

随着信息化时代的来临,社会经济、文化、技术的发展对出版业、出版机构、出版产品均提出新的要求。当前在全球范围内出版业的发展呈现国际化、集中化、多元化、数字化等特点，出版业自身及其外部生存环境正在发生重大变革。在中国，文化体制改革的深化，出版业产业属性的明确，出版业信息化进程的加速，不仅对出版业的发展提出了新的挑战，而且提供了新的机遇。出版机构是出版业的经济活动主体之一，是出版产品的供给机构，新的环境要求出版机构对自身的角色、功能、产品、运作模式进行重新认识和必要的调整。

一　出版机构经济性质与出版产品经济特征的内在逻辑联系

出版机构的经济性质与出版产品的经济特征具有内在的逻辑联系，这决定了出版产品的供给机构应该是多元化的。如前所述，在经济属性方面，出版产品的核心价值取决于以内容为底蕴的知识、信息价值；出版产品是内容产品和文化商品，是精神产品与物质产品的统一形式，是文化资本与经济资本结合的产物；技术、市场条件、制度、政策等因素对出版产品的经济属性具有重要影响。从中外出版业的现实来看，出版领域中具有私人产品属性、公共产品属性、准公共产品属性和混合产品属性的出版产品是共存的。不同的出版产品在经济特征上存在一定差异，这决定了不同的出版产品应该采用不同的规则和模式进行公平、有效的提供。

在古典经济学和新古典经济学的理论框架中，政府与市场一直被认为是两种不同的经济调节方式，经济学界围绕政府与市场之间的关系问题形成了长达两百多年的争论。这一争论的逻辑主线是：在理性经济人、完全竞争、信息充分、交易费用为零等一系列严格的假设前提下，市场机制可以使资源配置达到效率；但现实中很难实现这些假定，因此会出现市场失灵现象（市场失灵表现在外部性、公共产品的供给、规模收益递增导致垄断定价高于边际价格、风险和不确定性等许多方面）。公共产品的供给问题是市场失灵的主要表现之一，由于公共产品具有非排他性和非竞争性，市场机制无法抑制"搭便车"的行为，不能满足成本—收益对称的市场激励原则，因此市场失灵需要以一种非市场机制提供公共产品。既然市场机制在公共产品的供给方面会出现失灵现象，政府、非营利组织等公共经济主体介入公共产品供给就成为一种必然的结果。但是，并不是所有的公共产品都由政府或政府附属机构直接提供，现实经济生活中，相当大一部分公共产品是通过政府间接提供方式（如授予经营权、政府参股、经济资助等形式）或非政府方式提供的。

在出版领域，由于部分出版产品具有公共产品或准公共产品、混合产品的经济属性，完全通过市场机制由营利性出版机构来提供所有出版产品是不现实的，那样不仅会不利于社会公平、公正目标的实现，也会影响提供出版产品的经济效率。不同经济性质的出版机构的共存是合理的，也是必要的。例如，为了实现"政府信息公共获取"的目标，政府出版物应由政府出版机构或政府指定的出版机构来提供，而不以市场营利为目标；对于盲文出版物等面向社会弱势群体的出版产品，也应由公益性出版机构来提供；对于诸如国家"知识资源数据库"出版工程等涉及面广、投入巨大、周期较长的国家级重大出版工程，应以政府为主导，由政府直接介入或间接组织、管理；再如免费供应的义务教育阶段的教材，这是一种准公共产品，应由政府通过与出版机构签订协议、授予出版发行权、提供经济资助等途径，与相关出版机构共同提供；对于大众化的娱乐性、知识普及性出版产品，可以通过市场机制由出版企业提供。

二 以出版产品经济属性为依据划分的出版机构类型分析

出版界对出版机构的分类有多种依据和方法，国际通行的做法是将出版机构分为三类：大众出版机构、教育出版机构、专业出版（STM）机构，这一划分方法的依据是出版机构的专业领域和产品内容。我国在较长时间内将出版机构按照专业范围划分为教育出版机构、科技出版机构、文艺出版机构、少儿出版机构等类型，或按照所处地域和行政级别划分为中央出版机构和地方出版机构。近年来国际通行的出版划分方法对我国出版界的专业理念已有一定的影响，但原有的按照专业范围、所处地域和行政级别划分出版机构的方法在我国的新闻出版统计资料汇编和行业年鉴中依然占有主导地位。在我国出版发行体制改革进程中，国家已经明确提出对出版机构"区别对待、分类指导"的原则，出版机构被区分为公益性出版事业机构和经营性出版企业：少数承担政治性、公益性出版任务的出版单位继续实行事业体制，国家将采用项目支持、政府采购、加工订货等方式给予支持；而大多数出版机构将转企改制为经营性出版单位。[①] 这一划分方法的出发点是市场经济环境中不同的出版机构具有不同的角色和功能，而归根结底，其理论依据正是在于不同的出版产品应由不同的出版机构提供，不同的出版机构具有不同的经济性质。

笔者认为，如果从经济学理论视角出发，以出版产品的

---

① 为推进文化体制改革，进一步转变政府职能，建立与社会主义市场经济和我国出版产业现状相适应的出版管理体制，引导出版单位完善内部运行机制，以进一步繁荣发展出版产业，国家新闻出版总署根据《出版管理条例》等有关规定，结合行业实际，于2008年6月颁布了《经营性出版单位等级评估办法》，对经营性出版企业施行分级管理。

多重经济物品属性及其相应的供给模式为依据，出版机构可以分为三类：政府出版机构、出版企业和非营利组织出版机构。

这三类出版机构中，政府出版机构是指附属于某些政府部门的具有政治性、公益性的出版机构，如美国政府印刷局、英国皇家出版局、法国文献局等。这类出版机构是政府与国际社会、国内公众之间的信息桥梁，主要负责提供政府出版物，如会议文件、司法资料、国家的方针政策、规章制度、有关国情的报告、国家权威机构发布的统计资料、外交文书等。政府出版机构提供的出版物中一部分供公开出版发行，一部分则由政府直接分发至某些部门或个人，在一定范围内使用，具有内部保密性质，但过若干时间之后予以解密或公开。

出版企业则是指在充分强调出版的社会责任、社会效益的前提下，采取市场运作方式，进行出版产品生产与经营，实行经济核算，自负盈亏、自我发展的一类出版机构。出版企业是西方发达国家出版机构的主流形态，也是当前我国出版机构转制过程中大多数出版机构选择的类型。在政府对某些出版产品（如中小学教材）实行招投标制度的情况下，出版企业通过与政府签订协议或合同，获得政府授予的生产经营权和政府提供的经济资助和法律保护，也可以提供具有公共产品属性或准公共产品属性的出版产品。

非营利组织出版机构是介于政府出版机构与出版企业之间的一种机构形态，这类出版机构主要提供具有公共产品属性或准公共产品属性的出版产品，如盲文出版物、少数民族文字出版物、学术出版物等。在美国，100多家大学出版社和600多家全国性学术团体出版机构属于非营利出版社，这些出版社享受免税待遇，它们的主要目的是为所属成员服务，以促进团体理想和目标的实现。① 在英国，大学出版领域由牛津大学出版社和剑桥大学出版社两个国际化公司控制，而这一领域的其他一些小型或微型公司通常是非营利性的，每年销售收入不到 250 万英镑，它们受主管大学的资助。② 非营利组织出版机构的存在有其合理性和必要性。这是因为，一方面，政府的公共支出有限，不可能所有公共产品都由政府出版机构来提供；另一方面，某些具有公关产品属性的出版产品是不能按成本、价格组织生产和提供服务的，而这些出版产品又是社会公众所必需的，出版企业不愿或不能有效提供这些公共产品。因此，非营利组织出版机构可以填补政府出版机构与出版企业之间形成的空白地带，弥补政府出版机构和出版企业在某些出版产品提供上的局限。

目前中央已经提出将出版机构区分为公益性出版机构和经营性出版机构，进行区别对待、分类指导，这无疑是我国出版发行体制改革进程中的重要里程碑，具有其科学性。但是，从出版业长远发展和国际出版业的现状与趋势来看，有必要对公益性出版机构和经营性出版机构进行更深层次的细分，而政府出版机构、出版企业和非营利组织出版机构在出版活动中也的确扮演着不同的角色，发挥着不同的职能。而且，笔者认为，公益性出版机构和非公益性出版机构的本质区别在于是否通过市场机制和产业模式运作，是否具有营利性，两者的区别不应该是经营性的有无。也就是说，与公益性相对应的概念应该是营利性，而不应是经营性，因为公益性出版机构不应拒斥经营性，在公益性出版机构的活动中也应讲究成本核算，也要实施经营管理。

① 端木义万：《美国传媒文化》，北京大学出版社 2001 年版，第 5 页。
② ［英］保罗·理查森：《英国出版业》，袁方译，世界图书出版公司北京公司 2006 年版，第 28 页。

基于以上分析，从出版业发展和出版理论研究的角度出发，将出版机构划分为政府出版机构、出版企业和非营利组织出版机构的"三分法"具有一定的合理性。

三 出版行业分类发展背景下决定出版机构运营机制的经济学要素

不同类别的出版产品具有不尽相同的经济属性，在不同的制度、政策导向下相同的出版产品的经济属性也可能会出现差异。因此，在现代市场经济体系中，出版产品的生产主体和供给方式具有多元化特点。在出版业分类发展的背景下，出版单位选择何种运营机制和产品供给模式，需要考虑多方面的因素。从经济学视角来看，在选择出版单位的发展模式、运营机制时，有以下要素可作为判断标准。

（一）出版物生产的技术特征

从某种程度上说，对出版物经济属性的判断是一个技术问题。出版技术是持续创新的，技术的革新会导致出版物经济属性的变化，从而导致出版供给模式的变化。出版物的经济物品属性与其技术特征有关，如果某种出版物在"投入—产出"过程中成本难以测评，则不适于通过市场方式供给。技术判断标准还与收费技术相关：如果一种出版物很难判断其消费者的消费量，从而无法向消费者收费，那么这种出版物也不适于通过市场机制提供。

（二）出版物的需求特点

社会公众对于出版物的需求是存在很大差异的，某类出版物是采用市场方式还是非市场方式提供，与社会公众对相应出版物的需求有关。具体来说，可从以下几方面来判断。其一，需求价格弹性。如果某种出版物的需求缺乏弹性，价格调节不会影响消

费，则这种出版物不宜采用市场方式提供。其二，消费上的
"拥挤"问题。准公共产品的特点在于当消费者达到一定数量后
会产生"拥挤"问题，如果某种出版物具有准公共产品属性，
其消费会产生"拥挤"现象，那么就应该将这种出版物部分或
完全交给非公益性出版机构提供。其三，需求差异。公共经济学
理论认为，公共产品的效率损失取决于偏好参数的方差。① 如消
费者对某种出版物的消费偏好差异比较大，则这种出版物不宜由
公益性出版机构提供。

（三）出版活动的交易费用

交易费用理论最早由科斯在解释企业组织与市场的边界时提
出。交易费用泛指经济制度的运行成本，它是与分工、价格等范
畴具有同等地位的经济学概念，是制度经济学分析的基础性概
念。制度作为人们之间的交往规则，在不同的制度条件下实现相
同的目标会产生不同的交易费用。出版产品的供给也同样遵循这
一规律，不同的提供方式具有不同的交易费用。在决定出版机构
的运营机制时，应该对其主营产品的交易费用进行理性判断：权
衡不同经济性质的出版机构提供出版物的技术和能力；权衡不同
供给模式的组织管理成本和交易成本。

（四）出版传播的伦理目标

经济和社会发展的目标并不是唯一的，在经济效率之外，社
会公平、和谐也是社会追求的重要目标。是否为了解决公平问题
成为界定公共产品和私人产品的重要伦理标准。将部分出版产品
作为公共产品或准公共产品提供，可以视为实现社会公平、促进
社会知识普及和信息共享的一种重要手段。具体来说，扮演公共
产品或准公共产品角色的一部分出版产品具有以下两方面的经济

---

① 黄恒学主编：《公共经济学》，北京大学出版社 2002 年版，第 24 页。

功能：首先，这部分出版产品的非排他性和非竞争性，可以使社会弱势群体享受到福利，有利于实现社会分配的公平；其次，如果部分出版产品由公益性出版机构提供，那么这部分出版产品的资金来源是通过税收得到的，消费方式却是免费的、均等的，因此，这部分出版产品能发挥转移支付的经济功能。

（五）出版机构的无形资产

出版机构的无形资产也是出版机构在选择具体某种出版产品的供给方式时的重要衡量标准。出版机构的无形资产是出版机构的历史与现实行为的积淀，是出版供给机构的编辑力、营销力、诚信行为的重要体现。由信用度、美誉度等因素构成的出版供给机构声誉就是一种重要的无形资产。对于一个珍惜无形资产的出版机构来说，在决定具体某一种出版产品的供给方案时，有必要掂量这一方案对自身无形资产的影响，而不应片面、僵化地执行单一经济标准和市场目标。另一方面，对于受众和行业合作伙伴来说，在其他条件相同的情况下，拥有良好声誉等无形资产的出版机构将被优先选择。例如，在学术出版领域，商务印书馆、中国社会科学出版社、生活·读书·新知三联书店等出版机构因其良好的声誉而吸引到较多的注意力，进而积聚了更丰富的无形资产。

上述判断标准是决定出版机构发展模式和运营机制的经济学要素，在具体抉择某一出版机构的运营机制和某类出版产品的供给机构与方式时，应该对不同的发展方案进行经济效率的比较和社会伦理价值的考量。

第四章

出版产品需求与消费者行为研究

一切消费需要总是走在生产需要之前，它们具有这样的优先性，这是一个至关重要的必然结果；我们可以从由里到外的模仿过程中演绎出这个结论，所谓从里到外的模仿过程就是从实物到符号的模仿过程。符号在这里是生产行为，它实现了消费品内涵的思想和目的。思想和目的是隐藏的内容，被消费的物品是外在的形式。现在我们知道，在变革时期，形式总是落在内容的后面。这个社会现象产生的后果，比其他任何社会现象产生的后果更加重要。我们已经看到，这是一个有力的因素，它打破了民族之间的壁垒，使文明的滚滚洪流能够流进流出。国际交往应运而生。[①]

——加布里埃尔·塔尔德

出版机构不可能为生产而生产，出版活动归根结底源于人类社会对知识、信息的需求和消费行为。消费是一切经济活动的最终目的，生产者的需求及其活动是由消费者的需求所激发的。对于消费问题的研究一直在经济学中占有重要的一席之地，上可追溯至几个世纪前的古典经济学，下可延伸到最近数十年来的当代

---

① ［法］加布里埃尔·塔尔德：《模仿律》，何道宽译，中国人民大学出版社2008 年版，第 237 页。

经济学研究。20 世纪 80 年代以来，若干位诺贝尔经济学奖得主（如米尔顿·弗里德曼、佛朗哥·莫迪利亚尼、加里·贝克尔等）的研究均与消费问题有着密切关系。出版产品的需求和消费问题也理所当然地是出版经济学研究的核心内容。

第一节 出版产品需求的基本特点

在经济学中，需求是指消费者（或购买者）在一定时间和不同价格水平下，愿意并且能够购买的商品（包括服务）的数量。需求的概念有三个层面的含义：其一，是消费者"愿意买"；其二，消费者不仅愿意而且有钱买，是"能够买"；其三，需求是特定时间内的需求，它强调时效性。作为需求活动主体的消费者，是指能够作出独立的消费决策的基本经济单位，它包括两种不同类型：个体消费者和组织消费者。个体消费者是指购买和使用产品或服务的个人或住户，组织消费者是指那些为了维持其组织的运行而购买和使用产品或服务的企业、政府、公共机构等。尽管组织消费者（团体消费者）曾经对我国的出版产品消费产生过重要影响，而且这种影响至今仍然存在，但此处对出版产品需求和消费的探讨将主要集中于个体消费者。出版产品消费者作为知识、信息传播的接受者，与受众、读者、视听者等概念存在一致之处。

一 出版产品需求的复杂性

社会公众对于出版产品的需求，产生、存在于一定的社会背景之中，因此受到多重因素的影响和制约，其中涉及政治、经济、文化等诸多因素。如前所述，笔者对出版产品需求的探讨集中于个体消费者，因此在此主要分析对个体消费者需求影响较大的几个主要因素，如产品的价格、相关产品的价格、消费者的收入、消费者的偏好、消费者对未来的预期、产品供给水平、国家政策导向等因素。

1. 交换价格水平。出版产品的价格变动会引起消费者对于出版产品需求的变动，消费者用于出版产品的支出与出版产品价格之间存在负相关的关系。出版产品的需求还受到相关产品价格的影响。如果相关产品为替代产品，那么相关产品的价格与出版产品的需求存在正相关的关系。对传统印刷型出版产品来说，其替代品主要包括音像制品、电子出版物、网络出版物以及影视等娱乐、知识产品，这些产品的价格变动正在对传统纸质出版产品的社会需求产生非常现实的冲击。如果相关产品为互补产品（如影碟机对于音像、电子出版物而言是互补产品），则相关产品的价格与出版产品的需求在一定程度上存在负相关的关系。

2. 消费者个体资源。消费者个体资源主要包括消费者的收入水平、可投入消费的时间、文化能力等。就消费者个体而言，收入水平直接决定了个人购买力水平，在其他条件不变的情况下，当消费者个人收入上升时，其购买力相应上升，对出版产品的需求也会相应增加。出版产品消费者的支出具有多重性，在出版产品消费中，除了需投入货币外，还需投入一定的时间和文化能力。消费者个人可支配时间与其文化能力也对出版产品需求存在较大影响。

3. 消费者的偏好。出版产品的需求存在较大的差异性，这种差异性很大程度上源自消费者自身偏好。不同年龄、不同性别、不同职业、不同文化程度和文化背景的消费者对于出版产品的偏好存在较大差异。出版产品的消费者偏好差异表现在消费的目的、内容、时间、方式等方面。如一部分消费者阅读书刊是为了增长知识、提高修养，而另一部分消费者的阅读则是为了消遣、娱乐；再如，随着电子、网络书刊的出现，一些消费者逐渐习惯借助电子设备进行阅读，但不少消费者仍然热衷于阅读传统的纸质书刊。

4. 消费者对未来的预期。消费者对自身收益的预期对其出版产品需求的影响也较为显著。消费者如果认为自己能从对出版产品消费的投入中获得较大收益，则对未来的预期较大。从经济学意义上说，一个国家或某些个人对于文化、教育的热衷，对于出版产品消费的重视，就是对于社会收益或个人收益未来预期的一种表现。例如，说到读书，中国自古便有人提出这样一种读书导向："书中自有黄金屋、书中自有万钟粟"，不论人们对此如何评价，但此语反映了一部分人对于精神文化投入的未来预期。

5. 出版产品的供给水平。出版供给的最终目的是为了满足社会公众对出版产品的需求和消费，出版发行机构的生产、经营水平直接影响着出版产品需求。出版发行机构提供的出版产品的内容价值（出版产品的使用价值），对出版产品的宣传、促销力度，均是出版产品供给水平的表现形式，这些因素对出版产品需求的影响很大。出版产品的有效供给将推动出版产品有效需求的产生，而出版产品的无效需求则在相当程度上缘于出版产品的无效供给。

6. 国家政策导向。国家在文化、教育方面的政策导向，对出版产品的需求也会产生较大影响。例如，目前在教育领域我国很多地区存在着严重的应试教育倾向，但随着我国政府加大对素质教育的重视并出台相关措施，中小学教材、教辅类图书的需求必然受到影响；再如，我国政府提出要营造"书香社会"、出版界要重视开发农村图书市场等目标与要求，不仅对出版产品的供给有较大影响，而且对于社会公众的出版产品需求也有不容忽视的影响。

需求函数是用公式表示的某一特定时期内消费者对商品的需求与决定需求量的各种因素之间的关系。出版产品的需求函数可以用以下公式表达：

$$Q_d = f(P, P_s, P_x, Y, T, \cdots)$$

其中，Q_d 是对某种出版产品的需求量，P 代表该种出版产品的价格，P_s 代表替代产品的价格，P_x 代表互补产品的价格，Y 代表消费者的收入，T 代表时间，$\cdots$ 表示其他变量。

以上函数关系说明了这样一个事实：出版产品的需求量是出版产品消费数量和决定消费数量的因素之间的一种多维关系。由于这种多维关系是相当复杂的，鉴于价格是影响出版产品需求量的最主要因素，我们可以进行这样的简化处理：假定只有出版产品的价格或其相关产品的价格是变动的，而其他因素视为恒定。那么可将出版产品的需求函数简化为：

$$Q_d = f(P) \text{ 或 } Q_d = f(P_s) \text{ 或 } Q_d = f(P_x)$$

二　出版产品需求曲线和需求弹性

（一）出版产品的需求曲线

在其他条件不变的情况下，一种产品的市场价格与该产品的需求数量之间存在着一定的关系，这种关系可以用需求曲线来表示。一般情况下，出版产品需求具有正常商品需求的特点，符合经济学中的"需求向下倾斜规律"，即当价格上升时（同时其他条件不变），消费者趋向于购买更少数量的商品，反之，当价格下降（其他条件不变）时，商品的需求量会增加。因此，出版产品的需求曲线可用图 4 - 1 中由左上方向右下方倾斜的曲线 D 来表示。图 4 - 1 中的横轴 OQ 表示出版产品需求量，纵轴 OP 表示出版产品价格。

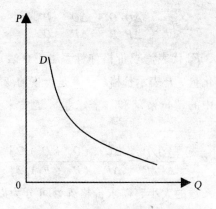

图 4 - 1　出版产品的需求曲线

图 4 - 1 中的需求曲线指明了出版产品的需求规律，即在其他条件既定的情况下，出版产品的需求量与出版产品自身价格之间呈反方向变动关系。对于出版产品的需求规律，需要明确以下几点：

第一，其他条件不变主要是指收入不变，消费者偏好不变，相关商品的价格不变，消费者预期不变。

第二，出版产品价格上升时出版产品需求量下降的主要原因是，替代效应和收入效应在某种程度上发挥作用。

第三，任何一条出版产品需求曲线，仅仅适用于某一特定时段。

（二）出版产品的需求弹性

所谓出版产品的需求弹性，是指出版产品的需求量对影响需求因素的变量变化的反应程度。在经济学中，需求弹性可分为需求的价格弹性和收入弹性。出版产品的需求价格弹性是指某种出版产品的需求量对其价格变化的反应程度，即出版产品需求量变化的百分比与出版产品价格变化的百分比之比。其计算公式为：

$$E_d = \frac{\Delta Q / Q}{\Delta P / P} = \frac{\Delta Q}{\Delta P} \times \frac{P}{Q}$$

该公式中，E_d 代表需求价格弹性系数，Q 表示需求量，ΔQ 是需求量的变化量，P 表示价格，ΔP 是价格的变化量。

上述公式中的"价格"和"需求量"通常采用平均值作为计算基础，即

$$E_d = \frac{\Delta Q / Q}{\Delta P / P} = \frac{\Delta Q / [(Q_1 + Q_2)/2]}{\Delta P / [(P_1 + P_2)/2]}$$

根据弹性系数的大小，需求价格弹性可分为以下五种情况：（1）需求完全无弹性，即 $E_d = 0$，它表示无论价格如何变化，需求总量是一定的，此时价格变动对需求量无影响；（2）需求完全有弹性，也可称为需求有无限弹性，即 $E_d \to \infty$，它表示价格的任何变化都会引起需求量的无限变化，此时价格既定，需求量是无限的；（3）需求单位弹性，即 $E_d = 1$，它表示需求量变动的百分比与价格变动的百分比相等；（4）需求缺乏弹性，即 $0 < E_d < 1$，需求量变动的百分比小于价格变动的百分比；（5）需求富有弹性，即 $E_d > 1$，需求量变动的百分比大于价格变动的百分比。美国经济学家斯蒂格利茨在其《经济学》一书中曾列举了若干物品的需求价格弹性（见表 4 - 1），尽管这些数据是在美国经济环境下得出的，但对于我们分析出版产品的价格弹性是有帮助的。图书的价格弹性在出版产品中具有代表性。从表 4 - 2 中的数据来看，图书的需求价格弹性并不高。这主要是因为，尽管图书在本行业市场之外有报刊、电子网络出版物、影视产品等替代产品，但在图书出版行业内部，产品的差异性很大，不同图书产品之间的可替代性较小（目前中国一年出版图书 20 多万种，美国一年出版图书 15 万种左右，不仅不同类别的图书差异性很大，而且同一类别的不同图书也存在较大差异）。这就决定了替代效

应在图书产品价格上升时发挥作用的程度较为有限，图书产品较大的差异性在一定程度上降低了图书的需求价格弹性。

表 4 - 1　　　　　　　　若干商品的价格弹性①

买来的食物	金属	汽车	煤气、电力、水	饮料	烟草	住房	服装	图书	肉类
2.27	1.52	1.14	0.92	0.78	0.61	0.55	0.49	0.34	0.20

表 4 - 2　　　　　　　　若干商品的收入弹性（一）②

商品	黄油	奶酪	鸡蛋	水果和草莓	面粉	电	酒	肉类	烟草	牙病防治	家具	书籍
收入弹性	0.42	0.34	0.37	0.70	-0.36	0.20	1.00	0.35	1.02	1.41	1.48	1.44

图书的需求价格弹性不高，这是就总体和某一历史时期而言的。在图书等出版领域中，不同出版产品的需求价格弹性存在一定差异，对于那些容易找到替代品的出版产品，如通俗普及读物等，其价格弹性相对要高，而某些对于消费者是必不可少且又较少有替代品的出版产品，如指定的教科书、行业标准出版物等，则有较低的价格弹性。在价格对读者需求的影响方面，根据阅读选择集团（Reading Choices Group）的调查，针对不同的图书类别，读者对价格的态度也有所不同，例如大众市场平装本，虽然这种图书价格较为便宜，但是由于出版的时间相对较晚，读者为了满足先睹为快的愿望，往往会选择购买

---

①　［美］斯蒂格利茨：《经济学》（上），梁小民等译，中国人民大学出版社2000 年版，第 91 页。

②　［美］E. 曼斯菲尔德：《微观经济学：理论与应用》，郑琳华等译，上海交通大学出版社 1988 年版，第 156 页。

较贵的首发精装本。①

　　必须注意的是，目前不同的媒介、信息产品正在相互渗透、彼此兼容，呈现跨媒体发展的趋势，出版产品的需求价格弹性并非是一成不变的。除了受到产品可替代程度的影响之外，出版产品的需求价格弹性还受到以下因素的影响：消费者对出版产品的需求程度、出版产品消费在消费者家庭支出中的比例、出版产品发挥效用的程度等。因此，出版产品的需求价格弹性是在不断变动的，这一点应该受到出版机构的重视，在对出版产品定价时应充分考虑多方面的因素。对于较有弹性的出版产品（如消遣性的图书、期刊），不宜轻易提高定价，因为出版机构提高价格会导致出版产品销售量以比价格提高的幅度还要大的幅度下降，结果会降低销售收入。而对于缺乏弹性的出版产品，为了增加市场销售收入，可以适当地提高定价，因为定价提高虽然会使销售量有一定程度的下降，但下降的幅度却没有价格提高的幅度大。

　　出版产品的需求收入弹性是指出版产品的需求量对消费者收入水平变化的反应程度。出版产品的需求收入弹性用公式表示为：

$$E_Y = \frac{\Delta Q/Q}{\Delta Y/Y}$$

　　该公式中，E_Y 表示收入弹性系数，Y 表示消费者收入，ΔY 是收入的变化量，Q 表示出版产品需求量，ΔQ 是出版产品需求量的变化量。

　　经济学将需求收入弹性小于 1 的商品称作必需品，将需求收入弹性大于 1 的商品称为奢侈品或超必需品。以图书为例，一些

---

　　① 钰添：《教育出版强劲　大众市场趋缓——2004 年英美图书市场结构分析》，《中国图书商报》2005 年 4 月 15 日。

美国经济学家的研究结果表明，图书是一种需求收入弹性较高的
超必需品（见表 4 – 2、表 4 – 3）。作为必需品的一类商品，多
是维持人类日常生活所不可缺少的商品，而诸如出版产品的一类
商品则反映了人类更高层面的需求，因此是超必需品。

　　总体而言，图书等出版产品的需求随消费者收入提高而增加
的幅度会远远高于人们用于衣食住行等用途的必需品，但对于不
同出版产品的需求收入弹性，也需要作具体分析。教材这类出版
产品的需求收入弹性很低（接近于 0），其需求刚性很强，教科
书对于学生来说是必需品，也就是说不管收入如何变化这类出版
产品的需求量变化很小。而一般大众出版物的需求收入弹性相对
更高，属于超必需品，其需求量对消费者收入的升降比较敏感，
这类出版产品的市场需求存在较大的伸缩性。

表 4 – 3　　　　　　　　若干商品的收入弹性（二）[①]

商品	汽车	房主占用的住房	家具	书籍	餐厅用餐	衣服	医生服务	烟草	鸡蛋	人造熟油	猪肉制品	面粉
收入弹性	2.50	1.50	1.50	1.40	1.00	1.00	0.75	0.64	0.37	– 0.20	– 0.20	– 0.36

第二节　出版产品消费者决策的原理

　　自弗洛伊德以降，许多研究者指出人类动机具有复杂性和
隐蔽性。包括经济学、传播学、心理学在内的众多学科从不同

---

　　① Kohler, Heinz（1986）. *Intermediate Microeconomics*: *Theory and Applications*
（2nd edition）. New York: Scott Foresman. 转引自［美］保罗·萨缪尔森、威廉·诺
德豪斯：《经济学》（第16版），萧琛等译，华夏出版社1999年版，第69页。

角度对人类的文化需求心理、行为进行了大量研究。在出版学研究领域，应该对出版产品的消费者行为规律进行更多、更深入的研究。

一　出版产品消费者的收益和偏好

微观经济学将消费者从商品或劳务消费中所感受到的满足程度称为"效用"。效用是消费者对商品满足自己欲望的能力的一种主观体验和评价。由于出版产品的知识、信息内容在消费上具有非损耗性（不会丧失原有的使用价值或效用）、共享性（可为多人反复使用）、积累性（在时间和空间范围内具有延续性和扩散性）和再创造性（在消费过程中会产生新的知识、信息），因此，在提供给消费者的出版产品具有异质性和差异性的前提下，出版产品的消费具有边际收益递增的特点。即出版产品的消费数量越多，传播范围越广，其效用就能越充分地发挥。

对于某一特定的出版产品而言，消费者从同一出版产品中获得的知识、信息是有限度的，或者在一定时间内提供给消费者的不同出版产品中存在大量重复、雷同的知识、信息，那么在这些情况下，消费者从出版产品中获得的边际收益是递减的。因此，在具体分析出版产品效用和消费者边际收益时，应该充分考虑消费者需求的变化、出版产品使用价值发挥作用的客观条件变化以及消费的时效性等因素。

效用是一个主观性的概念，取决于个人的偏好。对于不同的消费者来说，出版产品的效用大小主要取决于消费者各自的偏好。传播学对受众心理和行为的研究结果有助于我们理解出版产品消费者偏好的差异性。近年来，大众传播理论将研究的重点转向受众的行为和个人对信息的利用方面。传播学中的使用与满足理论是对受众心理、行为进行研究的一种受众行为理论。使用与满足研究（the uses and gratifications approach）最早是由传播学学者卡茨在 1959 年提出的。[①] 卡茨指出，传播研究不应仅仅关注"媒介对人们做了些什么"（What do media do to people?），而且还应致力于研究"人们用媒介做了什么"（What do people do with the media?）。使用与满足理论认为，受众并不是消极被动的信息接受者，相反，他们是积极的参与者。对于出版领域而言，出版产品的消费者并不是被动的接受者，而是整个出版活动中极具活跃性的决定性因素。

　　使用与满足研究有一个重要结论：人们使用媒介的目的是存在较大差异的，不同的人可以将相同的信息用于完全不同的目的。卡茨等研究者将受众需求归纳为五大类：认知的需要（获得信息、知识和理解），情感的需要（情绪的、愉悦的或美感的体验），个人整合的需要（加强可信度、信心、稳固性和身份地位），社会整合的需要（加强与家人、朋友等的接触），舒解压力的需要（逃避和转移注意力）。[②] 在假设人们知道自身需求并能分辨满足其需要的来源的前提下，卡茨等人认为：个人的需求是根据各种媒介特殊的功能而与不同种类的媒介相关的。图书最能提供人们自我了解的需求；娱乐需要则与电影、电视和图书有关；报纸对自我约束和自信感作用较大；在提供时政知识方面，报纸是最重要的媒介，其次是广播、电视，图书和电影则远远落

---

①　Katz, E. (1959). Mass Communication Research and the Study of Popular Culture：An Editorial Note on a Possible Future for this Journal. *Studies in Public Communication* pp. 2：1—6.

②　Katz, E., M. Gurevitch, and H. Haas (1973). On the Use of the Mass Media for Important Things. *American Sociological Review* 38：pp. 166—167.

在后面。① 消费者在选择不同的媒介产品时存在偏好，在选择同一类出版产品中的不同产品时也存在不同的消费取向。表 4 - 4、表 4 - 5 充分地说明了读者在消费图书等出版产品时具有极大的消费偏好差异。

表 4 - 4　　　　不同城市读者购买图书的原因比较②　　　单位:%

| | 北京 | 沈阳 | 上海 | 武汉 | 广州 | 成都 | 综合 | |
							2003 年	2002 年
对读书有浓厚兴趣	29.4	31.4	26.6	29.5	39.0	32.1	31.3	32.6
买书送礼	2.6	4.3	2.9	2.1	1.9	1.9	2.6	2.7
读书作为一种消遣	9.6	9.9	14.5	12.4	12.9	12.4	11.9	12.2
工作和学习的需求	34.8	29.6	33.1	36.8	32.8	37.3	34.1	47.9
收藏	6.4	8.6	8.4	6.6	2.9	3.5	6.1	3.3

表 4 - 5　读者最喜欢的图书、最常购买的图书、认为市场上

最缺的图书、最想购买的图书比较③　　　单位:%

| | 最喜欢的图书 | | 最常购买的图书 | | 认为市场上最缺的图书 | | 最想购买的图书 | |
	2003 年	2002 年	2003 年	2002 年	2003 年	2002 年	2003 年	2002 年
小说	44.9	47.8	28.4	28.8	5.3	4.7	22.8	23.2
休闲/生活	30.7	30.1	25.3	24.1	9.8	9.8	21.7	22.1
散文	24.9	24.3	15.4	15.7	5.3	5.2	12.9	13.7
传记	20.3	15.9	10.6	8.8	10.4	10.4	11.8	8.5
计算机	17.3	16.4	20.4	17.7	8.1	6.9	19.2	18.8
英语	16.0	16.7	26.8	25.5	5.2	7.1	19.6	20.8
财经管理	16.0	15.1	16.8	16.6	6.5	8.5	16.8	18.1

---

① Katz, E., M. Gurevitch, and H. Haas (1973). On the Use of the Mass Media for Important Things. *American Sociological Review* 38：pp. 79.

② 《中国六城市图书零售市场读者调查报告（2004）》，北京开卷图书市场研究所 2004 年版，第 28 页。

③ 同上书，第 14 页。

续表　　　　　　　　　　　　　　　　　　　　　　　　单位:%

	最喜欢的图书		最常购买的图书		认为市场上最缺的图书		最想购买的图书	
	2003 年	2002 年	2003 年	2002 年	2003 年	2002 年	2003 年	2002 年
哲学	15.2	13.5	9.8	8.9	12.0	12.6	10.8	10.7
纪实文学	14.0	15.2	7.3	8.4	9.7	9.1	6.9	8.5
历史地理	12.1	11.9	7.7	6.6	8.9	10.8	6.8	8.1
艺术	11.4	12.5	10.1	10.9	16.9	14.6	11.6	12.1
科普	11.1	9.9	8.0	7.5	20.5	26.5	10.3	9.6
工具书	9.2	8.8	19.5	20.0	15.1	13.9	12.9	13.4
医学	8.9	8.8	8.9	8.7	7.5	9.9	8.7	6.9
法律/政治	8.3	7.4	9.0	7.0	8.8	9.7	8.4	8.5
综合科技	8.1	9.9	7.5	8.3	15.4	19.4	7.9	8.7
教辅	5.5	4.8	11.7	10.0	9.3	10.9	8.3	6.5
少儿	3.1	3.0	5.5	5.2	6.5	6.1	4.1	3.3
其他	3.5	3.6	4.4	5.1	15.0	12.0	7.0	7.4

二　出版产品消费者的理性决策

出版产品的消费符合消费者经济活动的一个普遍特征:消费者在获取了可支配的资源（包括收入、时间等）以后,通过一系列的选择和决策,最终将这些资源分配在一定的用途上,从而最大限度地满足自己的需要（当前需要和未来需要）。经济学将这一特征称作"效用最大化原则",即消费者通过对商品和服务的消费追求满足的最大化。效用最大化原则是消费者行为的基本准则,也是消费者行为分析的基本假定。

经济学的效用理论是建立在"理性经济人"假设之上的。经济学中的理性价值观可以追溯到亚当·斯密等古典经济学家"理性经济人"的观点。亚当·斯密等人将经济活动中的个人假定为理性的经济人，经济人在经济活动和消费实际中以追求效用或利益最大化为原则。随着经济学理论的发展，经济学中的理性价值观也在不断丰富、发展。一些现代经济学家提出的有关理性的学说在经济学领域具有深远的影响。例如，阿罗提出了行为理性和知识理性学说。行为理性是指可以根据偏好对不同的选择方案进行排序，并且所排次序在任何时候都独立于机会集合；知识理性是指最大限度地利用可以获得的知识来形成判断。又如，西蒙提出了主观理性意识和客观理性能力学说。其中，主观理性意识是指受人的目的所驱动的一切主观心理活动，它不仅指人们所具有的、追求自身最大利益的主观愿望，而且意味着人们应保持有目的的感觉、知觉和表象等感性认识活动及敏捷的认知视野；客观理性能力是指人们认识事物和规律的逻辑思维方面的能力，如理解、计算、判断等能力。不同的经济学家对于理性的认识视角和程度不尽相同，但基本上未能跳出古典经济学关于"理性经济人"的假设。

经济学中的"理性经济人"假设是一种重要的行为和制度分析工具。20世纪90年代出现的"注意力经济理论"正是基于消费者理性假设基础之上的理论学说。所谓"注意力经济理论"的主要内容为：网络经济中最稀缺的资源不是信息本身，也非传统的货币资本，而是相对于无限信息供给而言的有限需求——注意力；当前以互联网迅猛发展为特征的"新经济"本质是注意力经济，当代经济的基础是注意力而不是信息；在这种经济形态中，人们的注意力——而不是用来消费注意力的内容——将成为商业模式价值的源泉，即获得注意力就意味着获得财富。

传播学和文化研究领域的学者也对受众和文化消费者选择的理性、主动性给予了关注。客观地讲，传播学中的使用与满足理论与经济学中有关理性的学说存在颇多相通之处。在文化研究领域，约翰·费斯克认为，从文化经济体制来看，消费者是有自主权的，文化消费的过程是一个有选择的过程。费斯克指出："所有的文化商品，多多少少都具有我们可以称之为中心化的、规训性的、霸权式的、一体化的、商品化的（这些形容词几乎可以无限繁衍）力量……与这些力量相对抗的，乃是大众的文化需要。"①

根据"理性经济人"假设和效用最大化原则，出版产品消费者的选择是具有理性的。由于效用最大化原则是建立在边际效用基础上的，因此，可以作出这样的判断：当出版产品的消费者在各项消费支出（货币、时间）上所取得的边际效用相等时，消费者所取得的总效用最大。

由于人们对于出版产品的消费偏好不同，同一种出版产品对不同消费者所产生的效用可能会大相径庭。尽管如此，消费者对各种出版产品消费支出的安排与调整活动仍然可以说明，出版产品消费者试图在有限的资源条件下根据自身的消费偏好去尽量满足各种不同的需求。为深入论证这一点，笔者拟对消费者收入变动和出版产品价格变动对出版产品消费者决策的影响进行分析。

假设消费者偏好和消费者收入不变，出版产品 Y 的价格也保持不变，而出版产品 X 的价格上升。如图 $4-2$（a）所示，预算约束线②将以 A 点为中心旋转到 AB_1。如果出版产品 Y 的价格不变，出版产品 X 的价格下跌，预算线以 A 点为中心旋转到 AB_2。预算约束线的旋转又会引起消费者均衡点的移动，如图 $4-2$（b）所示，把这些消费均衡点连接起来，便可以得到出版

① ［美］约翰·费斯克：《理解大众文化》，王晓珏、宋伟杰译，中央编译出版社 2001 年版，第 34 页。
② 预算约束线即预算线，是一条表示在消费者收入和商品价格既定的条件下，消费者的全部收入所能购买到的两种商品的不同数量组合的曲线。

产品的价格—消费曲线。通过价格—消费曲线，我们可以看出在消费者偏好和消费者收入不变的情况下出版产品最优消费组合如何对价格的变化做出反应。

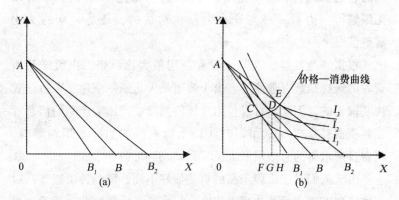

图 4 - 2　价格变动时的出版产品消费者决策

假设消费者偏好和出版产品价格不变，而消费者收入变化，这将会使预算线平行移动。如图 4 - 3（a）所示，当消费者收入增加时，在图上表现为预算约束线平行地向外移动；反之，则平行向内移动。预算约束线的移动又会引起预算线和无差异曲线①的切点的移动，即引起消费者的均衡点的移动。如图 4 - 3（b）所示，把所有这些均衡点连接起来，就可以得到出版产品的收入—消费曲线。通过收入—消费曲线，我们可以看出在偏好和价格不变的情况下出版产品最优消费组合如何因收入的变化而发生变动。

_____

　　①　无差异曲线用来表示给消费者带来相同效用水平的两种商品的不同数量的各种组合，是消费者偏好的几何表现。

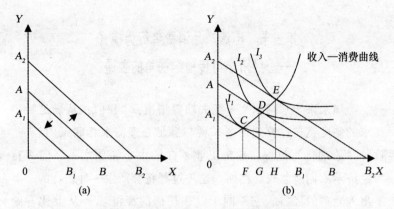

图 4 - 3　收入变动时的出版产品消费者决策

　　需要提及的是，并非所有的出版产品消费都是基于消费者理性基础之上的，部分消费者对出版产品的使用只是习惯所致。传播学者鲁宾将受众分为积极的、主动的（active）或消极的、被动的（passive）两类，并将不同受众的行为或活动作为处理变量的依据。[①] 也就是说，在某些时候，媒介的使用者在处理信息时是理性的、有选择的，但是在另外一些时候，受众使用媒介只是出于习惯。因此，我们在分析出版产品消费行为时还需要留意消费习惯的重要性。尽管如此，我们仍需承认：在内容产品的消费过程中，消费者具有选择何种产品来满足自身需求的主动权。随着人类社会进入信息时代，网络等新技术对出版产品需求和消费造成极大的冲击，网络媒介为消费者提供了更新的、多样化的选择机会，使消费者更具主动性。出版产品必然要与满足消费者需求的其他内容产品进行竞争。

第三节　出版产品消费者行为模式
——经济学与传播学视角的融通

美国未来学家阿尔文·托夫勒曾指出："我们正从满足物质需求的制度迅速过渡到创造一种与满足心理需求相联系的经济。这种'心理化'过程，是超工业革命的中心课题之一，但一直为经济学家们所忽视。然而，这一过程将会产生一种新奇的、事事出人意料的经济，它不同于以往任何的经济。"① 从上述言论中，我们可以得到这样的启示：出版经济不同于一般的产业经济，它与知识、信息需求紧密相关，在研究、考察出版经济的特性时应该充分考虑人的"心理化"过程和人对知识、信息需求的特点。现实也的确如此，出版产业正日益凸显其内容产业、信息产业的本质。对出版产品消费者行为的考察，应该从其信息消费、文化消费的本质出发。

一　经济学视野中的出版产品消费者行为模式

以经济学的眼光来看，出版产品消费行为实际上包括三个环节：消费决策→实施消费→消费结果。其中，出版产品消费者的决策大致包含了三个层次：（1）消费者的资源初次分配选择；（2）消费者的资源再分配选择；（3）消费者的资源消费—购买选择。经济学视角的出版产品消费者行为模式可用图 4－4 表示。

消费者对于出版产品消费的资源投入具有二重性：不仅投入了货币，而且投入了时间。就货币支出而言，消费者决策具体包

---

① ［美］阿尔文·托夫勒：《未来的冲击》，孟广均等译，新华出版社 1996 年版，第 186 页。

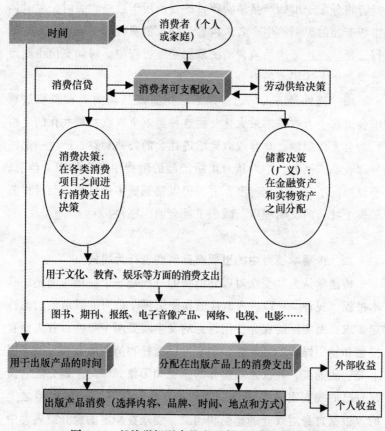

图 4-4　经济学视野中的出版产品消费行为模式

括以下几个层次：消费者收入的初次分配选择是指消费者将可支配收入在消费与储蓄之间进行的分配；消费者收入的再分配选择是指消费者将其可用于消费部分的收入在各类消费项目之间进行分配（如在文化、教育、娱乐消费项目和基本生存所需项目之间进行分配），以及将可用于储蓄部分的收入在各类金融资产和实物资产之间进行分配；消费者收入的消费—购买选择则是指消费者将分配于出版产品消费项目的货币用于最终购买时，对具体出版产品的类别、生产者、内容，以及消费时间、地点和方式进行选择。在出版产品消费的决策和实施过程中，时间支出也要经过类似于上述层次的细分。

用"理性经济人"思想来看，出版产品消费者在消费过程中会追求个人收益的最大化，而这种追求个人收益最大化的自由行为会无意识地、卓有成效地增进社会的公共利益，产生一定的外部收益。例如，个人从对出版产品的消费中获取知识、信息，不仅提高了自身文化程度，进而得以接触更多的机会，而且提高了整个社会的文明程度，减少了社会的无序性。

二　传播学视野中的出版产品消费者行为模式

传播学认为，受众对媒介消费的过程是一个使用与满足的基本过程（见图4-5）。人们接触和使用媒介是为了满足他们的特定需求，而实际的媒介使用行为的发生需要两个条件：首先要有接触和使用媒介的可能性，如有可供选择和消费的期刊、电子图书等物质前提；其次是对媒介的感受和印象，即对于媒介能否满足自己的现实需求的评价，这是建立在以往媒介接触经验之上的。根据自身对媒介的感受和印象，受众在特定的媒介或内容中做出选择，开始具体的媒介使用行为，例如是选择网络阅读，还是纸质阅读。媒介接触和使用行为的结果可能有两种，即需求得到满足或没有得到满足，这是就个人层次而言的，在个人层次之外，受众的媒介使用行为会对他人或社会产生一定的影响。在某次媒介使用过程中，无论受众的需求满足与否，满足的程度如何，其结果都将影响到以后的媒介接触与使用行为。受众会根据媒介使用的结果来更新已有的媒介印象，在不同程度上改变对媒介的期待。

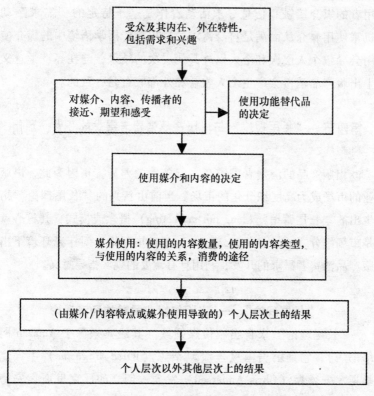

受众及其内在、外在特性，包括需求和兴趣

对媒介、内容、传播者的接近、期望和感受

使用功能替代品的决定

使用媒介和内容的决定

媒介使用：使用的内容数量，使用的内容类型，与使用的内容的关系，消费的途径

（由媒介/内容特点或媒介使用导致的）个人层次上的结果

个人层次以外其他层次上的结果

图 4 – 5　传播学视野中的媒介使用与满足模式①

　　出版产品的消费行为无疑是符合这一传播学理论模式的。传播学视角下的出版产品消费行为模式与经济学视野中的出版产品消费行为模式存在诸多可以融通之处。例如，传播学中的使用与满足理论将信息使用者视为有特定"需求"的个人，将信息使

---

　　①　本书作者按照自己的理解，整合了相关传播学理论模式（［英］丹尼斯·麦奎尔、［瑞典］斯文·温德尔：《大众传播模式论》，祝建华、武伟译，上海译文出版社 1997 年版，第 110—118 页），绘制出该模式图。

用者的媒介接触和信息寻求活动看作是基于特定的"需求"动机来使用媒介从而满足自身需求的过程；传播学语境中的媒介使用会导致个人层次和个人以外其他层次的结果，与在经济学意义上出版产品消费会产生个人收益和外部收益是一致的。

第四节 "长尾理论"与出版产品消费者需求的开发、利用

出版产品的消费者需求存在着极大的差异，正因为此，出版业的市场成为高度细分化的市场。当前由新兴的"长尾理论"衍生出的"长尾营销"（long tail marketing）概念或模式，其核心就是市场细分（market segmentation）。"长尾理论"对于新环境下出版产品消费者需求的开发、利用具有重要的现实指导意义。

一 "长尾理论"——出版传媒业贡献的经济理论

"长尾理论"来自出版传媒领域（其经典来源于 Amazon 网络书店），它是由美国《连线》杂志（*Wired Magazine*）主编克里斯·安德森（Chris Anderson）发现、创立的。克里斯·安德森在 2004 年发表于《连线》杂志的《长尾》（*The Long Tail*）一文中最早提出、阐述了这一理论，用来描述诸如 Amazon、Netflix 之类网站的商业和经济模式。2006 年，克里斯·安德森出版了专著《长尾理论》（*The Long Tail: Why the Future of Business Is Selling Less of More*），一时风靡于商界和理论界。可以说，"长尾理论"是来自于出版传媒业、由出版传媒人贡献的经济学理论之一。在某种程度上，这一理论说明互联网和信息产业不仅可以促进"大众文化"的流行，而且也能够为"小众文化"发展提供更多的出路。

与"长尾理论"相对应的是"二八定律"。"二八定律"来

源于 1897 年意大利经济学家帕累托（Pareto）归纳出的一个统计结论。帕累托在研究了个人收入的统计分布之后发现少数人的收入要远多于大多数人的收入，20% 的人口享有 80% 的社会财富，他据此提出了著名的 Pareto 定律（个人收入 X 不小于某个特定值 x 的概率与 x 的常数次幂存在简单的反比关系），即"二八定律"。当然，这并非一个准确的比例数字，而是表现了一种大体的比例关系，即少数主流的人（或事物）可以造成主要的、重大的影响。因此，在商界，为了提高效率企业习惯于将注意力放在那些有 80% 客户去购买的 20% 的主流商品上，着力维护购买其 80% 商品的 20% 的主流客户。

传统的"二八定律"认为，20% 的客户贡献了 80% 的市场业绩，或者说 20% 的热门、畅销产品创造了 80% 的市场销售额。对于传统出版业而言，"二八定律"也发挥着主要作用，例如，占产品总数的比例为 20% 的畅销书为出版商贡献了 80% 的利润，出版商、发行商 80% 的市场由 20% 的少数客户群创造。而"长尾理论"认为，只要存储和流通的渠道足够大，需求较少或销量不佳的产品（"长尾产品"）共同占据的市场份额，可以与那些数量不多的热销产品所占据的市场份额相匹敌甚至更大。一项由麻省理工学院、普度大学和卡内基·梅隆大学的学者合作的研究表明：Amazon 47.9% 的图书销售额来自销售排名第 4 万种以后的图书（美国最大的独立书店的陈列品种是 4 万，这意味着 Amazon 接近 48% 的销售额来自那些在独立书店见不到的图书）；39.2% 的销售额来自销售排名第 10 万种以后的图书，即那些传统书店通常不进货的"长尾图书"[①]。Amazon 的员工对长尾经营

---

① 练小川：《幂律、长尾理论和图书出版》，《数字时代出版产业发展研究》，高等教育出版社 2007 年版，第 176 页。

模式进行了如下描述："我们现在销售的过去卖不掉的书超过了我们现在销售的过去卖得掉的书。"① 而据"长尾理论"的发现者克里斯·安德森估计，Amazon 的长尾图书（销售排行第 10 万名以后的图书）的销售额占总销售额的比例达 25% 左右②。

二　数字时代出版传媒对消费者差异化需求的开发

"长尾理论"与"二八定律"是相对而言的。"二八定律"对应的是 mass market（大的、集中的市场），在这样的市场上，80% 的利润来自 20% 的用户是说得通的。而"长尾理论"对应的则是以前被忽略的 niche market（小的、分散的市场）。如果大量的 niche market 累积起来，其总和就有可能超过 mass market 的份额。

需要强调的是，"长尾理论"存在的前提是满足个性化需求的产品可以通过互联网将渠道成本降为零或者趋于零，因此，互联网应用水平和产品的数字化程度是决定"长尾理论"能否存在的关键因素。

"长尾理论"对出版业最大的启示就在于，在新的网络技术环境下，出版机构在努力开发为数较少的畅销产品的同时，应该充分关注出版产品消费者的多样化、差异化需求，尤其是以往被忽略的一些"小众需求"；数字化环境下的出版内容提供商应该主动发挥差异化、个性化生产的优势，注重开发、利用受众的差异化需求。在这方面，国内外网络书店的做法比较成功。例如，Amazon 采用了协同过滤系统（collaborative filte-

---

① 参见 http：//en. wikipedia. org/wiki/Long_ tail。
② 练小川：《幂律、长尾理论和图书出版》，《数字时代出版产业发展研究》，高等教育出版社 2007 年版，第 176 页。

ring)，当顾客主动显现自己的需求后，进行关联推荐，即通过研究顾客的浏览历史和购买记录来对其他顾客进行消费指导（如"购买此商品的顾客也购买过……"），其目的在于利用消费推荐带动对长尾商品的需求，我国的当当网、卓越网也有类似的做法。

第五节　出版产品需求与消费的实证分析——以期刊媒介消费市场为例[①]

期刊作为一类重要的媒介产品，具有自身的经济特性：期刊在出版周期上的连续性和固定性，是图书、音像等传媒所不具备的，而这种属性正是便于文化商品进入市场流通的有效因素；期刊产业也符合经济学领域衡量产业的两个核心要素，即规模化和标准化。因此，以期刊为例对出版产品需求和消费状况进行实证分析极具典型意义。

当今时代，期刊是记载和推动社会文化变迁的重要载体，阅读期刊已成为人们一种固定、亲密的文化消费方式。期刊消费是文化消费的重要组成部分，也是一国文化生态的真实反映。读者消费对期刊业的发展影响重大，读者消费力的提升和消费结构的变化，客观上能为期刊发行和广告市场提供新的发展机会。

---

① 本节内容于 2004 年被《中国期刊年鉴 2003/2004》采用为专题论文，题目为《中外期刊消费市场比较分析》（中国期刊协会主编：《中国期刊年鉴 2003/2004》，中国大百科全书出版社 2004 年版，第 159～167 页）。为保持本节内容中数据的整体一致性，一些数据暂且没有更新为最新数据，但也还能在一个时段内作为基本的参考材料。

一　中外期刊市场需求状况分析

一个国家或地区的期刊市场需求主要取决于读者数量、读者年龄结构和文化结构、读者所拥有的阅读时间以及购买力等要素。以下将从这几个方面对中外期刊市场需求进行比较分析。

（一）读者基本状况比较

期刊读者的基本状况包括读者的数量、年龄结构、文化程度等因素，这些因素会对期刊消费市场的规模和结构产生不同程度的影响。从读者的数量、年龄结构、受教育程度等方面对中外期刊消费特点进行比较分析，有助于我们了解中外期刊消费市场状况。

1. 读者数量。一个国家或地区的期刊市场拥有多少读者，取决于这个国家或地区拥有的总人口量以及其中识字人口所占的比例。据 2003 年 2 月中国国家统计局公布的《2002 年经济和社会发展统计公报》，2002 年末中国总人口约为 12.85 亿；据美国人口普查局 2002 年 2 月 6 日发布的报告，美国人口为 2.81 亿；据日本总务省公布的统计结果，到 2002 年 3 月底日本全国总人口约为 1.26 亿；而整个欧洲的总人口也不过 7.26 亿。由此可见，我国期刊市场蕴藏着巨大的需求潜力。

就识字人口所占比例而言，我国与发达国家相比还处于相对落后的状况。据联合国开发计划署《2003 年人类发展报告》，我国的成人识字率仅为 85.8%，不仅低于美、日、英、法、德、意、俄等国（前五国均为 99%，意大利为 98.5%，俄罗斯为 99.6%），而且低于越南（92.7%）等欠发达国家。由于我国人口基数大，所以读者群体仍然十分庞大，我国期刊市场的消费潜力非常可观。

2. 读者结构。读者的构成情况直接决定期刊市场需求结构，这可从读者的年龄结构和文化结构两个方面来分析。

就读者的年龄结构而言，据《2003 年人类发展报告》，我国
15—64 岁人口占总人口的 68.7%，高于西方发达国家。虽然我
国也正迈入老龄化社会，但我国 15—64 岁人口占总人口的比例
仍在继续上升。15—64 岁年龄段跨越了高中、大学和职业生涯，
是人生最重要的阶段，这个阶段的读者阅读面广，阅读欲望强
烈，文化需求最为旺盛。15—64 岁年龄段的读者是期刊消费群
体的主要组成部分，这部分人口的增加有利于繁荣期刊市场。

读者的文化程度实际上是估测一个国家或地区现实读者数量
的重要依据。读者文化程度的高低，与其阅读欲望的强弱、阅读
面的宽窄和阅读量的大小直接相关。中学净入学率是中等教育学
生总数与中等教育适龄人口的比例。中等教育的普及是教育现代
化的重要体现之一。据联合国开发计划署《国际统计年鉴
2002》，我国的中学净入学率为 50.3%，低于美国（90.2%）、
日本（96.8%）、德国（87.8%）、英国（93.7%）、法国
（94.2%）等西方发达国家，也低于近邻韩国（96.9%）。每 10
万居民中的大学生数，反映的是居民中受高等教育的人才比例。
我国的这一指标为 192 人，西方发达国家这一指标普遍在
2500—7000 人之间。这说明我国国民中高级人才的比例过低，
这对期刊的消费市场规模有不利影响。

（二）读者阅读时间比较

对于媒体的受众来说，货币和时间都具有稀缺性；而对于媒
体经营者和广告商来说，受众对媒体关注时间的影响更是非同小
可。读者每天的闲暇时间是有限的，这些闲暇时间中有一部分是
分配给阅读和其他精神文化活动的，而在有限的阅读时间里，读
者又面临多元化的选择。

中国出版科学研究所在《中国出版物市场发展状况及趋势》
的报告中指出：中国国民识字者的图书和期刊阅读率均呈下降趋

势，而生活节奏加快和媒体多元化则是造成这种现象的重要原因。抽样调查的范围是全国 20 个城市及其所辖农村地区，18—70 岁的成年人共 6100 余人。2003 年国民识字者中图书的总体阅读率为 51.7%，比 1998 年下降了 8.7 个百分点；期刊阅读率为 46.4%，而 1998 年国民的期刊阅读率超过了一半，达到了 57%。调查显示，生活节奏紧张、没有时间成为阅读率下降的一个最重要的原因。阅读率持续降低与文化水平的高低关联在减少，而人们因为工作、学习和生活忙碌没有时间阅读的问题变得越来越突出。从阅读的目的来看，"增加知识，开阔眼界"仍是国民阅读出版物目的首选，但比例逐年下降，而"满足兴趣爱好"和"消遣娱乐"的比例开始上升。调查结果表明，媒体的多元化形成了众多新兴媒体对传媒纸质媒体市场的分割，是导致国民阅读率下降的另一个重要原因。从国民的媒体接触率来看，高居前三位的仍是电视、报纸和图书，但互联网等新兴媒体日益深入人们的生活，带来人们阅读习惯的改变。

在西方发达国家，受众完全处于各种媒体和娱乐产品的包围之中（见表 4-6）。根据表 4-6 中的数据可以计算出，美国成年人平均每天花费在媒体和娱乐上的时间为 9.3—9.4 个小时，人均每天用于阅读的时间约为 54.6 分钟，用于期刊阅读的时间约为 13 分钟。

由于目前我国社会生产力水平还不高，服务业还不发达，而社会生活节奏正日益加快，人们的闲暇时间占有量是有限的。部分发达国家居民的闲暇时间虽多于我国，但是发达国家的文化娱乐生活更趋多元化，发达国家居民用于期刊消费的时间不一定高于我国。例如，由于电视、电台以及互联网的竞争，美国国民对报纸和期刊的消费近年来一直在衰退。

表 4-6　美国 18 岁以上居民的媒体和娱乐时间分配情况①　　单位：小时

年份	1998	1999	2000	2001
总小时数	3402	3405	3429	3440
电视	1552	1548	1555	1551
电台	1085	1076	1074	1072
音乐唱片	303	313	325	336
日报	157	155	154	153
日常杂志	80	80	79	79
日常图书	96	97	98	99
家庭录像	54	56	58	60
电影院	12	12	12	12
互联网	30	33	37	39
家庭游戏	31	33	35	37
教育软件	2	2	2	2

（三）读者购买力比较

2003 年我国人均 GDP 为 9030 元，城镇人均可支配年收入为
8472 元，农民纯收入为 2622 元。世界银行《世界发展指标
2003》的数据表明，中国的人均年国民收入（890 美元）不仅低
于美（34280 美元）、日（35610 美元）、德（23560 美元）、英
（25120 美元）、法（22730 美元）等发达国家，与世界平均水平
5120 美元也相去甚远。②尽管如此，经过数十年的建设与发展，
我国人民群众物质生活水平有了很大提高，恩格尔系数平均已降

① 转引自曾华国《媒体的扩张》，南方日报出版社 2003 年版，第 18 页。
② 中国现代化战略研究课题组、中国科学院中国现代化研究中心：《中国现代
化报告 2004——地区现代化之路》，北京大学出版社 2004 年版。

153

文化与经济的博弈：出版经济学理论研究

到 0.5 以下，城市已降到 0.4 以下，人民群众对包括期刊等出版物在内的精神文化需求正在迅速增长，消费能力大大增强，鉴赏水平不断提高，呈现出多层次、多形式、多样化的特点。

二　中外期刊消费状况分析

期刊市场需求状况直接决定着期刊的消费状况，而期刊市场需求需要通过期刊消费来实现，消费是需求的结果。受所处国家的经济、文化、科技、教育发展水平的影响，中外期刊的消费状况也是存在差异的。

（一）外国期刊消费状况分析

期刊的阅读率是指一个识字者群体中阅读期刊的人数占该群体总人数的比例。发达国家由于经济、文化发达，社会竞争激烈，公众对期刊的消费欲望较强烈，因此其期刊阅读率也较高（见表 4 - 7、表 4 - 8）。

表 4 - 7　　　　部分国家期刊每期的男性成人阅读率①　　　　单位:%

	消费类期刊	女性期刊	电视指南	综合类期刊	专业类期刊
澳大利亚	87.1	22.1	19.7	18.0	35.0
巴林*	6.4	0.1	—	5.6	0.7
捷克	90.1	14.0	77.1	28.6	48.0
丹麦	—	8.0	45.0	23.0	—
埃及*	20.0	2.1	1.7	0.2	17.6
爱沙尼亚*	75.4	11.5	56.2	44.4	35.1
芬兰	97.0	37.0	28.0	56.0	79.0

① International Federation of the Periodical Press（FIPP）（2004）. *World Magazine Trends 2003/2004.*

续表

单位:%

	消费类期刊	女性期刊	电视指南	综合类期刊	专业类期刊
法国	—	33.7	82	54.5	58.7
匈牙利◎	72.7	25.3	50	19.9	2.5
印度尼西亚	18.0	3.0		2.0	4.0
意大利#	62.4	—	—	—	—
约旦*	0.8	—	—	0.5	0.3
拉脱维亚*	53.5	28.2	30.5	13.7	40.1
黎巴嫩◎	22.5	10.5	0.5	2.5	4.5
立陶宛*	40.3	14.6	19.2	14.8	23.0
波兰	68.3	27.3	35.9	27.1	33.9
俄罗斯	19.5	8.7	6.9	5.5	—
沙特阿拉伯*	38.7	22.7	1.7	2.8	22.6
西班牙	47.1	11.4	2.7	12.2	34.9
瑞典	51.0	—	—	—	—
瑞士		15.7	56.1	70.1	53.0
阿联酋*	43.2	29.1		11.6	8.8
英国*	77.2	34.2	36.7	73.0	
美国	88.7	23.8	17.3	45.7	78.6

注：标"◎"的国家的数据为1999年数据，标"*"的国家的数据为2000年数据，标"#"的国家的数据为2001年数据。

表4-8　　　　部分国家期刊每期的女性成人阅读率[1]　　　单位:%

	消费类期刊	女性期刊	电视指南	综合类期刊	专业类期刊
澳大利亚	90.6	56.6	19.8	20.3	41.4
巴林*	12.2	4.4	—	8.8	0.1
捷克	91.9	32.1	76.4	33.9	29.8

---

[1] International Federation of the Periodical Press (FIPP) (2004). *World Magazine Trends 2003/2004.*

续表

单位：%

	消费类期刊	女性期刊	电视指南	综合类期刊	专业类期刊
丹麦	—	29.0	43.0	43.0	—
埃及 *	19.6	8.3	3.1	0.2	11.5
爱沙尼亚 *	82.0	38.4	60.2	52.7	42.7
芬兰	98.0	80.0	29.0	67.0	66.0
法国	—	57.9	85.0	58.7	62.6
匈牙利◎	77.7	48.7	52.8	20.9	1.4
印度尼西亚	19.0	9.0		1.0	2.0
意大利#	65.8	—	—	—	—
约旦 *	0.6	0.1		0.2	0.4
拉脱维亚 *	68.3	57.1	52.0	19.1	43.0
黎巴嫩◎	35.1	28.9	0.7	3.6	2.7
立陶宛 *	54.9	39.9	18.5	24.2	20.3
波兰	82.4	69.1	39.4	35.8	26.8
俄罗斯	37.5	28.7	9.0	7.0	—
沙特阿拉伯 *	47.1	41.4	0.5	5.2	7.1
西班牙	55.4	37.2	5.0	7.3	48.1
瑞典	59.0				
瑞士	—	37.3	59.1	75.8	58.5
阿联酋 *	68.2	55.8	*	10.4	17.0
英国 *	84.7	72.2	38.3	66.3	—
美国	91.3	70.1	23.5	52.1	75.2

注：标"◎"的国家的数据为1999年数据，标" * "的国家的数据为2000年数据，标"#"的国家的数据为2001年数据。

发达国家较高的期刊消费水平还可以通过人均期刊拥有量这

一指标来体现。以法国为例，法国是一个历史悠久的文明国度，法国人崇尚文化，讲究素养，人们的生活中有一个良好的习惯，那就是大量地阅读报刊。法国是世界上阅读期刊最多的国家之一，2002 年，法国期刊付费发行量为 22 亿册（25 年间上升了 65%）。法国平均每人阅读期刊 6.9 种，男性平均每人阅读 6.4 种，女性平均每人阅读 7.3 种。年轻人是阅读期刊最多的人群：15—24 岁的青年人平均每人阅读期刊 7.9 种。在美国，80% 以上的家庭每年阅读或购买至少 1 种期刊，期刊读者的受教育程度、收入水平都在全国平均水平之上，其年龄大多在 55 岁之前，18—24 岁为阅读期刊比例最高的年龄群体。在美国，平均每本期刊的被阅读时间大约为 45 分钟。2002 年，美国平均每户家庭每年买 6 种不同的期刊，大约 10 户中有 6 户同时订阅和在书报摊和其他零售点购买期刊。近年来，英国的期刊消费市场呈现出这样的特点：各类期刊读者总数稳定，阅读人口收入水平较高。在英国，超过 1/4 的成人（约 1200 万人口）是至少 1 种专业期刊的每期必读者。这些人的收入高于平均水平，其中大约一半人很少看商业性电视节目，90% 的人在期刊上阅读广告。读者人数最多的专业期刊是音乐类期刊，吸引了这 1200 万人口中的 18.3%。商业和职业类期刊在其针对的专业市场中享有很高的阅读率，95% 的商业和职业人士定期阅读与他们行业相关的期刊，平均每人阅读 4 种不同的刊物。[①]

很长时间以来，英国的广告客户和广告商已经不满足于"英国全国阅读调查"（National Readership Survey，NRS）所提供的信息。从 1998 年开始，英国广告从业者协会（the Institute

---

① 余敏：《2002—2003 国际出版业状况及预测：国际出版蓝皮书》，中国书籍出版社 2003 年版，第 95 页。

of Practitioners in Advertising，IPA)、英国广告主联合会（the In-corporated Society of British Advertisers，ISBA）和英国期刊出版商协会（PPA）联合投入50万英镑来开展"阅读质量调查"（the Quality of Reading Survey，QRS)，期望通过这一举措来提供有关期刊阅读的全面详尽的数据资料，以弥补"英国全国阅读调查"（NRS）数据的不足。《阅读质量调查报告》旨在让广告主、媒体决策者、消费者更深刻地认识印刷媒介的价值。调查结果显示，在英国，平均每本消费类期刊的被阅读时间约为53分钟，平均每份报纸增刊的被阅读时间约为25分钟。国外还以期刊的"页面翻阅次数"（Page Exposures，PEX）来衡量读者对期刊的重复阅读行为，"页面翻阅次数"是指平均每位读者翻阅期刊每一页的次数。英国的《阅读质量调查报告》（QRS）显示，期刊的平均页面翻阅次数为2.5次，也就是说读者要完成对一本期刊的阅读行为，要对期刊的每页阅读2.5次。这一指标为期刊广告商提供了衡量广告效果的依据。

针对期刊消费市场"分众化"的趋势，发达国家的期刊经营者十分重视对期刊市场进行细分，对期刊准确定位。国外期刊界的专业化细分潮流始于20世纪50年代，到了现在仍然是欧洲期刊业的热点话题，真可谓"食不厌精，脍不厌细"。以法国妇女期刊的细分定位为例，在人口不足6000万的法国，妇女期刊多达100余种，因其细分市场且定位准确，这100余种妇女期刊不仅没有"撞车"，还呈现良好的发展态势，如名刊《ELLE（她）》主要面向城市职业妇女，《玛丽·克莱尔》面向富裕妇女，《玛丽·费朗斯》则主要面向中产阶级妇女阶层。德国《明镜周刊》出版的《Manager》杂志，为其第一本分刊，以高级经理人为受众，发行量不过几万份，利润却是集团内部最高的几本杂志之一。这本杂志读者群的89%为男性，平均年龄40岁左右，77%受过高等教育。① 另一方面，发达国家的期刊市场细分化又加强了期刊的专业化趋势。例如，德国《Manager》杂志衍生出了一本新的刊物《Harvard Business》，其中60%的内容来自美国哈佛商学院，30%—40%来自德国专业人士。这本《Harvard Business》更加专业，理论性更强，目前在德国市场上没有竞争对手，虽然计划发行量只有15000册，其利润仍然非常丰厚。

（二）中国期刊消费状况分析

由于受国民收入水平、受教育程度和消费习惯等因素的影响，我国的期刊消费水平与发达国家存在较大差距。我国人均年占有期刊量仅为两册，这与日本、美国和欧洲一些国家还有很大差距。例如，如果以人均消费水平比较，日本期刊消费量是我国的十几倍，这说明我国期刊业拥有非常广阔的发展空间。②

我国的期刊阅读率也较西方发达国家低（见表4－9、表4－10，表中数据为2003年数据）。根据中国出版科学研究所"2004年全国国民阅读与购买倾向抽样调查"的结果，2003年我国识字者期刊阅读率为46.4%（此处识字者期刊阅读率是指每月至少读一种期刊的读者总体与识字者总体之比）。以城乡户籍划分，我国城镇居民的期刊阅读率为67.2%，农村居民的期刊阅读率为39.1%。与前两次调查结果相比，我国城镇居民和农村居民的期刊阅读率均呈下降趋势。我国国民期刊阅读率的下降与媒体多元化及人们对媒体选择的分散趋向有关。

---

① 孙茂：《欧洲期刊业发展趋势——国际化 细分市场 行销多元》，http://www.3stonebook.com.cn。

② 张晓明、胡惠林、章建刚主编：《2004年中国文化产业发展报告》，社会科学文献出版社2004年版，第135页。

表 4 - 9　　　　　按读者特征划分的我国期刊阅读率①　　　　　单位:%

人口特征		每月一种	每月两种	每月三种及以上
性别	男性	54.2	28.3	17.4
	女性	57.0	29.9	13.0
年龄	18—19 岁	59.3	16.0	24.7
	20—29 岁	54.2	28.6	17.2
	30—39 岁	57.8	31.3	10.9
	40—49 岁	60.2	28.0	11.8
	50—59 岁	50.5	33.4	16.1
	60—70 岁	35.4	39.6	25.0
文化程度	小学及以下	77.6	4.7	17.8
	初中	59.1	29.4	11.5
	高中	59.7	27.4	13.0
	大专	38.5	41.6	19.9
	大本	40.8	33.0	26.1
	研究生以上	15.0	15.0	70.0

表 4 - 10　　　　　我国各类期刊的阅读率②

期刊类型	百分比	排序
文化娱乐	22.3	1
生活服务	19.2	2
文学艺术	9.7	3
新闻时政	7.5	4
自然科学技术	6.2	5

---

① 中国出版科学研究所:《全国国民阅读与购买倾向抽样调查报告（2004）》，第 100 页。

② 同上书，第 102 页。

续表

期刊类型	百分比	排序
社科学术	4.3	6
学习指导	3.5	7
经贸企管	3.4	8
卡通漫画	2.9	9
少儿读物	1.9	10
其他	0.7	

随着经济的发展和社会的进步，期刊消费日渐成为我国国民精神文化生活中不可或缺的需求。目前我国的期刊消费存在着以下突出特点：

1. 期刊品牌价值开始凸显，期刊品牌竞争的时代已经来临。目前，我国一些期刊品牌已经深入读者心中（见表4-11），但另一方面，随着社会生活节奏的加快，人们获取信息和娱乐的时间更加有限，期刊消费市场出现"分众化"、"小众化"的趋势。而在有限的阅读时间里，读者又面临多元化的选择。因此，我国期刊经营者要想稳定并拓展自己的读者群，必须走品牌经营之路，尽力满足读者个性化、深层次的需求，强化形象设计和读者忠诚度理念。

表4-11　　　读者经常购买的 TOP 10 期刊排名①

名次	2001 年	2003 年
1	读者	读者
2	知音	知音

---

① 中国出版科学研究所：《全国国民阅读与购买倾向抽样调查报告（2004）》，第108页。

续表

名次	2001 年	2003 年
3	家庭医生	青年文摘
4	女友	故事会
5	家庭	女友
6	故事会	家庭
7	青年文摘	家庭医生
8	当代歌坛	婚姻与家庭
9	妇女之友	人之初
10	演讲与口才　少男少女	爱人

2. 就整体而言，生活服务、文化娱乐和文学艺术三类期刊是我国读者最常阅读的期刊类别，但不同性别群体的期刊消费存在一定的差异。具体而言，2003 年，女性读者最爱阅读生活服务、文学艺术、文化娱乐、少儿读物和学习指导类的期刊，而男性读者更喜好阅读自然科学技术、社科学术、新闻时政、卡通漫画和经贸企管类期刊（见图 4 - 6，图中数据为 2003 年数据）。

3. 在读者消费期刊的来源上，我国期刊消费已由公费为主转向自费为主。2003 年我国读者自费购买期刊的比例为 55%。我国自费为主购买期刊的消费市场已经基本形成。2003 年 7 月，中央办公厅、国务院办公厅联合发出了《关于进一步治理党政部门报刊散滥和利用职权发行，减轻基层和农民负担的通知》（中办发〔2003〕19 号），严禁各级党政部门再强行向基层摊派报刊。针对以上情况，一些期刊社要从关注集团消费向关注个人消费的方向转移，在策划、编辑、营销等环节调整经营策略。

4. 我国读者的网络阅读习惯还有待培养，但网络与电子期刊具有较大发展潜力。据第十四次《中国互联网络发展状况统计报告》，截至 2004 年 6 月 30 日，我国上网用户总数达 8700 万，

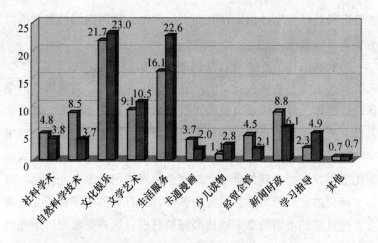

图4-6 按性别划分的我国各类期刊阅读率①

比2003年同期增长27.9%；以网上购物为最主要目的的网民比例由2003年同期的0.2%上升为0.3%。但是目前我国国民电子出版物的阅读率还比较低，只有4.4%的人阅读过电子出版物，其中有58.8%的阅读者认为价格比较贵；只有7.5%的人有网上阅读的习惯，且多数为年轻人。② 所以，现阶段网上阅读还不足以冲击传统的阅读方式。尽管如此，网络与电子期刊仍然可以成为我国出版业发展电子商务的一个重要突破口。目前我国许多期刊社已建立了自己的网站，网络业务正在成为期刊出版的一个新增长点。

（三）结论与启示

通过对中外期刊消费市场的比较分析，我们发现我国的期刊

① 中国出版科学研究所：《全国国民阅读与购买倾向抽样调查报告（2004）》，第103页。

② 参见http：//www. abc88. com/yejie/dierjiequan. htm。

消费市场规模与发达国家存在相当的差距，我国国民的期刊消费水平还有待提高。

随着我国社会的转型，我国期刊市场结构将发生重大变化。各类新兴工商企业和科技文艺团体中的读者正成长为我国新的期刊消费群体，城乡读者自费购买期刊的市场在逐步扩大，老龄化人口、流动人口、自由职业阶层将成为新的读者群落。而且对中国期刊经营者来说，中国入世带来的整个受众心理和消费方式的变化也不容忽视。新的世纪，期刊业呈现出期刊服务立体化、市场多样化的发展趋势。新世纪的读者群有着更趋多元化的文化需求，而且期刊市场的单一结构必将被打破，这都要求中国期刊经营者树立全方位的立体服务意识。

由于期刊读者群的"分众化"趋势将更加明显，我国的期刊经营者要密切关注国内外市场，对市场动态进行细致的分析；认真调查读者需求，针对市场需求和读者需要来确定自己的目标市场和目标读者；通过认识潜在读者群的价值和阅读取向，确立办刊理念和选择有发展前景的期刊类别，这样才能相对容易地制订相应的选题、广告、品牌推广计划。从国内现有期刊格局看，当前至少有以下机会值得重视：电视期刊，独具特色的小众化期刊，更加细分的专业期刊，旅游、保健、环保、婚礼和社会新兴行业所需的期刊，价位较低的期刊。期刊经营者只要敏锐地观察，会发现现实生活中有许多空当，如果及时创办一些期刊，肯定会有市场。

第五章

出版产品供给与出版机构
生产行为研究

印刷文本的经济学更多涉及计划、风险和其他市场行为等。印刷者只能依靠不确定的市场需求来估计生产数量。①

——大卫·柴瑞特

出版商必须懂得利润是什么以及如何在现有出版环境中获得利润，这样他们才能拥有适应新结构和新环境的基础。②

——托马斯·沃尔

供给是指厂商（生产者）在某一特定时期内，在每一价格水平上愿意而且能够供应的商品量。经济学中的供给概念其实强调了三点：一是生产者愿意供给；二是有供给能力；三是特定时间内的供给。出版产品供给，就是指出版者于特定时段内在每一价格水平上愿意而且能够提供的出版产品数量。

---

① Zaret, David (1999). *Origins of Democratic Culture: Printing, Petitions, and the Public Sphere in Early – Modern England*. Princeton, New Jersey: Princeton University Press, p. 136.

② ［美］托马斯·沃尔：《为赢利而出版：图书出版商底线管理成功指南》，杨贵山译，中国人民大学出版社 2005 年版，第 263 页。

供给的概念包括有效供给与无效供给两方面。生产者在既定价格下愿意而且能够出售的商品量即有效供给；反之，生产者在既定价格下愿意但不能够出售的商品量则为无效供给。如果单从生产者的角度来分析，在出版产品与价格发生联系且价格对出版产品供求有至关重要的影响的前提下，有效供给是指出版机构除了受客观的技术条件与主观动机制约外，还受其他客观条件的约束。这里所谓的其他客观条件的约束，主要是指以某一价格供应出版产品后，出版企业是亏损还是赢利。反之，出版产品的无效供给是指出版机构在技术和能力允许的范围内，通过配置一定资源，将出版产品提供出来，只受技术条件及主观动机制约，不考虑以某一价格提供出版产品是否亏损的问题。以上对有效供给和无效供给的分析，主要是从生产者的角度出发的。事实上，出版产品的供给是否有效，还涉及消费者效用与选择问题：消费者对某种出版产品的内容、价格等因素是否愿意及能否接受，消费者能否便捷地获知出版产品信息和获取出版产品（即出版市场的商流、信息流和物流是否顺畅）。当前，中国出版业出现的滞胀现象[①]，与微观出版组织的运行情况有很大关系。可以说，出版业内突出存在的缺乏原创产品，重复、跟风出版严重，市场信息

---

① 巢峰先生在《中国图书出版业的滞胀现象——兼论出版改革的症结所在》（载《中华读书报》2005年1月26日，第6版）一文中，将中国图书出版业滞胀现象的表现总结为10点：1. 图书品种急剧上升，每种年平均销售册（张）数急剧下降；2. 图书销售册（张）数增长率，远远低于国内生产总值增长率；图书销售册（张）数，从1999年开始呈下滑趋势；3. 人均购书册数二十几年变化不大，近年又呈下滑趋势；4. 图书总定价增长远远高于总印张增长；5. 图书出版成本年年上涨，居高不下；6. 近期出版利润停滞不前，已呈下滑趋势；7. 图书发行折扣愈打愈大，图书退货率不断上升；8. 图书货款结算期愈来愈长，信用危机愈演愈烈；9. 图书销售设施（书店面积）大幅度增加，销售成本不断提高；10. 图书库存金额直线上升，资金周转缓慢。巢峰先生认为，造成出版业滞胀现象的原因是追求经济效益的出版体制。

不畅，成本和定价上涨过快等弊病，导致微观出版组织提供的一部分产品成为无效供给，反映在整个行业层面，就引致了出版业的滞胀现象。因此，无论对于行业运作实践还是对于出版经济理论研究来说，分析微观出版组织的供给特征和生产规律是很有必要的。

第一节　出版产品供给的基本规律

出版活动植根于一定的社会土壤，出版产品供给行为因受到社会政治、经济、文化等诸多因素的影响，而具有其复杂性。我们首先将从影响出版产品供给的多维因素、出版产品的供给曲线与供给弹性入手，来分析出版产品供给的基本规律。

一　影响出版产品供给的多维因素

生产者、经营者供给行为的实现，必须具备两个条件：其一，有生产或出售商品的愿望；其二，有供应能力。出版行业的生产者、经营者在一定时段内愿意并且有能力提供何种出版产品以及提供该种出版产品的数量，受制于许多因素，其中对出版产品市场供给影响很大的因素主要有以下几点。

1. 技术因素。出版技术水平是决定出版行业生产效率的重要因素。出版技术水平不仅影响出版产品的供给数量，而且对出版产品的质量和种类也具有重要影响，这一点在中外出版史上已经得到明证。当出版技术得到提高、创新时，出版机构可以在同一价格水平下提供更多数量的出版产品，同时技术进步能降低出版机构的生产成本（如排版、录入、装帧设计和复制等费用），缩短出版周期，提升产品质量，从而提高出版活动的整体效率和效益。

2. 价格。在市场条件下，价格是影响出版产品供给的重要因素。此处的价格因素主要指商品自身价格、生产要素价格、相关商品价格等。出版产品自身价格直接影响出版企业获得效益的高低和利润的多少；生产要素价格的变化直接影响出版产品的生产成本，从而影响出版产品的价格及出版企业所获得的利润，最终将导致出版供给的变化；在现有出版产品存在可替代性的前提下，相关出版产品的价格也会影响该出版产品的供给。

3. 出版物需求状况。社会公众对出版物的需求状况和发展趋势，对出版机构的供给决策和活动有较大影响。关注、适应市场需求是商品供给者实现经营目标的重要方式和手段。在出版行业，出版机构理应充分关注社会公众的精神文化需求状况，积极适应、引导消费者对出版物的需求。

4. 出版企业所奉行的战略与策略。不同的战略与策略将导致供给在不同方向的变化。例如，出版企业在出版产品生命周期的不同阶段所实施的不同战略与策略，使出版产品供给的数量与方式产生变化。又如，出版物零售企业实施"零库存"策略，必然会对出版产业链上游的出版机构、中间经销商的供给行为产生一定影响。

5. 出版企业对未来行情预期。出版企业对出版产品未来行情的预期，直接决定其供给决策行为，如出版机构实施选题策划，出版物销售企业进货，都在很大程度上取决于对未来行情的预期。如果出版企业对某种出版产品的未来行情看好，例如，可能会产生较好的社会效益和经济效益，则制订供给计划时就会增加某种出版产品的供给。反之，如果出版企业对某种出版产品的未来行情并不看好，那么在制订供给计划时，就会减少供给。

6. 政府的出版产业政策。在宏观经济政策方面，政府增加财政支出（如建立出版基金、对出版机构进行经济资助等）、减免出版产业的税收等，都有利于增加出版供给。在产业政策方面，政府实施的鼓励和保护有序竞争的出版产业组织政策、促进优化的出版产业结构政策、合理的出版产业布局政策，均会激励出版产品的供给。

供给函数是用公式表示的某一特定时期内商品的供给量与决定这一供给量的因素之间的关系。假定出版产品的供给量与出版产品的价格具有无限的分割性，并将价格等因素视为自变量，将供给量作为因变量，则出版产品的供给函数可以用如下形式表示：

$$Q_s = f(P, P_s, P_c, T, Z, \cdots)$$

其中，Q_s 为供给量，P 代表商品的价格，P_s 代表相关商品价格，P_c 代表生产要素价格，T 代表生产技术水平，Z 代表政策因素，…代表其他变量。

出版行业自身状况和现实外在环境的复杂性决定了我们不可能同时对各种影响出版产品供给的变量都进行分析，但我们可以假设其他因素既定，就出版产品自身价格与供给量之间的关系进行局部均衡的分析。如果假定其他因素不变，专门考察出版产品的供给量与出版产品本身价格或相关商品价格、生产要素价格之间的关系，则出版产品的供给函数可简化为：

$$Q_s = f(P) \text{ 或 } Q_s = f(P_s) \text{ 或 } Q_s = f(P_c)$$

二　出版产品的供给曲线与供给规律

供给曲线是用来表示商品的供给量与价格关系的曲线。在其他因素既定的前提下，出版产品的供给量与价格之间的关系可以用图 5-1 的曲线描述，图 5-1 中的横轴 OQ 表示出版产品供给量，纵轴 OP 表示出版产品价格，S 为供给曲线。供给曲线 S 由左下方向右上方倾斜，表示供给量与价格同方向变动，供给量随着价格的上涨而增加，随着价格的下跌而减少。

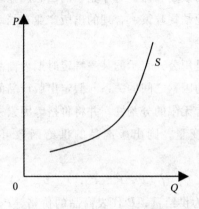

图 5 - 1　出版产品的供给曲线

我们可以进一步将出版产品的供给规律作如下表述：在其他
条件不变的情况下，出版产品的供给量与出版产品价格之间呈正
向变动关系，即供给量随着出版产品本身价格的上涨而增加，随
着出版产品本身价格的下降而减少。对于这一供给规律，必须加
以说明的是：

1. 这一规律在一定的政策条件下适用，但在很多政策环境
下则不适用或不完全适用（如政府对出版产品价格实行管制）。

2. 这一供给规律适用于大多数出版企业和出版产品，但对
于一部分出版机构（如政府出版机构、非营利组织出版机构及
特定环境下的部分出版企业）和一些特殊的出版产品（如政府
出版物、盲文出版物、义务教育阶段的教材等产品）并不完全
适用。

3. 任何一条出版产品的供给曲线只反映某一时期某类出版
产品的供给状况。

4. 供给曲线向右上方倾斜一方面反映了出版企业对经济效益的追求；另一方面也意味着在供给量增加的同时，成本会相应地提高。

5. 出版产品的供给对市场价格的反应较为滞后，较为普遍的情况是，一种出版产品经过一段时间的市场流通后，市场反响较好，在再版、重印时可能会提高定价，但也不尽然。

6. 作为微观经济组织的出版机构，在实践中决定供给量时通常是依凭经验判断，出版产品的本期（当前出版周期）价格并不一定由本期产量决定，出版产品的本期价格也不一定能决定下期（下一出版周期）产量，如一种图书的总印数主要受其读者群规模大小的影响，而与定价的关系并不明显。这一特点在传统出版领域表现尤为明显，印刷史研究专家柴瑞特（David Zaret）曾针对出版业供给的风险性指出："印刷文本的经济学更多涉及计划、风险和其他市场行为等。印刷者只能依靠不确定的市场需求来估计生产数量。"①

三　出版产品的供给弹性

所谓出版产品的供给弹性，是指出版产品的供给量对影响供给因素的变化所做出的反应程度。供给弹性通常是指供给价格弹性，即某一商品的供给量对其价格变化的反应程度，所以，出版产品的供给弹性也就是出版产品供给量变化之百分比与出版产品价格变化之百分比的比率，用公式可表示为：

$$E_s = \frac{\Delta Q/Q}{\Delta P/P}$$

---

① Zaret, David (1999). *Origins of Democratic Culture：Printing, Petitions, and the Public Sphere in Early － Modern England.* Princeton, New Jersey：Princeton University Press, p. 136.

其中 E_s 是供给弹性系数，Q 表示供给量，ΔQ 是供给量的变化量，P 表示价格，ΔP 是价格的变化量。

根据弹性系数的大小，供给价格弹性可分为五种情况：(1) $E_s = 0$，供给完全无弹性；(2) $E_s \to \infty$，供给完全有弹性；(3) $E_s = 1$，供给单位弹性；(4) $E_s > 1$，供给富有弹性；(5) $E_s < 1$，供给缺乏弹性。

在出版领域，不同种类和不同环境下的出版产品具有不同的供给价格弹性：政府出版物和义务教育阶段的免费教材等公共产品或准公共产品的供给缺乏弹性或无弹性；以市场模式运作为主的一般性大众出版物的供给存在一定的弹性。

但是，就出版行业整体而言，出版产品是缺乏供给价格弹性的。我们通过分析影响供给弹性的因素可以发现这一点。影响供给弹性的因素主要包括三个方面，即行业中调整生产的困难程度、产量增加引起的成本增加量、时间因素。不管是政府行政手段划分的结果，还是市场竞争机制形成的结果，出版机构都有自己的一个或多个专业出版范围，而另一方面，出版行业的产品差异性很大，这就决定了尽管出版行业中存在较普遍的跟风、重复出版行为，但对于大多数出版机构来说，转向其他出版领域将面临较大的挑战和困难，这一点在专业出版和教育出版领域表现尤为明显。从产量增加引致成本的角度来看，出版行业的生产中尽管存在着规模经济现象，随着产量的增加，平均成本会得到摊薄，但出版产品供给量的增加会提升交易成本、经营管理成本和存货成本。从时间因素来看，一些传统的印刷型出版物（如图书）的生产周期较长，这一特点决定了一部分出版产品的供给对市场价格的反应较为滞后。

必须提及的是，尽管供给弹性是就供给量与价格两者变动的关系而言的，但分析出版产品的供给弹性时，必须考虑价格以外的其他因素，出版行业的产品属性和文化使命也决定了出版机构不能只顾经济效益、无视社会效益，不能急功近利、急于求成。

第二节　出版生产函数与供给决策

出版物生产，是指出版业生产经营者利用一定的出版资源，按照市场需求生产出与之相适应的出版物产品的过程。[①] 出版物生产是文化生产的重要内容，也是出版产业链之中的重要环节。

一　出版产品的生产函数

在经济学看来，出版产品的生产过程就是一个从投入到产出的过程。经济学将所有不同产品和行业的投入产出关系用一个共同的术语来表达，这就是生产函数。生产函数表示在一定时期内，在技术水平不变的情况下，生产中所使用的各种生产要素的数量与所能生产的最大产量之间的关系。其中的生产要素是指生产商品所需投入的经济资源，它包括：（1）劳动，即生产中一切体力和智力的消耗，包括体力劳动和脑力劳动、熟练劳动和非熟练劳动，劳动对产出的影响取决于提供劳务者的知识水平、劳动技能、劳动态度等；（2）资源，即生产过程中所必须投入的自然因素；（3）资本，对个别厂商来说，资本可以是货币，也可以是设备、厂房等实物；（4）知识，即通过实践、研究、联系或调查获得的关于事物的事实和状态的认识，是对科学、艺术或技术的理解，是人类获得的关于真理和原理认识的总和。任何生产函数都以一定时期内的生产技术水平作为前提条件，一旦生

---

① 罗紫初、吴赟、王秋林：《出版学基础》，山西人民出版社 2005 年版，第107 页。

产技术水平发生变化，原有的生产函数就会发生变化，从而形成新的生产函数。也就是说，不同的生产函数代表不同的技术水平。

在出版领域，如果用多种投入要素生产一种出版产品，那么出版产品的生产函数可以表示为：

$$Q = f(X_1, X_2, \cdots, X_n)$$

其中，$X_1, X_2, \cdots, X_n$ 代表 n 种要素投入，Q 表示产出。

如果用多种投入要素生产多种出版产品，即联产品①的生产，那么出版产品的生产函数可以表示为：

$$\Phi(Q_1, Q_2, \cdots, Q_n) = f(X_1, X_2, \cdots, X_n)$$

其中，$\Phi(Q_1, Q_2, \cdots, Q_n)$ 是包括多种出版产品的联产品产出。

出版机构在生产出版产品的过程中需要投入的生产要素很多，具体包括劳动（人力资本），货币资本，知识、信息资源（包括出版资源）等要素。对于出版机构而言，其投入产出关系取决于生产体系中的设备、原材料和人力资本等诸要素和技术水平。每一次出版技术的改进，都会导致新的投入产出关系产生，从而产生新的生产函数。出版产品的生产函数又可以表示为：

$$Q = f(L, K, R, \cdots)$$

其中，Q 为出版机构的产出，L 为生产中占用的人力资本，K 指生产中占用的货币资本，R 为知识、信息资源（包括选题资源等出版资源）。

出版产品的生产对人力资本（L）的依赖程度较高，而对货币资本（K）的依存度则相对较低。出版机构的人力资本，尤其

———————
① 联产品是指由企业生产的多个产品组成的产品系列，也就是多个产品的总称。

是具有独立策划能力和市场运作能力的核心人员，在单个出版机构的产品供给方面发挥着极其重要的作用，进而影响着整个出版产品市场的供给规模和供给水平。经济学家周其仁就此精辟地指出："从供应方面看，出版这个行业，最值钱的是编辑的眼光。编辑对于一部书稿，无论是中国人写的，还是翻译的书，他首先判断这本书有多大的市场。这个在我们的传统行业中不叫劳动，因为不出汗。但是，这个能力，这个判断力，是这个行当最值钱的资产。你可以叫它为'眼光资产'，它是人力资本的一个重要组成部分。"[1]

出版产品是知识、信息密集型产品，其核心价值在于内含的知识、信息内容。在出版经济活动中，知识、信息资源（R）是主导性的生产要素，选题、书稿等知识资源的优劣对出版产品供给起着决定性的作用，因此，知识、信息资源是出版经济集约型增长的主要源泉。知识作为投入要素，具有不同于劳动、原材料、货币资本等传统生产要素的特征。当传统的生产要素加入经济资源的存量中时，经济就会按传统的生产函数运转起来，而知识这一生产要素与物质要素不同，知识通过改变企业的生产函数来推动经济增长，而且企业内部的知识积累能够提高劳动和资本的边际生产率。在出版经济领域，当知识、信息资源以知识产权的形式提供时，就具有了供给价格。在出版产品的生产过程中，知识与劳动（人力资本）通过作者、编辑出版人员融为一体，而且由于知识资源在经济中具有内生性和报酬递增的特征，因此知识资源能够使出版机构投资的收益得到持续增长。

从理论上说，出版产品的生产函数可以根据经验数据用统计

---

[1]　周其仁：《垄断与管制改革》，钟永诚主编：《作家·学者·出版人三方纵论出版大格局》，山东人民出版社 2005 年版，第 123 页。

方法来估计，但现实中要得出较为准确的出版产品生产函数存在较大困难。

二　出版供给决策的原则

在每一个行业领域中，企业都必须决定如何生产其产品，即选择在生产中投入哪些要素，投入多少要素，怎样组合、配置所投入的资源。最优投入组合是指生产者采取什么样的要素投入才能达到生产上的最优。所谓最优是指经济上的最优。这既涉及产出也涉及成本。以下对出版者的资源投入选择所进行的分析中，我们提出一个基本的假设，即出版机构追求生产成本的最小化。笔者认为，在现实中，这一成本最小化假设，对于出版行业是适用的：该假设不仅适用于出版企业，而且同样适用于政府出版机构和非营利组织出版机构。这一假设表明，出版者应力求以最低的成本进行出版活动，从而使经济效益、社会效益或其他目标达到最大。

经济学运用等产量线和等成本线来讨论生产要素的最优组合问题。所谓等产量线，是指在技术水平不变的条件下生产同一产量的生产要素投入量的所有不同组合的轨迹（假设只投入资本和劳动两种要素）。等成本线是指在某一给定的时期，在现行市场价格下，付出同样的总成本所能够达到的生产要素所有可能的组合（假设只投入资本和劳动两种要素）。

如果将出版产品生产过程中的投入要素简化为资本（K）和劳动（L）两种要素，在出版机构要生产的出版产品数量一定的情况下，出版机构可以用不同的生产要素组合来生产这一既定的产量，即出版机构面临一条既定的等产量曲线。如果将这条表示出版机构生产既定产量的等产量线与多条等成本线放在同一个坐标中，则这条既定的等产量线必定与无数条等成本线中的一条相切于一点（见图 5 - 2）。这个切点，就是在产量既定条件下，能使成本达到最小的生产要素的最优组合点。图 5 - 2 中，Q 是等产量线，A_1B_1、A_2B_2、A_3B_3 为三条等成本线，其中，$A_1B_1 < A_2B_2 < A_3B_3$。Q 与 A_2B_2 相切于 E 点，与 A_3B_3 相交于 C、D 点。由于 $A_3B_3 > A_2B_2$，所以 E 点为既定产量 Q 下的最低成本投入点，而 A_1B_1 虽然成本低，但却不能实现 Q 的产出量。由以上分析可知，在等产量线与等成本线的切点上达到了生产要素的最优组合。在此点上，等产量线的斜率与等成本线的斜率相等。这一分析也可以推广到多种生产要素的投入组合。

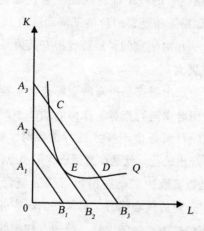

图 5 - 2　出版机构生产要素最佳组合的实现

在一定产量下，为了使成本最小，出版机构可以通过对生产要素投入组合进行不断调整，从而实现生产要素的最优组合。这正是与经济学中的"成本最小原则"相符的。所谓"成本最小原则"是指：当每一单位货币的投入所产生的边际产量对于每一种生产要素都相等时，企业的生产总成本达到最低。在这里，每一单位货币的投入所产生的边际产量，是用每一种要素的边际产量除以每种要素的价格而得出的，而某一要素的边际产量等于每增添一个单位的投入在其他投入保持不变时所增加的产量。"成本最小原则"可用这样的公式表示：

$$MP_h/P_h = MP_r/P_r = \cdots$$

其中，MP 为边际产量（marginal product），P 为生产要素的价格（price）；h 为人力资本（human capital），r 为原材料（raw material）；MP_h 为人力资本投入的边际产量，P_h 为人力资本的价格；MP_r 为原材料投入的边际产量，P_r 为原材料的价格。

"成本最小原则"的一个推论就是"替代原则"。所谓"替代原则"，是指如果一种要素的价格下降而所有其他要素价格不变时，那么用这一相对便宜的要素替代所有其他要素，会使企业从中获得的效益更大。

出版者在对生产出版产品所需的资源进行配置时，可在不同的生产要素投入组合中进行选择。在出版产品生产过程中，出版机构对纸张、装帧材料等生产要素进行选择时，实施成本核算，考虑投入成本和产出效益，就是在遵循成本最小原则和替代原则。

在当前的出版实践中，一些出版机构为整合内部、外部资源，突出并巩固企业的核心能力，将某些出版业务环节外包给其他专业机构，如将排版、装帧设计、分销、物流等业务外包，这符合成本最小原则和替代原则的要求，具有合理性。不同出版机构的资源依赖侧重点和程度有所差异，出版机构在选择进行外包的业务内容时，应该对自身的核心竞争力、企业价值链和业务边界进行深入的考察，从而确定进行外包的业务层次和内容。依出版业务的关键程度，可将出版机构的外包业务划分为三个层次（见图5-3）：（1）核心层次——选题、编辑、分销等业务外包（可能会影响出版机构的核心竞争力，并导致出版机构空壳化，因此出版机构应审慎选择）；（2）次核心层次——客户关系管理、人力资源管理、信息管理、物流管理等业务外包（一些出版机构正在试行的管理模式，具有借鉴与推广价值）；（3）外围层次——排版、校对、装帧设计、复制等业务外包（现实中为许多出版机构所采用）。

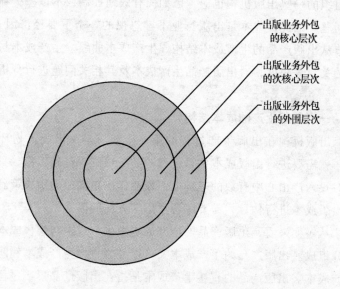

出版业务外包
的核心层次

出版业务外包
的次核心层次

出版业务外包
的外围层次

图 5 - 3　出版机构业务外包的层次

第三节　出版生产成本的经济分析

成本是经济学中的一个重要概念。成本也称生产费用，是指厂商在生产过程中使用的各种生产要素的支出，即投入的各种生产要素与其价格之乘积的总和。依不同的标准，成本可分为不同的成本类型：按成本对厂商和社会的影响分类，可将成本分为私人成本和社会成本；按是否形成现金流出分类，私人成本可被分为显性成本和隐性成本；按是否包含隐性成本分类，成本又可分为会计成本和机会成本；按时间的长短，成本还可分为短期成本和长期成本。不同的行业有不同的生产程序和方法，因而不同行业的成本规律存在或多或少的差异。但有一点可以肯定的是：与其他行业一样，出版机构需要考虑成本与产出，即使是属于非营利组织的一些出版机构也应考虑如何有效地控制成本以减少补贴等问题。因此，成本是出版行业不容忽视的一个重要经济因素。本节从出版产品的生产成本结构、生产成本曲线、生产成本与定价的关系等角度，对出版产品生产成本及其相关问题进行分析。

一　出版生产的成本结构

出版机构在出版生产过程的第一个步骤——出版策划环节中，就需要进行出版成本估算、选题经济预测等基础工作，只有在对投入产出心中有数的基础上，才能作出正确的出版决策。而对出版成本进行估算，需要综合考虑多方面的因素。

从短期来看，出版产品的全部成本由生产成本与销售成本两部分组成。出版产品的生产成本又可以分为直接生产成本和间接生产成本。出版产品的直接生产成本是指在出版产品形成过程中直接产生的劳动耗费，它包括稿费与编校费、纸张费、装帧材料费、制版费、印刷费、装订费、废品损失等项目。直接生产成本可分为固定成本和变动成本。

出版产品生产的固定成本，是指直接生产成本中与出版产品复制数量的变化没有直接关系、相对固定的部分，西方称为"工厂成本"。它包括稿费与编校费、排版制版费用等项目。固定成本不随复制数量的增减变化而增减变化，但对单位出版产品成本却有直接影响，即出版产品复制数量越多，分摊的固定成本就越少，单位成本就相应降低。出版产品生产的变动成本，即出版产品复制过程中发生的费用，包括纸张费、装帧材料费、印刷费、装订费等，西方称为"生产成本"。变动成本随着复制数量的增减变化而近乎正比例变动，但它对分摊单位产品成本却没有直接的影响。

在出版实践中，降低出版产品单位生产成本的主要办法是增加印数，降低单位成本中的固定成本比例。这可以说是出版业的一个基本原则。张五常先生曾说，印制书籍的平均成本下降不是因为方法有变或熟能生巧或有交易费用，而是因为有直接的准备成本及纸张损耗的试产成本，这些都可以明确地以量摊分。① 此处"直接的准备成本"即出版生产的固定成本。当然，不同的国家、地区，不同的出版社，在运用这个基本原则时的具体情况会有差异。目前，通过加大印数来降低单位出版产品的生产成本所得到的利益，在亚洲、非洲国家不如在欧美国家大，在一定程度上也不如在拉美国家大，这是因为：首先，印长版活比印短版活省钱，而发展中国家没有足够的设备；其次，在大多数亚非国家，纸张价格高，劳动力成本低，因此纸张的费用（每本书的纸张价格是差不多的）在每本书的成本中所占的比例要远远高于印刷费。②

出版产品的间接生产成本是指间接作用于出版产品形成过程的劳动耗费，它主要由出版机构员工的工资报酬、经营管理费用等项目构成。间接成本不是直接发生在出版生产过程中的，而是指结算期间所有出版物的生产费用，它无法直接计入具体出版产品的生产成本之中。

由于在读者购买出版产品的价格中包括了出版机构用作经营管理费的利润，因此，不易精确地计算出分摊到单位出版产品上

---

① 张五常：《经济解释》(38)，《21世纪经济报道》2002年3月21日。
② ［英］伊恩·麦高文、詹姆士·迈考尔：《国际出版原则与实践》，徐明强译，中国书籍出版社1999年版，第147—148页。

的费用，但出版机构全年生产出版产品的总的经营管理费用是可以估算出来的，因此，可以通过不同的方式将间接成本分摊到单位出版产品中去。

以图书出版机构为例，间接成本的分摊，从会计规则来讲，以季度为结算单位，本季度发生的间接成本应由本季度出版的图书来分摊（按字数或印张分摊）。但是，间接成本基本上是个常数，即每个季度都要如数发生；而各个季度出书数量却不可能均衡。那么，出书少的季度分摊到每种书的间接成本就过多，反之就过少。这种畸轻畸重的分摊方法，从会计角度看是合理的，但从计算图书实际生产成本并按成本定价的角度看则是不合理的。

为了解决间接成本分摊中的问题，中外出版界设计了三种分摊办法：

（1）成品比例法，即把间接成本定为直接成本的20%；

（2）定价比例法，即把间接成本定为定价的8%；

（3）销售额比例法，即把间接成本定为销售额的40%。

前两种办法是我国的办法，第三种办法是美国等国家的办法。这三种办法基本上分别反映了中外出版生产间接成本在总成本中所占的比例关系。前两种办法的计算结果，间接成本相差极小。而用第三种办法计算，间接成本比前两种办法分别高出264%和298%。[①] 美国等西方国家出版从业人员的工资高，经营费用也大大高于我国，所以，间接成本在总成本中所占的比例大大高于我国。

20世纪以来，中外各国出版业迎来一波又一波技术革命浪潮，新的出版技术不仅推动以往的出版生产方式发生变革，使

[①] 陆本瑞主编：《外国出版概况》（修订版），辽海出版社2003年版，第204页。

出版生产效率得以提高，也使出版产品的成本构成状况发生重大变化。其中，传统出版生产所需的直接成本中有很多内容，如纸张费、装帧材料费、制版费、印刷费、装订费等费用，将不复存在，而工作效率的提高和出版周期的缩短则可使间接成本降低。

二　出版生产的成本曲线

如果以时间长短为划分标准，成本可分为短期成本和长期成本。所谓长期与短期，通常是按厂商能否全部调整生产要素的投入量为标准。短期成本是与短期生产相对应的成本。在短期内，至少存在一种生产要素是不可以调整的，因此短期内存在固定成本和变动成本之分。长期成本是与长期生产相对应的成本。从长期来看，厂商为了适应市场需求变化和生产技术发展的要求，总是要调整生产要素投入量，因此，厂商支付在生产要素上的费用全部是由可变成本构成的，长期成本无固定成本与可变成本之分。笔者在此要分析的正是出版生产的短期成本和长期成本的特征和变动规律。由于出版机构的出版产品生产活动在实质上多是以短期出版项目的形式进行的，因此，对于出版生产成本的分析将以短期出版产品生产成本分析为主。

笔者借用张五常先生列举的一组数据，来分析出版产品生产的短期成本变动规律。张五常先生在其名为《经济解释》的连载文章中，曾列举了由香港印刷商提供的一组真实数字（数据采集时间为 2001 年 7 月）。这是图书出版行业中的一个产品实例：一本 192 页的中文平装书，封面四色，纸质良好，制作比较认真，90000 字，在香港的零售价 45 元（此处货币单位为港元——HK＄，下同）。出版这本书的直接成本如下（见表 5-1）：编辑与修改文字 7000 元，打字 2700 元，校对 4000 元，排版 2000 元，设计 3000 元，菲林 2000 元。以上合共港币 20700 元。如果该书印制数量为 2000 本，其印制费用是每本 6.57 元，总印制费用（含运费）是 13149 元。2000 本的零售总收入是 90000 元，6 折交给发行商，得 54000 元。作者版税率为 10%（9000 元），剩 45000 元。减印制费用（13149 元），再减出版商的直接成本（20700 元），最后余下来的是 11151 元。[1] 根据表 5-1 中的数据，我们可以得出短期内出版产品的直接生产总成本、固定成本、可变成本曲线（见图 5-4）和短期内出版产品的直接生产平均成本曲线（见图 5-5）。图 5-4、图 5-5 中，横轴代表产量，纵轴代表成本，STC 为短期总成本，FC 为固定成本，VC 为可变成本，SAC 为短期平均成本，AFC 为平均固定成本，AVC 为平均可变成本。

表 5-1 　　　　32 开、内文 192 页平装书的直接生产成本

	书籍数量（册）	500	1000	1500	2000	3000	4000	6000	8000
可变成本	封面纸（HK＄）	292	454	616	778	1102	1426	2138	2850
	封面印刷（HK＄）	1400	1400	1400	1400	1400	1400	1400	1624
	封面过胶（HK＄）	296	461	625	790	1119	1448	2171	2895
	内文纸（HK＄）	1575	2700	3825	4950	7200	9450	14175	18900
	内文印刷（HK＄）	3000	3096	3336	3576	4056	4536	5544	6552
	装订（HK＄）	1200	1200	1200	1280	1920	2560	3840	5120
	包装（HK＄）	31	63	94	125	188	250	375	500
	运输（HK＄）	150	150	188	250	375	500	750	1000

---

[1] 张五常：《经济解释》(38)，《21 世纪经济报道》2002 年 3 月 21 日。

续表

书籍数量（册）	500	1000	1500	2000	3000	4000	6000	8000
可变成本总计（HK＄）	7944	9524	11284	13149	17360	21570	30393	39441
平均可变成本（HK＄）	15.89	9.52	7.52	6.57	5.79	5.39	5.07	4.93
固定成本	编辑与修改文字（HK＄）	7000						
	打字（HK＄）	2700						
	校对（HK＄）	4000						
	排版（HK＄）	2000						
	设计（HK＄）	3000						
	菲林（HK＄）	2000						
固定成本总计（HK＄）	20700							
平均固定成本（HK＄）	41.40	20.70	13.80	10.35	6.90	5.18	3.45	2.59
生产成本总计（HK＄）	28644	30224	31984	33849	38060	42270	51093	60141
平均生产成本（HK＄）	57.29	30.22	21.32	16.92	12.69	10.57	8.52	7.52

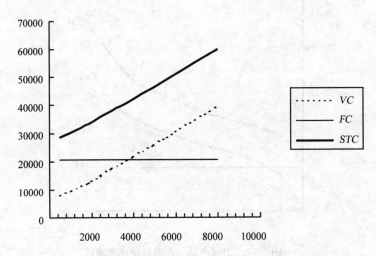

图 5-4　短期内出版产品的直接生产总成本、固定成本、可变成本曲线

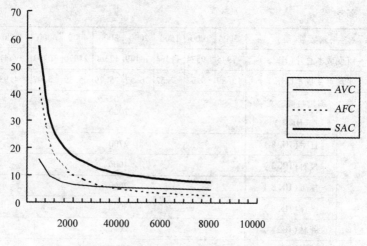

图 5 - 5　短期内出版产品的直接生产平均成本曲线

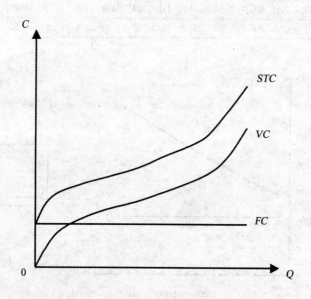

图 5 - 6　出版产品生产的短期成本曲线

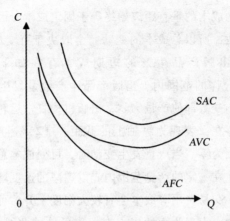

图5-7　出版产品生产的短期平均成本曲线

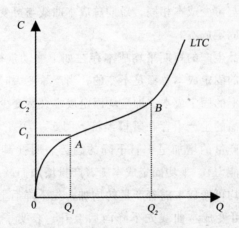

图5-8　出版机构的长期总成本曲线

　　如果考虑出版产品生产的间接成本因素，则我们可以用图5-6中的曲线来描述出版产品生产的短期总成本、固定成本、变动成本，用图5-7中的曲线来表示出版产品生产的短期平均成本。在图5-6中，总成本曲线与变动成本曲线的斜率是一致的，总成本与变动成本的垂直距离始终等于固定成本。因为固定成本是不变的常数，所以总成本的变动完全取决于可变成本的变化。笔者认为，出版产品生产的短期成本存在如下变动规律：（1）在规模允许的范围内，出版产品生产数量发生变动时，固定成本总额不变。即使产量为零，出版机构日常运转所需费用等固定成本也存在，表现为纵轴上的截距。（2）当产量为零时，变动成本总额为零。当产量发生变动时，可变成本总额随着产量变动而增长。在一定的产量范围内先以递减的速度增加，超过一定产量之后，交易费用等成本会有较大幅度上升，可变成本以递增的速度增加，表现为由原点向右上方延伸的曲线。（3）出版产品生产的短期总成本是固定成本和变动成本之和，短期总成本的变动规律与可变成本相同，短期总成本曲线与可变成本曲线间的距离等于固定成本。

出版产品生产的短期平均成本存在如下变动规律：（1）出版产品生产的固定成本总额是不变的，当产量变大时，分摊到每一单位产品上的固定成本，即平均固定成本必然变少，这也就是说在出版产品的生产中存在规模经济。图5-7中，平均固定成本曲线随着产量的增加呈一直下降的趋势表明（其下降的极限是最大生产能力），平均固定成本随着产量增加而减少。（2）出版产品的平均可变成本随着产量的增加，先下降后上升。图5-7中的平均可变成本曲线先下降而后上升，表明了这一变动规律。这是因为变动成本也可表示为投入量与生产要素价格的乘积，假定要素价格为不变的常量，则平均可变成本直接依存于平均产量的变动。由于边际收益递减规律的作用，平均产量先递增，达到最大值后，平均产量递减，当平均每一单位可变投入带来的产量不断增加时，意味着平均每一单位产量所需要的变动投入量即平均成本相应地减少；在平均产量达到最大值时，平均成本达最小值；随着平均产量递减，平均变动成本开始递增。
（3）出版产品生产的短期平均成本曲线先下降而后上升。因为当产量增加时，平均固定成本迅速下降，加之平均可变成本也在下降，因此，短期平均成本在开始时也迅速下降，下降幅度比平均可变成本要大。以后，随着平均固定成本在总成本中所占比重逐渐变小，短期平均成本的变动开始随着平均可变成本的变动而变动，即短期平均成本曲线开始比平均可变成本曲线陡峭，说明下降幅度比平均可变成本大，之后短期平均成本曲线的形状与平均可变成本曲线相同，变动规律与平均可变成本类似。

由于出版机构的出版活动在一般情况下属于长期行为，因此，在考察了出版产品生产的短期成本之后，有必要对出版机构长期成本的变动规律进行分析。从长期来看，出版机构可以对全部生产要素的投入进行调整，如引进新的技术、设备，招聘新的编辑、市场营销人员等，改变自身的专业范围和出版规模。出版机构在进行这些调整时，总是在一定的产出水平上选择最优的生产规模进行生产。出版机构的长期成本（此处指长期总成本，LTC）就是出版机构于长期内在各种产出水平上通过改变生产规模所能达到的最低总成本。我们可以绘出如图 5－8 所示的出版机构长期成本曲线，进而将出版机构长期成本的变化规律作如下表述：出版机构的规模越大，长期成本越大，LTC 是过原点的曲线，因为在长期成本内，无固定成本与可变成本的区分，全部为变动成本；出版行业是一个初始成本比较高的行业，即前期投入较大，在初始阶段，由于产出低，投入的生产要素没有被充分利用，成本增加的速度大于产出增加的速度；当出版机构的规模拓展到一定程度（LTC 曲线上的 A 点）时，生产要素被充分利用，形成规模经济效益，这时成本增加的速度小于产出增加的速度；之后，随着出版规模进一步扩大，产出逐渐增加，规模收益递减规律发生作用（从 *LTC* 曲线上的 *B* 点开始），又引起成本的增加速度大于产出的增加速度。

第四节　出版产品价格的经济分析

在市场经济条件下，价格是指引出版经济决策、出版资源配置的信号，是调节出版市场供求关系的重要经济杠杆。出版产品价格的形成与变化，是多种因素综合作用的结果。

一　出版产品价格与价值的关系

商品价格是商品价值的反映，价格受市场供求的影响围绕价值波动，这是经济学的一个基本规律。作为商品的知识、信息有其使用价值、价值、成本、价格。出版产品作为一种文化商品，其核心价值正是由知识、信息构筑而成的。与一般商品不同的是，出版产品内含的知识、信息具有不可分割、可以共享和重复使用的特点，因此，出版产品的成本往往不以其使用程度为转移，而出版产品的价格也有其特殊规律，即出版产品价格的高低不仅受成本的影响，而且还与出版产品的实际效用大小相关。但在现实中，出版产品的价格却并没有准确反映出版产品的知识、信息内容价值。我们经常可以发现，学术价值、知识含量很高的出版物和供娱乐消遣的"快餐式"读物在价格上并没有很大差别。

经济学理论认为，价格因受到市场供求的影响而围绕价值波动，进而形成均衡价格（供求达到均衡时的价格）。但历史和现实皆表明，出版产品的价格并不完全取决于供求关系和市场格局，没有完全反映其内在文化含量。在中国的封建时代和西方的中世纪，出版产品的生产无论是以个体生产的方式还是以分工协作的方式，都以垄断的形式存在，在近代文化启蒙运动出现之前，出版产品比较缺乏市场流通。因此，在那一时期，对出版产品进行定价的主要依据是出版产品的稀缺程度和生产的难易程度，在出版产品的生产和流通中，市场竞争行为对出版产品价格的影响非常小。例如，中世纪欧洲的抄书匠行会长期垄断书籍的定价，当时的书籍价格极为昂贵，这一局面直到古登堡印刷术出现之后才被打破。[①] 在现实中，出版产品的价格也并非完全是随着供求关系的变化而变化。在中国、日本和一些欧洲国家，对出版产品价格实行定价维持制度，实施出版产品价格管制，出版产品的价格一经确定后就不易更改。在我国，一段时间内出版业曾实施印张定价方法，国家对出版产品的单位印张价格进行了分类规定，目前出版机构在定价方面有了一定的自主权，出版机构的定价行为中有了更多的市场预期，但印张定价方法仍有一定影响。上述历史和现实说明，在出版领域，出版产品的价格如何准确反映出版产品的真实价值是一个难题。

随着知识经济的出现，知识、信息逐渐成为主导性的生产要素。出版产品作为一种重要的内容产品和文化商品，其价格的决定性因素应该是其自身的知识、信息附加值。正是这种知识、信息附加值，才使得出版产品具有不可替代的价值。出版机构在确定出版产品的价格时，除合理考虑投入产出、供求关系外，还应该充分重视出版产品所承载的知识、信息含量。

二　出版行业的定价方法

在市场经济环境下，对于带有营利目的的出版者来说，出版

---

① ［加］哈罗德·伊尼斯：《帝国与传播》，何道宽译，中国人民大学出版社2003年版，第134页。

物的生产成本与其定价有着直接联系。出版者为了追求更大的经济效益，通常的做法就是降低成本和提高定价，但这两种方法的使用是有一定限度的，过度降低成本势必影响出版物的质量，而一味提高定价则会使市场需求减少。因此，出版者必须在成本和定价之间寻找一个均衡点。在处理生产成本和定价的关系方面，各国出版业存在一些差异。下文以图书产品为例，对中外出版业的定价行为进行分析。

在西方国家，通行的定价方法是按成本定价。具体来说，西方国家很多出版社运用以下的公式来计算定价[①]：

定价＝扣除版税的平均每册直接生产费用／（批发折扣率×直接成本率－版税率）

其中，直接成本率是指直接成本在定价中应占的比率，其计算公式为：

直接成本率＝100%－（批发折扣率＋销售费用率＋销售税金率＋间接成本率＋定价利润率）

美国出版社的成本和定价的关系是：按初版计算，美国图书的定价（list price）通常为直接成本的4—6倍，有时高达七八倍，间接成本（管理费）多按直接成本一倍计算。由于管理费用（包括宣传推广费）高，发行折扣高，初版一般获利较少。如能再版重印，或售出各种附属权（如由图书俱乐部购去印廉价纸皮书，国外出版社购买版权出版外文译本，电影公司或电视台购买版权摄制电影或电视剧等），可以更多地获利。畅销书可以获丰厚利润。旅美作家董鼎山先生在一篇文章中对美国图书定价的构成情况进行分析后的结果是：生产制作成本占10%，批

① 陆本瑞主编：《外国出版概况》（修订版），辽海出版社2003年版，第205页。

发费用占 8%，广告费用占 7%，管理费用占 8%，版税占 10%，折扣占 45%，利润占 12%。① 而据美国出版商协会统计，出版社向书店出售一本书所得的收入中成本、税、利所占的比例为：编辑费 6%，设计、生产费 27%，宣传推销费 14%，财务、发行费 18%，稿费 15%，税金 10%，利润 10%。宣传推销费超过利润，为编辑费的两倍多，宣传推销费约一半用于实地推销，另一半用于宣传和广告。而我国出版社用于推销的费用是微不足道的，收入中相当大的一部分用在了纸张和印刷费上。② 贝塔斯曼集团在美国分公司的执行董事也曾以典型的例证分析了图书的定价构成情况：给书商的折扣占 50%，印刷装订费 8%，仓储发货费 8%，市场销售费 6%，行政杂费 8%，作者所得 10%—15%，利润 5%—10%。③

日本出版社图书市场单价通常是由直接定价法与间接定价法确定的。日本图书直接定价法是以直接成本为基础，同时伴之以印数确定图书成本单价，其市场单价一般为单位图书成本的 3 倍，这种较为便捷的方法为日本出版界所常用。此外，日本的某些出版社如美铃书房仍在沿用 2.5 倍直接定价法，即（成本费用 + 版税）×2.5。若将 3 倍法和 2.5 倍法相对照，显而易见，（成本费率 33% + 版税率 10%）×2.5 = 107.5%，成本费率 33%×3 = 99%，两者价位差率约为 8%。如果每种新版图书绝无重版之可能，其市场定价则确定为单位成本的 4 倍。目前，日本重版图书市场价位一般采用直接定价法，仍为新版图书单位成

---

① 翟文：《美国书籍成本构成》，《出版参考》1998 年第 2 期。

② 林穗芳：《中外编辑出版研究》，华中师范大学出版社 1998 年版，第 209 页。

③ 安华：《一本书能赚多少钱 贝塔斯曼亮出底牌》，《出版参考》1999 年第 9 期。

本的 3 倍。日本间接定价法是指在综合考虑四个主要因素的基础上确定图书价格。这四个因素是：（1）生产成本；（2）版税，其中小说、随笔、评论等作品的版税率为书价的 10%，译本原作者的基本版税率为书价的 5%，随印数增加版税率最高增至8%，支付译者的版税率为书价的 5%，总之，版权费和翻译费率之和不低于 10%；（3）销售费用，包括图书广告、样本宣传、图书储运等费用；（4）管理费用。①

在我国，出版界对图书定价的方法有印张定价法、成本定价法和利润率定价法等方法。其中，按印张定价在我国始于 20 世纪 50 年代，至今仍是我国出版社常用的定价方法。利润率定价法是先设定利润率指标，通过反推使定价与之一致的方法。成本定价法最先见之于新闻出版署 1998 年转发《同意印数在三千册以下的学术著作和专业著作可参照成本定价》的通知。成本定价法是针对该类著作出版难的问题给出的优惠政策。其完整含义是以图书产品单位成本为依据，既可能高于也可能低于通行的印张定价，其中定价等于成本是保本经营，定价大于成本是赢利经营，定价小于成本是亏损经营。

目前我国一本图书的定价基本上包括 5 个部分：（1）直接生产成本（包括图书的材料、印刷工艺、包装、装帧、单本书的印张数等），约占图书定价的 25%—30%；（2）作者稿酬或版税（两种不同的结算、支付方式），约占图书定价的 8%—15%；（3）预期利润（赢利所得），合理的利润约占图书定价的10%—20%；（4）批销商折扣，约占图书定价的 5%—10%；（5）零售商折扣，约占图书定价的 25%—35%。销售时须交纳的各项税金的比例是固定的，主要是增值税（价外税，由购买

---

① 大正译：《日本出版社图书定价管窥》，《出版参考》1997 年第 5 期。

者承担，并可以从进项税中抵扣，占销售额的 13%）、城市建设附加税（增值税额的 7%）和印花税（购销合同金额的 0.03%）。①

通过分析，我们可以发现：发达国家的图书生产直接成本在定价中的比例低于我国，其包括管理费用在内的间接成本高于我国，这也是目前海外书价远高于我国同类书价格的原因之一。虽然美国等国的图书定价为直接生产成本的好几倍，但销售收入将近一半为书商所得，再减去 10%—30% 税金和退货损失，出版商的平均利润不过是定价的 10% 左右，因此图书初版时获利是微薄的。当前在我国的图书定价中，出版社预期利润和各级批销商的购销折扣所占的比重较大，管理费用、宣传推广费用较低，因而出版社能较多地获利。而且在我国，再版书、重印书的价格往往是不降反升，使出版社赢利更多，因为再版、重印时有不少编印成本不必再作投入，也不存在初版时所要承担的一定风险。

尽管存在着以上差异，为了提高产品的市场竞争力和企业的经济效益，中外各国出版机构都采取了较一致的措施，以直接或间接地降低出版生产成本。如通过开展员工技能培训、技术设备更新、企业信息化管理等手段提高生产效率，降低生产成本。在日本，未来社研制了一套新编辑系统，使图书编辑印制的成本费用大幅度降低。② 此外，削减不必要的经费支出，科学地安排出版工作周期，控制设计、用料、印装成本，也是中外出版机构常用的控制出版物生产成本的方法。

---

① 卢盈军：《图书价格构成与定价策略》，《中华读书报》2002 年 9 月 11 日。
② 白晓煌：《新编辑系统——日本中小出版社生存之策》，《出版参考》2001 年第 11 期。

第五节　中外出版传媒机构生产行为的规律

现代出版产品生产的一般过程大体都由出版策划、编辑工作、出版产品制作三个基本环节组成。尽管电子出版技术以及新兴的网络出版技术对传统出版流程带来了划时代的变革，但即便是电子、网络出版，也依然离不开传播内容的策划、组织、编辑加工以及内容的复制传播等基础操作环节，依然被归入内容产业。当然，不同载体形式的出版产品，其生产活动具有不同特点，不同国家和社会环境中的出版生产活动，在具体操作中也会形成各自的特色。因此，笔者将从中外传统出版生产的比较、新技术环境下中外出版生产的变革两个方面对出版机构的生产行为进行分析，力图总结出人类出版生产行为的一些共性规律和发展趋势。

一　传统出版生产的特征分析

就总体而言，出版产品的生产流程不是由人们随意确定的，也不是可以随意改变的，这表现在生产过程的基本环节不能随意改变，而且生产过程中每一个基本环节的具体操作也有一定的程序与工作内容。但是不同的国家在具体操作中仍存在一些相异之处。

（一）出版生产的业务程序与内容

在出版生产的业务程序与内容方面，中外各国既有普遍共性，又有细微差别。

传统的出版产品主要是指印刷出版物（或称纸质出版物）和音像出版物。其中传统印刷出版物生产的一般过程可分为出版策划、编辑工作和出版产品物质形态制作三个阶段。在这几个阶段中，出版策划的具体内容很多，包括选题策划、主体形象策划、目标市场策划、资源配置策划、营销管理策划和宣传促销策划等内容；编辑工作贯穿出版活动的始终，但就出版物生产流程中的编辑工作而言，其主要内容包括选题、组稿、审稿、加工整理、装帧设计、发稿与校对；印刷出版物的物质形态制作，大体要经过排版、制版印刷、装订成形三个步骤。而就音像出版物而言，无论是录音制品，还是录像制品，其生产制作都需经过编辑创作、表演和录制三个环节，音像出版物的物质形态制作则主要是指录制环节。音像出版物的录制，分为工作母带的制作与复录生产两个步骤，其中录音制品和录像制品的复录生产具体操作差别不大，而工作母带的制作稍有区别。录音制品工作母带的制作，目前大多采用前期录音和后期录音相结合的多声道录音工艺，录像制品工作母带的制作则分为单机拍摄、脱机编辑、合成制作等环节。

以上所述传统出版物的一般生产流程，处于现代出版环境的各国概莫能外。但由于出版物生产在具体操作上存在一定的灵活性，因此各国的出版生产流程也存在一些细微的差别。例如，大多数国家的出版机构与作者签订出版合同是在出版机构进行出版决策之后、作者开始创作之前，但在日本等国，作者和出版机构签订出版合同多在作者原稿完成并交给出版机构之后。[1] 又如，在美国，作者提交最后的手稿之后，手稿应该经历三个编辑环节，即审稿或者内容编辑、加工或文字编辑、设计编辑，相当于我国出版物编辑过程中的审稿、加工整理、整体设计三个环节。美国的有些编辑人员会将这些编辑环节颠倒或者甚至将所有编辑

---

[1]　日本编辑学校编：《日本出版社概况——工作内容与组织形式》，申力扬译，高等教育出版社1998年版，第75页。

环节合在一起，因为以上三个环节有时会发生重叠，再者，编辑人员采取灵活机动的方法更能适应不同出版物编辑的特点和要求，也体现了自己的编辑风格。①

（二）出版生产流程各环节之间的分工

中外出版生产流程各环节之间分工明确，但发达国家出版生产专业化程度较高。

现代出版生产流程中的专业化分工是出版生产力发展到一定阶段的结果，体现了产业化、市场化的要求。这种专业化分工现象的一个体现是，出版物生产流程的各环节之间分工明确，在单个出版机构的组织架构上，中外各国出版机构内都设立了职责明确、分工具体的生产业务部门。如在我国出版机构内部与出版物的生产制作直接相关的部门主要有编辑部（科、室）、出版部（科、室），具体来说，在编辑业务领域，或按专业学科分设若干编辑部（科、室），或按工作任务分设策划、组稿、文字加工、美术设计、校对等编辑部（科、室）；在物质形态制作领域，还可根据出版机构的规模或需要，在出版部之下分设印刷、材料等科室，负责发稿后的印刷生产活动的组织。这样一个基本的组织状况，国外也大体相仿，如我国出版机构设有出版部，英美等国家对应的部门称作生产部，日本称作制作部。但发达国家的出版机构在具体部门设置和人员安排上会根据具体的工作重点、目标与人的潜能来进行，在出版机构的组织架构方面提倡灵活性，以利于提高效率，有助于推出精品和最大限度地占领目标市场。例如，日本大多数出版机构的出版物生产制作业务，主要是由编辑和制作两大部门担任，但有些出版机构的编辑和制作并

---

① ［美］艾佛利·卡多佐：《成功出版完全指南》，徐丽芳、吴赟等译，河北教育出版社 2004 年版，第 79 页。

不分工，兼而为之。

发达国家出版物生产活动具体运作的专业化程度较高，这主要体现在以下四个方面。

第一，发达国家出版物市场的细分程度非常发达。因此发达国家出版机构专业化发展的趋势日益明显，越来越多的出版机构选择在一个或数个优势领域里出版图书。我国出版界目前还存在较严重的盲目出版、重复出版现象，我国出版机构应向发达国家出版机构学习，集中优势力量打造自身核心竞争力。

第二，发达国家出版经纪业高度发达。例如，随着美国图书出版市场越来越专业化、细分化，目前美国的编辑可能同时做几种类型的图书，这是因为在组稿环节中，他们大多是从出版经纪人手中买书稿。出版经纪人在西方已得到人们的广泛认可，其行为受法律的制约和保护。而在我国现阶段，尽管一些扮演出版经纪人角色的人已经出现，并在出版界发挥着积极作用，但出版经纪业远未成熟，出版界人士对出版经纪活动仍存在或多或少的疑虑，相关管理部门在认识和管理上尚需努力。

第三，发达国家的出版机构在出版生产过程中善于利用社会力量。发达国家出版生产承包商十分活跃，在出版生产活动中占有很重要的地位。图书生产承包商又称"图书开发商"，20 世纪40 年代起源于英国，后来也在美国、日本等国出现。目前美国有图书生产承包商数百家，他们能向出版社承包图书生产从选题策划、编辑加工、校对到成书的全部项目或其中任何一个项目。日本的社外编辑承包组织的业务大体有两种情况，一是承包图书、期刊，从计划到编辑一条龙服务；另一种是只承包校对或版面设计等单项业务，目前他们已建立日本编辑承包组织协会，为提高自身地位而努力。目前我国不少出版机构主要是将校对、排版、装帧设计等业务外包给社会力量，社会力量还有很大的利用空间。

第四，发达国家在出版产品生产前和生产过程中注重出版产品的标准化工作和版权保护工作。西方国家的出版商，在出版产品生产制作正式开始之前，就开始了出版产品标准化认证与版权保护工作。例如，美国的出版商在印刷前要做的事情有：（1）申请 ISBN 号，（2）申请国会图书馆号，（3）填写图书信息预告（ABI）表格，（4）获得在版编目（CIP）数据，（5）制作条形码，（6）列出版权通告。[①] 我国的出版机构在这方面正逐步与国际接轨，但专业化水平仍需提高，例如，我国出版机构应该提高生产环节中的版权保护意识。

（三）出版生产流程与市场竞争

发达国家出版生产流程充分体现了出版者对市场、竞争和成本问题的高度重视。

出版产品的生产过程取决于出版业的运作机制，而这种运作机制在某种程度上又是由国家的宏观经济运行机制决定的。不同国家出版业的运作机制存在差异，也就决定了生产流程的各环节在整个生产流程中的地位会有所不同，不同国家对不同环节的重视程度不一。

发达国家市场经济高度发达，出版业的市场化和专业化程度也较高，因此，这些国家出版活动的策划、开展无不体现了市场力量的作用。首先，发达国家非常重视出版生产的前期策划准备工作，注重对出版市场进行调研和预测，生产活动开展之前和生产过程中充分考虑市场反响和销售效果。其次，在出版力量的分工上，也体现了对市场极其重视。例如，在英、美等国，很多出版机构的编辑分工明确，编辑工作以选题策划、组稿、审稿为重

---

① ［美］艾佛利·卡多佐：《成功出版完全指南》，徐丽芳、吴赟等译，河北教育出版社 2004 年版，第 75 页。

点，出版机构全力寻找销路好的稿源。当然，也有一些出版机构主要考虑出版产品的质量和社会效益，而将销路置于次要地位。最后，发达国家的出版机构在生产过程中十分重视图书的外观设计对图书销量的促进作用。例如，美国 Para Publishing 公司出版的印模图书——《飞碟玩家手册》（*Frisbee Player's Handbook*）首先为图书选用了非常规的圆形，然后又把圆形图书放进一只飞碟中，玩具与图书浑然一体，极大地促进了图书在玩具与体育用品店的销售；圣马丁出版社把《巧克力之吻》（*Chocolate Kisses*）一书的外观设计得像一盒巧克力，Target 书店非常欣赏这种呈现形式，真的就把这本书摆在真正的巧克力旁销售。

在计划经济时代，我国的出版机构只管出版产品生产，不从事市场分销业务，因而不需要考虑市场因素，当时出版机构内部也没有从事市场业务的机构。20 世纪 80 年代初，我国出版机构开始自办发行业务，出版业市场化进程也逐步深入，出版机构越来越重视市场。目前从机构设置、出版理念等方面看，我国出版社正逐渐与国际接轨。与西方发达国家不同的是，我国出版界十分重视出版物的社会效益，对编辑把关环节极其重视，十分强调编辑的把关职能，例如，我国编辑审稿实行完备的"三审制"。发达国家一些好的经验可为我国出版机构借鉴：可让编辑将更多的精力集中于选题组稿、审稿工作上，提高策划编辑的积极性；更加注重装帧设计、印刷、装订环节中的一些细节问题对出版物的影响，采用一些新的创意提高市场覆盖率。

（四）出版生产流程各环节之间的互动与协调

发达国家出版生产流程中各环节、各机构之间具有良好的互动、协调机制。

出版物生产活动是由多个独立而又紧密联系的环节来完成的。任何一个环节出现细微的问题，出版物的生产进度和最终质量就会受影响。发达国家出版生产流程中各环节、各机构之间能很好地互动、协调。

首先，西方国家出版机构在出版决策和生产过程中注重吸收市场销售、广告宣传等其他部门的意见。例如，日本出版业有一种"以策划为主要导向"的理念，出版界人士意识到，编辑者和市场经营者两者绝不是对立的，而是都处于出版业链条上，两者必须协调发展；传统的以编辑者为主导的策划存在弊端，让市场经营者参与其中，充分听取市场经营者的意见已经成为现代出版业策划的一大趋势，因为经营者可以冷静地把握市场。[1]

其次，发达国家很多出版机构的出版生产流程具有一个特点，即对出版产品生产进行严格而又有弹性的跟踪管理，其具体表现为：（1）制定时间进度表，将出版生产各环节的工作时间确定下来，并发到各部门的相关工作人员手中；（2）定期召开各类会议，一般有年度战略讨论会（高层经理会）、每季计划更新会（部门经理会）、每月检查会（全体职员会）、每周协调会（部门经理会），通过这几次会议，一是经常检查工作进展情况，二是让各部门互相沟通，建立合作精神。

目前我国不少出版机构的生产制作部门能在选题策划、选题经济预测、出版产品外观设计等方面积极听取市场业务部门的建议，一些出版机构实施了编辑、发行业务互动的机制。但我国也有不少出版机构的组织机制存在缺陷，一些出版机构生产过程各环节之间的分割形成一种出版运作的断层现象，如作者与编辑、编辑之间、编辑与出版科、编辑与市场部门缺乏交流和协调，导致低效率、低效益的产生。

---

① 刘剑：《图书策划需经营者参与——日本出版业策划现状调查报告》，《中国图书商报》2003 年 12 月 19 日。

二 数字环境下出版生产和经营模式的变革及影响

出版业正在发生的以电子技术、计算机网络技术、多媒体技术等现代技术在出版业内的应用和发展为标志，以数字出版、按需印刷等出版业新气象为主要表现形式的技术革新，引领人们对"出版"概念进行全新的认识，也推进着出版物生产方式和消费方式发生变革。在新的技术环境下，出版业被界定为一种内容产业；出版模式被描述为：内容提供者→内容加工者→内容消费者。新技术的发展也迫使出版界重新认识出版流程和出版业态。

（一）新技术给出版流程和出版业态带来的革新

在20世纪，"桌面出版系统"（"电子出版系统"）在出版业内的迅速普及，已使中外出版产品的生产行为发生了重大变化。传统的出版物生产模式是：信息采集→选题→组稿→审稿→加工整理→整体设计→发稿→排版→校对→改版→付型→制版→印刷→装订，采用"桌面出版系统"后，出现了新的出版产品生产模式：信息采集→选题→组稿→作者交付文稿（或光盘、磁盘稿）→计算机编辑排版（录入、审读、修改、排版、校对、制软片）→制版→印刷→装订。计算机编辑排版技术精简了出版生产流程中的工作机构，使一些工作程序得以兼容，并且提高了工作效率，节约了生产成本。

数字化、信息化出版技术使得传统出版流程中从组稿、接受来稿、编辑、终审、排版、制版一直到送交印刷厂的所有环节都能在一台计算机上完成。新的出版方式使得出版流程进一步简化，传统出版环节出现融合趋势，出版生产的所有环节均可被数字化，传统意义上的出版生产效率和活动范围得到超越。

在新技术环境下，出版与发行可以同步进行。传统的传播模式是线性的：信息→传播者→传播渠道→受众；而网络等新技术使得作者可以绕过出版者和流通经营者，作者、出版者、流通经营者甚至可以三位一体，集于一人之身。如今在按需印刷业务的支撑下，国外出现了 DIY（Do It Yourself——自助）出版方式，或称 Self - publication/Self - publishing。按需印刷（Print - on - demand）是以数字化为基础的印刷技术，它的优点之一是不需要制定一个最低印刷限额，它在人类印刷史上第一次使得一本书也可以印刷，而且只需 5 分钟。据美国专家估计，在 Xlibris（兰登书屋创建）、iUniverse（巴诺书店拥有部分股权）、Great Unpublished 等公司的协助下，2002 年大约有 7 万部作品以 DIY 方式出版。在美国，只要作者花上 99 美元到 1600 美元不等的订金，就可以让自己的手稿有一个体面的样子了。如美国著名畅销书作家斯蒂芬·金的作品在网上出版、阅读、下载，完全不需要传统出版业的支持。Digibook 与按需印刷技术对目前出版业中昂贵的分销结构是一种打击，同时独立出版商在作者与读者之间的"中间人"角色也会被削弱。我国目前也有出版机构介入这项业务，如知识产权出版社已在 2004 年 4 月宣布正式启动其按需出版工程。

（二）数字环境下出版生产行为变革对出版经营模式的影响

在新技术环境下，在线阅读逐渐普及以后，传统的出版机构将不得不完全改变现有的经营模式。出版者将成为在线服务的提供者，出版机构的收入来源不再仅仅局限于传统市场分销利润，还可以包括来自 POD 出版、在线广告收入、数字信息检索与咨询及其他增值业务的赢利。

当前数字出版产业的发展势头强劲，日益成为世界出版产业变革的"前沿阵地"。据慧聪印刷商务网的资料显示，美国 2020 年付费网络内容的销售额将达 13 亿美元；专家预测，到 2020 年，全球范围内网络出版的图书的销售额将超过传统出版的图书；而互联网实验室对有关市场资料的分析则表明，目前全球网络出版市场每年总收入达到 500 亿美元左右，其中网络图文出版市场大约占 30%，年收入可达 150 亿美元，网络音像出版市场大约占 70%，年收入约 350 亿美元。[①] 据统计，中国数字出版整体规模从 2000 年的 15.9 亿元人民币发展到 2006 年的 200 亿元人民币；到 2007 年，其市场整体规模更飙升至 300 亿元人民币。[②] 中国社会科学院发布的"2008 年文化蓝皮书"指出：未来五年，将有超过 30% 的手机用户通过手机阅读电子书和数字报；由图书馆等机构用户采购的电子书、数字报的规模将达到 10 亿元人民币；由网民和手机用户带动的电子书、数字报内容销售及广告收入将达到 50 亿元人民币。随着网络及手机普及率的持续提升以及 3G 时代的到来，中国数字出版产业的发展前景被普遍看好。有预测数据显示：到 2020 年，中国网络出版的销售额将占到出版产业的 50%；到 2030 年，90% 的图书都将出版网络版本。[③] 数字出版产业可谓是名副其实的朝阳产业。

　　然而，传统出版向数字出版转型的最大难题并不在于资金和技术问题，而在于能否把握数字出版的特质，探索发现其规律，进而建立起相应的商业模式、赢利模式。一种有效的经营模式才是一个企业或整个产业获取经济利益、赢得市场优势的制胜法宝。当前在世界范围内，数字出版行业的经营模式、赢利模式还有待继续探索。

　　目前，国外许多著名出版机构竞相介入数字出版业务，不断开拓新的数字出版经营模式。例如，牛津大学出版社（Oxford

---

① 资料来源：http://info.printing.hc360.com/html/001/001/001/17867.htm（慧聪印刷商务网）。

② 陈丹：《中国出版业迎来数字时代　商业模式有待进一步探索》，《通信信息报》2008 年 4 月 30 日。

③ 同上。

University Press）的数字出版经营模式循着以下路径开展：第一项业务是把许多相关的工具书数字化后捆绑起来，组合成所谓的"资源中心"，每季度将"资源中心"更新升级，然后每年让机构来订阅；第二项计划是授权出版电子书，现在，在出版每一本大众类图书时，都会做电子书，并将其纳入正常的销售渠道；第三项计划就是现在正在做的，即收集所有已出版图书的文档，扫描集成之后成批出售给图书馆；第四项工作为两年以后的"数字优先"计划，即为图书馆生产图书，这些书将没有纸质形式，但可以从事按需出版业务，生产纸质书。爱思唯尔（Elsevier）出版集团于 2000 年投资 4000 多万美元，启动其期刊数字化项目——Scopus，将其以往近 200 年内出版的 400 多万篇文章全部电子化。目前，Scopus 已成为全球最大规模的文摘和引文数据库，文献可回溯至 1823 年第 1 卷第 1 册的《柳叶刀》。泰勒和弗朗西斯（Taylor & Francis）出版集团的电子产品平台 Informa-world 提供一站式服务，包括 1500 余种电子期刊、8000 余卷的期刊电子回溯以及 17000 余本电子书和 20 万个文摘与索引记录；另外还有各个领域的百科全书资源；其先睹为快（iFirst）电子平台包括 345 种期刊的文章，在作者看过校样后即可在网上发表，为学者提供更加快捷的服务；在投稿中心（Manuscript Central）平台，作者可在线投稿，从而缩短从投稿到发表的周期。①

在中国，包括网络公司、出版企业在内的许多机构已开始进军数字出版业，在这些机构中，有的深层介入数字出版产业链核心环节，有的为传统出版机构提供数字出版平台，或为出版机构开展相关网络服务；中国大多数出版机构已经在出版流程的某个环节实现了数字化技术的应用，而某些出版机构的数字出版进程

---

① 《主要专业出版社的数字出版项目》，《出版商务周报》2008 年 6 月 15 日。

更是走在了前列；一些出版机构已经将数字化出版列入下一步的业务计划中，少数先行者已经从中尝到了甜头。例如，上海世纪出版集团旗下的易文网开展了数字化信息服务、网络出版业务，E－book 的收费阅读和"工具书在线"是其中的两个亮点；高等教育出版社建立的内容管理系统，将各种出版资源进行系统化集中管理，实现了资源的社内共享和继续利用，同时数据的结构化可以根据不同的模板生成不同的内容，为以后的在线服务提供良好的基础。[①] 又如，中国出版集团数字传媒有限公司于 2008 年 4 月揭牌，这标志着作为中国传统出版业代表的中国出版集团由传统出版经营模式向数字化转型的战略正在加速推进，在接下来的两年到三年时间里，中国出版集团数字传媒有限公司将着手准备上市。[②] 据悉，中国国家新闻出版总署的中华字库工程、国家数字复合出版系统、国家知识资源数据库出版工程、中华古籍全书数字化出版工程、数字版权保护技术研发工程五大数字化出版工程正在紧锣密鼓的实施之中，从中可以看到中国政府对数字出版产业发展的支持、推进力度。

三　数字出版模式给出版经济学理论带来的新内容

当前，"数字出版"概念已被业内广泛认可，数字出版产业链、数字出版规模正在形成，网络与数字化阅读已经成为人们重要的媒介消费方式之一。从本质上看，新技术给传统出版生产流程带来了翻天覆地的变革。但从数字技术介入出版业的表现来看，数字出版目前尚处于探索时期，一些数字出版业态也还处于

---

① 姚红：《出版企业如何应对数字化之变》，《出版商务周报》2008 年 6 月 22 日。

② 陈丹：《中国出版业迎来数字时代　商业模式有待进一步探索》，《通信信息报》2008 年 4 月 30 日。

模仿传统出版业的阶段，而且置身于数字技术平台的出版，目前还需要传统出版业在内容等方面提供支撑。因此，在一个时期内，数字出版业态与传统出版业态将形成共存、竞合的格局。尽管如此，出版界人士仍然需要充分认识新技术对传统出版的革命性冲击，增强危机感与紧迫感，积极研究、介入新兴的出版业态与出版商务模式，以求得自身的可持续发展。

数字出版不仅是当今传媒业的新兴领域，而且也是传播学、出版学研究界关注的重要现实热点。中国出版科学研究所等机构从 2007 年开始联合发布中国数字出版产业年度发展报告。就数字出版经济研究来说，当前从经济学视角对数字出版传播的特征和规律进行分析的研究还较少，对诸如数字革命是否改变了出版经济的基本规则等关键性问题的研究较为匮乏。从数字出版传播的实践出发，合理地运用信息经济学等经济学理论和方法，对数字出版传播的经济特质、经济规律与运营模式进行研究，很有必要。数字出版具有明显的创新特质、外部经济性、边际效益递增特征和复合经济效应。这些特征对传统理论框架有所突破，将为经济学、出版学、传播学理论注入新的内容。

（一）数字出版经济中存在激励创新以追求竞争优势的特殊机制

J. A. 熊彼特在其 1912 年出版的《经济发展理论》中提出并阐释了"创新"（Innovation）的概念。熊彼特认为：创新不仅是新的，还要能带来利润；创新是一种"创造性的破坏"，是一种均衡被打破的过程①。弗里曼也认为，创新就是新产品（思想）

---

① Schumpeter, Joseph A. (1934). *The Theory of Economic Development：An Inquiry into Profits，Capital，Credit，Interest，and the Business Cycle.* Cambridge：Harvard University Press.

或新工艺的首次成功的商业化①。因此，创新不仅仅是一个技术的问题，创新是技术与市场交互作用的结果，它具有强烈的商业利益驱动趋向。按照以上观点，所谓技术创新，其实质是指通过新的技术运用向市场提供新的、能带来利润的产品或服务。

网络经济、数字经济形态是一种创新型经济，创新机制是促使数字经济不断发展的重要动力源泉。在这种经济环境中，企业将新技术、新创意、新思想转化为新产品、新工艺，或实现组织创新、制度创新，形成自身核心竞争力，去攻占和扩大市场，建立和拥有公认的标准，从而锁定消费群体，通过路径依赖赢取一定时期内的竞争优势，达到占据市场主导地位的目的。但另一方面，继起的创新又使持久的垄断永不可能出现。因此，在数字出版经济中不创新则亡，企业若非持续创新也是难以为继；企业的竞争优势需要持续的创新来维系，而创新局面则依靠竞争来推进。

（二）数字出版经济中边际效益递增规律的作用范围扩大

所谓边际效益递增规律，即在经济投入产出系统中，随着投入的增加而边际产出（边际效益）呈递增趋势。在传统的经济形态中，当物质产品生产尚未达到一定经济规模时，边际效益递增规律也是存在的。而在新兴的网络经济、数字经济中，信息资源具有可再生性和重复使用特性，它的成本不随使用量的增加而成比例增加；从信息产品或服务的特点看，信息产品的沉淀（固定）成本高、复制成本低，这使得边际成本趋向于零，而信息产品的共享程度越高、流行程度越广，其价值就越大，从而形成销售规模报酬。信息资源和信息商品的上述特征，使边际效益

---

① Freeman, Christopher & Luc Soete (1997). *The Economics of Industrial Innovation* (3rd edition). Cambridge, Mass.: MIT Press.

递增规律在数字出版经济中的作用范围更为宽广，即由于数字环境下交易边际成本递减趋势的存在和数字信息价值的累积增值及传递效应，使数字出版的边际收益呈现规模递增趋势。

当然，在网络经济、数字经济形态中，并非说在信息经济中只有边际效益递增的规律性，在信息产品生产中出现技术方向问题等情况时也会出现边际效益递减甚至为零或负的现象。新的经济形态所改变的主要是边际效益递增或递减规律发挥作用的范围。

（三）数字出版经济具有非常明显的网络外部性

数字出版的外部经济性来源于网络的组织系统性、数字信息流的交互性和信息基础设施的长期垄断性。反映信息网络具有外部效应的梅特卡夫法则（Metcalfe Law）也适用于数字出版经济。梅特卡夫法则得名于计算机以太网的发明人梅特卡夫，这一法则表明网络价值等于网络节点数的平方。由于互联网是多对多的网络，它的网络规模的关键点（或临界点）在 20 世纪 90 年代早期就已达到，此后每个新用户能增加的潜在价值比例就大于网络规模增加的比例，反过来，人们对不断增长的网络价值的认知，又驱动了网络规模的进一步增长。梅特卡夫法则概括了网络的效益随着网络用户的增加而呈指数增加这一基本的价值定律，即经济学界所称的"网络效应"或"网络外部性"。

互联网为人类的出版活动提供了一个重要的信息获取和传播平台，也提供了一个重要的商务平台。在一个网络出版平台上，用户可以按照一对多、多对多的形式传播信息，网络用户数量的增加使信息得以在更大范围的用户之间传递和共享，这不仅增加了信息本身的价值，而且提高了所有网络用户的效用，进而实现网络出版平台的各种潜在价值，增加网络平台的总效用。这种网络外部性在开放存取出版（OA Publishing）、博客和网络阅读社区等多种数字出版传播形式中都有所体现。因此，反映网络外部性的梅特卡夫法则也适用于网络条件下的出版经济活动。梅特卡夫法则也从一个方面说明数字出版传播的边际成本是递减的：虽然数字出版的技术平台搭建、数字出版产品前期研发的固定投入较大，但每新增一个用户的成本，并不需要新的基础设施投入，而且可以均摊原有投资成本，消费者越多，相对成本就越低。

（四）数字出版经济中存在反映优劣势强烈反差的马太效应

所谓马太效应（Matthews Effect），简言之，即强者愈强、弱者愈弱的现象。这种效应因《新约全书·马太福音》第 25 章中的一句话而得名——"因为有的，还要加给他，叫他有余；没有的，连他所有的，也要夺过来。"数字出版经济是以数字化信息流为核心，信息流组织与支配商流、资金流、物流、技术流、人才流的新兴出版经济形态。而在信息流产生的活动中，由于人们的心理反应和行为惯性，在一定条件下，优势或劣势一旦显现，就会不断加强而自行强化，出现滚动的累积效果。因此，在网络经济、数字经济发展过程的某个时期，往往会出现强者愈强、弱者愈弱的局面，而且还可能发生强者统赢、胜者通吃的现象。由于互联网的特性，后来者很难抢占先行者的市场份额。

尽管前文提到数字出版经济中存在着激励市场主体创新的特殊机制，但创新意味着"创造性的破坏"，意味着颠覆已有的均衡格局。而且在另一方面，对于最早的创新者而言，往往存在巨大的风险，对于源头创新、高端创新和力求拥有自主知识产权的自主创新来说，更是如此。因此，在网络环境下，一旦某一领域形成较为稳定的市场格局，反映优劣势强烈反差的马太效应规律将在市场中会发挥作用。具体对数字出版行业而言，如果数字出版机构在技术条件、收费模式等方面的问题都得以解决，并形成成熟的消费市场，那么消费者将逐步形成较为稳定的阅读方式、消费习惯。而要让一个稳定的消费者群体改变较长时间形成的消费习惯，重新适应一套新的阅读方式、消费习惯，则需要一个过程。例如，由于一些出版机构的在线增值服务在推行初期是免费的，现在出现一个令出版机构头疼的难题：如何让读者愿意为这些在线增值服务付费。

对于数字出版产业的市场竞争，银河证券传媒行业分析师许耀文曾作过如下具体分析：中国出版集团所成立的数字传媒业务，若是包含物流内容，则不免与当当网、卓越网形成正面冲突，而赢利点若是在于有价资讯的，则与道·琼斯、汤姆森等相仿，它将遭遇更为强劲的竞争。[①] 作为中国传统出版业的代表，中国出版集团面临的挑战也正是整个产业面临的挑战。正是从这种意义来说，数字出版机构需尽快建立符合自身特色的经营模式，如此才能在市场中长久立足。

第六节　出版经济中的诚信博弈——出版诚信问题研究

"市场经济，诚信为本"，出版经济是一种信用经济，而信用经济的根本立足点就是诚信。出版从业者和出版机构作为精神文化产品的生产者、把关人，其诚信直接关系到文化产品传播的效果，直接影响到其传媒公信力。出版机构和出版从业者只有增强诚信意识，以诚信为立身之本，才能赢得读者、作者、社会公众的高度尊重，才能促进出版从业者个人、出版机构以及整个出版行业的和谐、持久发展。

---

① 陈丹：《中国出版业迎来数字时代　商业模式有待进一步探索》，《通信信息报》2008 年 4 月 30 日。

一　多维理论视角下出版诚信的本质分析

现今出版界，出版诚信是一个从上至下众所关注的问题。为什么出版业界对诚信话题投入如此多的注意力、执行力？恐怕它不仅仅是一个伦理学层面的行业伦理和职业道德论题。

（一）出版诚信是一个政治经济学论题

从政治经济学的视角来看，对于一个和谐社会或和谐产业，实现社会（市场）公正原则与遵从客观经济规律同等重要。社会整体要求和谐，出版产业需要进步，出版行业在满足社会的知识、信息需求方面有着自身特定的文化使命，对社会秩序和公众生活有着较大的影响力，这要求出版行业以诚信的态度践行文化生产者和传播者的角色。市场经济条件下的出版行业，既要遵循科学的经济规律，关注效率和效益，更要遵从社会（市场）公正原则，关注社会变迁与历史转型，实施人文道德关怀。换言之，出版业和出版机构需要将社会效益放在首位，兼顾"双效"，实现"双效"的最大化，事实上，出版机构对"双效"的追求在许多情境下是可以和谐共处、取得"双赢"结果的。

（二）出版诚信是一个文化哲学论题

和谐、健康的出版应该是文化理想与商业理性的完美结合。文化和经济是出版业前行的双轮、两翼，如何驾驭这双轮、两翼，是全球出版界面临的共性问题。不同国度、地域的出版界对出版业文化与经济特质的认识存在差异。在出版业的本质属性问题上，我国出版界较多强调出版的社会责任和文化理念；在一些西方国家，出版业的商业特性非常突出，出版业的市场化、产业化程度很高，但就总体而言，这些国家的出版界也并没有忽视、偏废出版的文化特质。因各国政治、经济、文化制度及出版传媒行业历史和现实生态的差异，各国出版界的价值取向呈现多元化的格局。尽管如此，我们仍然可以明确的一点是：出版产业归根结底是从事内容生产与传播的文化产业，其立身之本在于文化，而坚守文化本位的重要保证便是诚信对待读者、作者、同业、公众。

（三）出版诚信是一个传播学论题

出版机构、从业人员自身就是一种传递信息的媒介。用麦克卢汉"媒介即讯息"的观点来看，出版机构、从业人员的行为在有形或无形之中向社会公众、同业传递着有关传媒公信力的信息，从而影响到社会公众、同业对相关机构、个人及其产品的判断与选择。一般来说，这种信息在同业圈内传播速度更为迅捷，直接影响到相关出版机构、个人的资信。此外，传播学中的"社会责任理论"倡导媒介自律、媒介社会责任，而传播学"受众中心说"则主张将受众置于传播活动的中心地位，这些与出版活动中的诚信行为都是契合的。

由此看来，出版诚信不仅仅是一个伦理学论题，更是一个文化哲学论题、政治经济学论题、传播学论题，这么说毫不为过。通过从不同理论视角对出版诚信的本质进行审视，我们可以得出以下几点结论：

1. 出版诚信归根结底是一个在出版活动中如何处理文化和经济二者关系、"义""利"关系、"双效"关系的问题。如果我们对中外出版史上的诚信之举和当今出版界的诚信现状加以考察，可以发现"万变不离其宗"：出版诚信始终和"文化与商务博弈"、"义利之辨"、"双效如何统一"三组命题紧密关联。

2. 出版诚信不仅是机构信誉和个人修养问题，而且还是一个牵涉全行业各环节、各层面的业界生态问题和行业体制问题。从出版工作的源头——选题策划、组稿，直至产品进入销售、读者消费环节，出版诚信始终是不容回避的问题。出版生产、交易、传播全过程之中的诚信不仅反映着出版机构信誉和从业者修养，而且直接映射出业界生态、行业体制现状。

3. 出版诚信关乎出版行业规则的形成，是构建和谐出版产业链的重要基础和不可或缺的动力。出版行业规则，尤其是出版市场规则的形成离不开诚信。尊重规则，与制定规则、"有章可循"同等重要，而且诚信从业就是一个形成规则的过程。如果一个行业从其产业链上游至下游普遍存在漠视规则、置诚信于不顾的行为，那么再好的规则恐怕只会落到被遗弃的结局。

二　多维理论视角下出版诚信体系建设的对策考察

诚信是出版机构的社会责任，是出版文化的重要延伸；诚信是出版机构走向市场的通行证，是出版机构和出版从业者信誉的标尺，是出版机构宝贵的无形资产；诚信传播着出版机构良好的外部形象、社会声誉，预示其美好的发展前景。如果分别从经济学、文化哲学、传播学的视域来考察，出版诚信体系建设可从出版市场规则的完善、出版职业精神的强化、出版传媒社会责任的回归三个层面来寻求对策。

（一）经济学视域的出版诚信体系建设——出版市场规则的完善与"行业集体自救"

一个诚信缺位的行业极有可能引致全行业的大崩溃，出版业中的不诚信行为对出版经济、出版市场规则危害甚重：其一，从根本上扭曲了公平竞争的本质，使价值规律无法发挥正常作用，破坏了出版市场规则，由此造成市场机制失灵；其二，阻碍了出版资源的合理、优化配置和技术、生产的进步；其三，在无形中增加了出版业的交易成本，使诚信、规范运作的出版者沦为受害者，同时损害了社会公众的合法权益。当前加强出版业诚信体系建设，规范出版从业行为，净化产业生态，可说是中国出版业的一次"行业集体自救"。

在制度经济学看来，无论人们的文化活动，还是经济活动，总是在一定的制度背景、组织结构和运行机制中进行，体现着人们一定的目的、追求。出版业诚信体系建设应以深化制度改革为先导，优化出版产业生态。当前中国出版业应继续深入推进体制改革和机制转型，以壮大出版产业实力，规范市场秩序、"游戏规则"和信用体系，为出版业诚信体系建设营建良好的产业环境。

以规制经济学的观点来看，市场经济条件下，出版诚信体系不能只依赖"经济人"的素质和觉悟，政府加强规制、制定具有法律效力的规则体系也非常重要。出版行业主管部门应加快建立健全有关法律、规章制度，引导出版机构规范从业行为，走诚信经营、守法经营之路。目前，政府出台《反商业贿赂法》是当务之急，《出版管理条例》、《出版物市场管理规定》正在修订之中，酝酿多年的《图书市场公平交易规则》已呼之欲出。一些现行规定中与"诚信"相关的内容可加以完善，并升格为条例或成为法规，这将使得无论是出版市场活动还是政府监管，都能有章可循、有法可依。此外，在市场规制方面，政府加强诚信体系建设的可行性举措还有：完善出版企业年检制度，建立诚信档案，加大行业标准化的推进力度。

再以信息经济学的视角来看，中国出版业的许多问题与信息流不畅、信息不对称问题存在关联，诚信问题也是如此。由于出版者、发行者、作者、读者多方之间存在着信息不对称的问题，拥有信息优势的一方就有可能侵害另一方的利益。因此，加强出版诚信体系建设，很有必要充分发挥新技术的作用，完善出版信息交流渠道。为解决信息流不畅的问题，政府和出版界都应做出各自的努力。在现实的出版活动中，政府针对信息失灵现象进行规制、为诚信出版提供保障的活动包括：对出版经营者资质的规制、对广告行业的规制、对新闻出版人员从业资格的规制等。出版界在信息沟通方面也可以多加改善，如开展信息化建设，进行跨地区、跨行业的信息交换、资源共享；推进信息标准化管理，制定和规范出版业信息采集技术标准，提高行业信息的采集和流通效率。

（二）文化哲学视域的出版诚信体系建设——出版业文化使命与职业（专业）精神的强化

出版职业（专业）精神是出版工作者忠实履行出版业的文化事业宗旨和文化使命的职责表现。出版业的一些邻近行业倡导职业精神由来已久，如实事求是、据实而书是新闻业职业精神的重要内容。就出版业这样一个兼具文化使命和商业理性的行业而言，彰显文化使命，对读者、作者和社会公众讲求诚信应是出版职业精神的核心所在。在中外出版文化的历史长河中，诚信是出版者职业精神和人格魅力的极高境界，诚信出版是一种永恒的从业追求。在这方面，中外出版界既有可赞的典范，也有可叹的教训，值得今日中国出版人引为镜鉴。

在中外出版史的不同时期，诚信的优良传统都有所体现。中国古代有不少作者、编者或作者兼编者有着"十年磨一剑"、"良工不示人以璞"的操守和追求。从本质上说，中国古代编辑出版史上的"版本"、"校雠"等概念、活动，与古人在编辑出版活动中的诚信观和职业精神是息息相关的。因为在出版活动中，杜绝谬误、精品传世本身就凝聚着一种对作者、对读者、对子孙后代、对民族整体的文化使命感。

在古代的官刻、私刻、坊刻三大出版系统中，诚信出版都有所体现。官刻出版系统携有政府的资源与权威，私刻出版者较多地考虑个人、家族的声誉及其在学界、业界的影响，官刻和私刻之书并非全数进入市场，因此应该说坊刻——古代商业出版系统的诚信经验更值得当今市场经济环境下的出版业界借鉴。在此略举一例，南宋时期的出版家陈起与其陈宅书籍铺有着重要的地位，陈起所刻之书极受市场欢迎，其产品畅销的重要原因之一便是陈起对作者和读者讲求诚信、高度负责，对出版活动有着极为精益求精的态度，其产品质量十分过硬。中国古代出版史上因缺失诚信而遭诟病的教训也不在少数。在一些朝代的出版活动中，存在盗版翻刻、随意删削、拼凑旧版、印刷低劣等情况，这些罔顾诚信的行为对历史上的文化传播和学术传承造成严重损害，受到当世和后世之人的批评、否定。在近现代出版史上，张元济、夏瑞芳、陆费逵、章锡琛、邹韬奋、张静庐等一批出版先贤秉持文化使命，以其职业精神和诚信之举为所在企业创立了良好的形象和品牌，其中累积的无形资产还在为一些出版机构受用。

在西方出版史上，出版界较早就开始了其诚信建设之旅。如果说中国出版史上的诚信之举多源自一种文化理想，那么西方出版界的出版诚信较多地体现了一种商业理性，因为近现代西方出版业基本上是在市场经济环境下得以发展，在西方出版发展史的主轴上商业出版始终扮演着至关重要的角色。当然，文化理想和商业理性二者也并非截然可分的。

工场手工业时期的西方出版业在生产技术、规模上有些类似于中国古代的坊刻系统。这一时期的西方出版界为加强自律，协调同业利益关系，成立了出版业公会、印刷商同业公会之类的组织来保障业界的诚信体系。工业革命勃兴后，蒸汽机等设备在出版印刷活动中的应用极大地提高了生产效率，书报刊的需求和生产规模迅速扩大，出版业的市场秩序也受到挑战。为避免行业出现无序状态，一方面，西方国家政府进行了直接规制，另一方面，出版行业内部加强了自我规范、约束，更加重视规则建设，在这一过程中，诚信出版的必要性在竞争日益激烈的市场中越发凸显。事实上，在当今西方出版的商业环境中，诚信也被置于至关重要的地位。畅销书的策划、运作多被视作一种商业性极强的出版行为。在发达国家，一些出版人也秉持诚信从事着畅销书出版活动。日本出版人井狩春男在其《这书要卖 100 万》一书中论及畅销书的运作时，曾专门强调了善待作者和在出版企业内部编辑和发行业务员互信合作的重要性。"出版产业的圣经"——《为赢利而出版：图书出版商底线管理成功指南》的作者、美国资深出版人托马斯·沃尔对于出版诚信有过精辟阐述："出版公司开业必须具备三个基本条件。……缺了任何一条，你的出版努力将极有可能付诸东流。这三个基本条件就是我所说的 C 的立方——承诺（Commitment）、一贯性（Consistency）和信誉（Credibility）。之所以称其为 C 的立方，是因为承诺和一贯性某些特征相结合的产物——信誉，对于出版社来说，较之前两者简单的相加更具意义和重要性。"①

今日的中国出版界，一些出版社在和作者、读者、同业的交往中以文化为本，重视诚信，为自身赢得了好誉、品牌与尊重。不少出版社在图书版权页注明"若图书出现印装问题，本社负责调换"，即属显见的诚信之举。再如，我国网络书业的领头羊——当当网上书店为解决消费者在网上购物不能直接看到实物的缺陷，向消费者承诺可以无条件退换货，在一定程度上克服了书业电子商务的诚信症结。但我们必须承认，当前出版业界也存在种种背弃诚信甚至违规违法的行为，如盗版盗印、伪书、侵权、严重同质化、商业贿赂、偷税漏税、恶意欠款、随意退货、恶意压价打折，等等，对出版市场环境和产业生态造成严重危

---

① ［美］托马斯·沃尔：《为赢利而出版：图书出版商底线管理成功指南》，杨贵山译，中国人民大学出版社 2005 年版，第 3—5 页。

害，出版界强化文化使命感、重塑出版职业精神迫在眉睫。邹韬奋先生"凭理性为南针，以正义为灯塔"的文化使命感和职业精神，很值得今天的出版从业者学习、秉承。

（三）传播学视域的出版诚信体系建设——"媒介内部控制"与出版传媒社会责任的回归

传播学的一些研究和结论也可为出版诚信体系建设提供启示，其中的社会责任理论、媒介内部控制研究、"把关人"模式都具有借鉴意义。

社会责任理论源于美国，是 20 世纪 40 年代时由美国"新闻自由调查委员会"出版的《一个自由而负责任的新闻界》一书首次提出的。该理论衍变于自由媒介规范理论，但又超越发展了自由主义理论，它强调自由须以责任为前提，故又称为新自由主义理论。它实际上是现代西方媒介传播的理论基础，其目的有二：防止传媒垄断所带来的社会矛盾的日益激化；防止媒体内容的进一步低俗化，以保证社会道德和精英文化不致没落。这一理论的要点包括：（1）大众传播是具有很强公共性与公益性的社会活动，所以对社会和公众负一定的责任是传媒机构的义务；（2）传媒应当在其传播活动中坚持和贯彻真实、准确、客观以及服务于公众等专业标准；（3）传媒须遵守现行政治和法律制度，对有关社会犯罪与宗教或种族歧视的话题不得有煽动性的内容；（4）要求媒介提供高质量的信息，是受众的权利。

媒介内部控制是传播学控制研究的重要领域。这一研究认为，媒介内部控制主要包括两个方面：一是指传媒通过组织制度、活动方针等对信息传播过程的控制，其体现之一便是传播过程中的"把关人"模式；二是指媒介通过制定行业纪律或道德准则来规范传播活动和传播工作者的职业行为。就后者而言，由于媒介是传播内容的发布者，只有自主规范传播活动和传播工作者的行为，才能维持媒介公信力，争取受众和优化传播效果。因此，传媒自律是媒介内部控制的一个重要方面。尽管社会责任理论、媒介内部控制理论的原生土壤在西方，但其中的不少结论对于中国环境也具有可适性。

行业的自我约束、规范与政府制定"游戏规则"同是出版市场规则形成的重要途径。在出版诚信体系建设进程中，应该充分凸显出版行业自律的作用，完善行业自律机制。近观当今西方发达国家的出版业，严格、系统而颇为成功的行业协会管理是其出版管理的突出特点，行业协会在西方出版业中扮演了非常重要的角色。远观民国时期的中国出版业，上海书业同业公会等行业组织曾施行了规范而又富有人性化的行业管理，遵守书业同业公会制定的行业规则，成为当时从业者的一种生存条件。

当前我国出版界在行业自律、诚信建设方面也推出了较多举措。例如，中国书刊发行业协会最近修订通过了《全国书刊发行业公约》，希望发行企业遵照执行。我国出版行业自身在诚信体系建设方面的潜能还有望充分挖掘，以下思路可供参考：

1. 建立合理、长效的行业评议机制。当前已开展的出版行业社店诚信互评活动可以纳入规范化的轨道，使其持久运行。

2. 行业协会可与政府有关部门联合成立专业、权威的信用监测机构，定期向全社会、全行业公开出版机构的信用记录，对严重违规的出版机构予以曝光。

3. 以《出版物市场管理规定》等规章为依据，加快制定并推广使用规范的出版经营合同文本，利用契约关系来确定交易各方责任权利。

4. 更多地开展与诚信有关的评优活动，为诚信出版营造有利的公共舆论氛围。

5. 注重出版从业人员的诚信考察，努力建立能对出版职业行为进行有效约束的自律、监督机制，为出版从业者诚信水平的提高提供机制保障。

值得说明的是，出版诚信体系建设不能单靠政府的倡导、规制，同样，也不能单凭行业组织的协调和出版机构、个人自身的认识觉悟，而应充分发挥各方面的潜力，自律与他律并重，多方协调，持之以恒。

第 六 章

出版传媒产业的市场垄断与竞争分析

知识垄断的兴衰与传播媒介相关。不同的知识垄断倚重不同的媒介，或倚重宗教、非集中化和时间，或倚重武力、集中化和空间，因此知识垄断也要变化。

印刷工业的急剧扩张和对出版自由的强调，都助长了垄断的成长，强化了民族主义。

在普通法的国家，知识垄断加重了报纸、杂志和书籍出版的垄断倾向。[①]

——哈罗德·伊尼斯

经过对两个世纪以来不同市场结构的考察，许多经济学家得出这样一种结论：在不规范的企业之间注入强有力的竞争，几乎总能使这些破坏性代价降到最小的程度。消除进入与退出的壁垒和禁止勾结行为，是防止垄断定价和鼓励快速创新的最有效方式。这一策略的实质可以用以下几条规则加以概括：消除政府对竞争的限制。记住："关税是垄断之母。"促进来自国外企业的有力竞争。尽可能地使用拍卖和竞争性报价。不要怀疑未来技术发展的趋势。鼓励小企业向

---

① ［加］哈罗德·伊尼斯：《帝国与传播》，何道宽译，中国人民大学出版社2003年版，第177—179页。

已有的企业发出挑战。①

——保罗·萨缪尔森

　　垄断与竞争是经济运行的两种重要形式，在资源的优化配置上，垄断和竞争各以其独特的机制和方式发挥着互补作用。从现实看来，任何一个国家的经济都不是完全竞争的经济，也不是完全垄断的经济，而是垄断和竞争在不同程度上的结合。我国加入WTO后，越来越多的国家承认我国的完全市场经济地位。在此背景下，我国出版业应该尽快重塑市场主体，建立和完善市场机制，这也是我国出版发行体制改革的目标和要求。在出版领域，出版市场包括哪些市场类型，各具有哪些特征，处于不同类型市场中的出版机构的市场行为与绩效有何特点，这些都是出版界亟需明确的，也是需要出版经济学加以详细考察的内容。

第一节　出版产业市场结构的特征

　　市场结构是一个反映市场竞争和垄断关系的概念。市场结构是指"规定构成市场的卖者（企业）相互之间、买者相互之间以及买者和卖者集团之间等诸关系的因素及其特征"②。在考察出版业的市场结构特征之前，我们需要明确市场划分的概念。经济学中的"市场"或"产业"，是指具有替代性的产品或产商的集合。"我们应该把一个行业看作生产的产品在消费者看来是相近替代品的所有厂商的集合。行业中的每一家厂商都能生产独一

---

　　① ［美］保罗·萨缪尔森、威廉·诺德豪斯：《经济学》（第16版），萧琛等译，华夏出版社1999年版，第150页。

　　② 杨建文等：《产业经济学》，学林出版社2004年版，第68页。

无二的产品——如独一无二的品牌，但从消费者的角度看，每一品牌的产品都是程度不同的替代品。"① 如果两种产品的替代性很小，那么这两种产品就不属于同一个市场或者同一个产业。例如，《中国国家地理》和《世界时装之苑》两家杂志社皆以杂志出版为主业，中国少年儿童出版社与中国水利电力出版社两家出版社均以图书出版为主业，但从严格的经济分析的角度来看，它们并不属于同一市场，因为二者之间几乎没有直接的竞争关系。因此，我们应该对出版业的市场结构进行具体的分析，而不应一概而论。

一　对出版业市场类型与特征的判断

微观经济学通常按照市场竞争程度的差异将市场划分为四种类型：完全竞争市场、完全垄断市场、寡头垄断市场、垄断竞争市场。其中，完全竞争市场和完全垄断市场是两种比较简单的市场类型，它们各处于两个极端的情形；而寡头垄断市场和垄断竞争市场是处于上述两者之间的中间状态，市场结构较为复杂，兼具垄断与竞争两种特点。

所谓完全竞争市场，是指这样的市场：在市场上有大量的买者和卖者，其中任何个别的卖者和买者都不具有影响和决定商品市场价格的力量，而只能是市场价格的接受者；商品具有同一性，同一数量的同种商品之间完全同质，不存在差异；生产要素具有完全的流动性；每个买者和卖者能够自由地参与或退出市场经济活动；买卖双方拥有充分的市场信息和商品知识。完全竞争市场是一种经过理论抽象的理想的市场状态。但现实中的市场都

---

① ［美］哈尔·R. 范里安：《微观经济学：现代观点》（第 6 版），费方域等译，上海人民出版社 2006 年版，第 369 页。

不具备这些特点，因而都不是完全竞争市场，充其量只是接近完全竞争市场。尽管如此，由于完全竞争的理论价值，完全竞争理论至今仍是经济学理论的重要组成部分，完全竞争性仍然是经济学家分析市场的起点。不具备完全竞争性的市场，则称为不完全竞争市场。不完全竞争市场的特点是，市场中存在着一定程度的垄断，某些个别经济人对商品的市场价格具有一定程度的影响力。垄断竞争市场、寡头垄断市场和完全垄断市场即为不完全竞争市场的三种类型。在不完全竞争市场中，完全垄断市场是与完全竞争市场完全相反的一种市场状态，其特点是：行业内部只有一个厂商，厂商就是产业；厂商的产品没有替代品，因而没有竞争者；厂商独自决定产品价格，是价格的制定者；厂商可以根据市场的不同情况，实行差别价格，以赚取最大的超额利润。完全垄断市场在现实中很少见，在现实经济生活中较为普遍存在的是垄断竞争与寡头垄断两种市场类型。垄断竞争市场的竞争程度较大，垄断程度较小，比较接近完全竞争，从总体上说，这种市场具有以下特点：厂商众多；市场上的每个经济人都自以为可以彼此相互独立行动，互不依存；产品差别存在差异性；厂商进入和退出一个行业比较容易；行业内部可以形成多个产品集团，即行业内生产类似商品的厂商可以形成团体，这些团体之间的产品差别程度较大，团体内部的产品之间差别程度较小。寡头垄断市场在现实中也较多见，但这种市场结构较为复杂，至今没有一套完整的理论。所谓寡头，是指少数的卖者面对众多的买者。总的来说，寡头垄断市场有如下特点：市场上的厂商只有少数几家，每个厂商都具有举足轻重的地位，对其产品的价格具有相当的影响力；厂商决策时要考虑竞争对手的反应，独自不能决定价格，不是价格的制定者，更不是价格的接受者，而是价格的寻求者；诸寡头的产品之间可以完全相同，也可有产品差别；其他厂商进入产业相当困难，甚至极为困难，同样，退出一个行业也是很不易的。

（一）出版业市场类型及其特征概括

一般而言，理论上的不同市场结构类型，例如垄断或竞争市场，所反映的并不是某个单一产业的特征，因为在一个产业内部，很可能存在更具体的由产品差异性和市场进出壁垒所决定的不同市场类型。在一个特定产业内部，可能会有垄断竞争市场、寡头垄断市场和完全垄断市场并存的情况。对于出版产业来说，现代市场经济条件下的出版市场具有以下一些共性特征。

第一，出版市场进出壁垒不高。如果不考虑非经济因素造成的进出壁垒，设立出版企业所需的资本不是太多，进入和退出出版行业的障碍并不大，比较容易。下文将对出版业的市场壁垒进行详细阐述。

第二，同一市场上，每个出版企业的产品存在不同程度的差异。在同一细分出版市场中，不同出版企业的产品互有差别，要么是内容差别，要么是质量差别，要么是非实质性差别（如装帧设计、广告等引起的印象差别），要么是销售条件差别（如地理位置、服务态度与营销方式的不同也会造成消费者的不同偏好）。

第三，出版产品可以形成产品集团。出版行业内部可以形成多个产品集团（product group），即出版业内生产类似产品的出版企业可以形成团体，这些团体之间的产品差别程度较大，但团体内部的产品之间差别程度较小，例如，不同的科技出版社或少儿出版社可以形成相应的出版产品集团。

第四，出版企业之间的依存度不高。不同出版产品之间存在较大差异性，这使出版市场可被深层次细分。在很多出版领域，既存在规模很大的行业巨头，也存在员工不到 10 人的微型公司。

不同规模的出版机构可以独立行动，互不依存。

根据上述出版市场的共性特征和中外出版业的实际情况，笔者认为，出版业的市场结构存在以下具体特征：（1）出版市场主要分属于垄断竞争市场和寡头垄断市场两种市场形态；（2）在一定的制度、政策环境下，完全垄断的出版市场是存在的；（3）就不同的出版领域而言，大众出版、教育出版、专业出版三大出版领域的市场进出壁垒高低和产品差异性程度，决定了在不同的出版领域中存在不同的市场结构和竞争程度；（4）如果将出版物粗略分为政府出版物、专业出版物、教育出版物、大众出版物四类，那么相应出版领域的市场化程度和竞争程度是递增的，如果将出版市场进行更深层次的细分，不同出版市场的市场结构也存在差异；（5）出版产业链中的不同环节的垄断与竞争程度也存在差异：从上游往下游，市场化程度越来越高，垄断程度越来越低。表6-1详细描述了出版业的不同市场类型及相应的市场特征。

表6-1　　　　出版业市场的类型及其特征

市场类型	厂商数量	产品差别程度	企业对价格的控制程度	进出行业的难易程度	出版市场实例
完全竞争	许多	完全无差别	没有	很容易	出版业无此情况
垄断竞争	许多	有许多真正的或感觉的差别	一些	比较容易	大众出版、教育出版、专业出版市场
寡头垄断	几个	差别很小或没有差别	一些	相当困难	教育出版、专业出版市场
完全垄断	唯一	产品是唯一的，且无相近的替代品	极大，但通常受管制	几乎不可能	部分政府出版物、部分专业出版物的市场

（二）出版市场特征的实证分析

20 世纪是国际出版业走向集中化、走向垄断的世纪，特别是 20 世纪 50 年代以来，这种趋势日益增强。近几年，国际出版业的集中化进程更趋加快，例如，1998 年美国前 20 家规模最大的出版公司的年销售收入占了全美出版业总销售收入的 75%，利润的 50%。而这 20 家大公司中外国公司占了大多数，在美国最大的十家出版公司中有九家为外国公司。如德国贝塔斯曼属下的兰登书屋，年销售收入 55 亿美元，占全美出版业总销售收入的 23%；英国皮尔森属下的西蒙舒斯特，年销售收入 37 亿美元，占全美出版业总销售收入的 16%；荷兰沃尔特·克鲁尔属下的 CCH，年销售收入 27 亿美元，占全美出版业销售收入 12%。[1]

在发达国家的市场经济环境中，出版业市场化程度高，行业竞争激烈，因此，与其他产业的发展相仿，出版企业之间的兼并与联合也产生了集团化的企业组织——出版集团。分析发达国家出版集团的发展历程，我们可以发现国际出版业集中化发展的某些规律。[2]

首先，国际出版业的集中化发展既体现了资本运动从分散到集中、从集中到垄断的规律，也体现了经济全球化过程中资本向利润最大化方向流动的趋势。发达国家的出版机构通过兼并、联合、重组等方式实现规模扩张，是国际出版业集中化的主要原因。从 20 世纪 80 年代开始，许多著名的出版集团开始了世界范围的大规模扩张，主要是发达国家出版集团之间的相

---

[1] 安庆国：《从欧美出版之比较看中国出版的发展》，《出版广角》2000 年第 9 期。

[2] 吴赟、杨闯：《中国出版产业国际化发展的现实与趋向》，《中国人民大学复印报刊资料·出版工作》2006 年第 3 期。

互投资兼并，其中，美国图书出版市场中的外资兼并最为明显。目前，几乎所有世界著名出版集团都在美国进行了投资，其中不少出版集团在美国的营业收入超过了其在本国的营业收入。在这种扩张模式中，大出版集团或出版公司的形成与发展方式主要是通过上市获得融资和实现并购。以作为世界八大传媒之一的贝塔斯曼集团为例，"兼并"在贝塔斯曼集团的发展历程中一直是其开拓市场的重要手段，是其开拓国际市场的制胜法宝。20世纪80年代初，贝塔斯曼兼并了美国最大的纸皮书出版社——矮脚鸡·双日出版公司和奥地利的弗里茨·莫尔登出版社，将它们作为自己的纸皮书出版分部；1993年贝塔斯曼又与美国普特南·波克利出版集团合资创办了普特南新媒介出版集团，主要致力于出版CD-ROM版儿童读物；1998年贝塔斯曼以14亿美元的价格收购了美国最大的一般图书出版社兰登书屋；目前贝塔斯曼在国外拥有10余家出版公司，它拥有欧洲最大的电视广播网CLT-UFA50%的股份和美国在线5%的股份。

其次，高度集中化推进了发达国家出版业集团化的发展进程，同时，发达国家出版集团的快速成长又强化了世界范围内出版业集中化的格局。在法国，出版业主要由阿歇特出版集团和哈瓦斯出版集团所垄断，这两大集团的年营业额占法国出版业年营业总额的65%，其销售量占法国图书发行总量的75%，并且这两家出版集团还在继续扩张。在德国，90%的出版市场由100个大出版商分享，其中最大的10家出版商控制25%的市场份额。反过来，发达国家出版集团的快速成长又加剧了这种垄断局面。表6-2中的国外主要出版集团占世界出版市场总销售额的比例一组数据清楚地表明了这一点。

表 6-2　国外主要出版集团占世界图书出版市场总销售额的比例 单位:%

集团名称	占世界图书出版市场总销售额的比例
新闻集团（News Corp.）	2.0
贝塔斯曼（Bertelsmann）	4.6
皮尔森（Pearson）	4.0
读者文摘（Reader's Digest）	1.6
麦格劳-希尔（McGraw-Hill）	2.5
里德·艾尔斯维尔（Reed Elsevier）	1.1
沃尔特斯·克鲁维尔（Wolters Kluwer）	1.0
汤姆逊（Thomson）	1.8
托斯达（Torstar）	0.7

注：以上数据主要来自于各出版集团 2000 年年度报告；国际图书出版总销售额按 800 亿美元计算，各集团图书销售额按 2000 年集团图书出版经营业务部分的总营业额计算。

西方发达国家中，单个国家的出版市场也存在日益集中的趋势。以英国为例，在英国所有重要出版领域，超过 2/3 的销售行为是由前 10 家公司操作的。20 世纪 80 年代，英国尚有近 40 家出版商投资中小学教科书市场，但今天只剩少数几家，它们大多属于一些重要集团。原因在于，尽管教育出版利润相对较高，但它要求出版者在主要的阅读、教学、科学和语言项目上进行长期的投资，以及在市场营销进行高投资。目前，英国主要教科书出版商有哈考特教育、内尔森·索恩兹、霍顿·黑德兰、培生教育、柯林斯教育、剑桥大学出版社、牛津大学出版社，这些公司目前占据了英国教科书市场 85% 以上的份额。在英语教学出版领域，英国国内和出口市场由牛津大学出版社、培生教育、麦克米伦教育、剑桥大学出版社四家主要公司控制，它们占了90%以上的市场份额。①在英国整体大众消费市场上，销售额居前10位的出版公司所占市场份额在30%以上（见表6-3）。

表6-3　英国整体大众消费出版市场上TOP10出版集团②

排名	集团	2005/2004年销售价值（亿英镑）	2005年市场份额百分比（%）	2004年市场份额百分比（%）
1	贝塔斯曼（Bertelsmann）*	2.30/2.29	14	14.4
2	皮尔森（Pearson）	2.07/1.92	12.6	12.1
3	阿歇特（Hachette）**	2.06/2.05	12.5	12.9
4	新闻集团（News Corp.）	1.34/1.31	8.2	8.3
5	布卢姆斯伯里（Bloomsbury）	0.62/0.33	3.8	2.1
6	霍尔茨布林克（Holtzbrinck）	0.60/0.67	3.7	4.3
7	时代华纳（Time Warner）	0.60/0.56	3.6	3.5
8	牛津大学出版社（Oxford UP）	0.31/0.31	1.9	1.9
9	英国广播公司（BBC）	0.29/0.29	1.7	1.9
10	维亚康姆集团（Viacom）	0.24/0.29	1.5	1.8
	其他	6.01/5.89	36.5	37.1
	总计	16.47/15.89		

注：*前15名的畅销书中有8种由贝塔斯曼集团出版；

＊＊2004年阿歇特（Hachette）接管了霍顿·黑德兰（Hodder Headline），后者2003年市场份额为7%。

① ［英］保罗·理查森：《英国出版业》，袁方译，世界图书出版公司北京公司2006年版，第49页。

② 转引自［英］保罗·理查森《英国出版业》，袁方译，世界图书出版公司北京公司2006年版，第49页。

表 6-4　我国各细分出版市场上最受读者认可的出版机构①

图书市场分类	出版社	细分图书市场占有率（%）
哲学	中国人民大学出版社	8.15
政治	人民出版社	5.03
法律	法律出版社	34.60
军事	解放军出版社	12.07
经济	中国人民大学出版社	11.34
文化教育	华东师范大学出版社	3.87
语言文字	外语教学与研究出版社	14.87
文学	人民文学出版社	8.50
美术设计	上海人民美术出版社	6.43
历史地理	上海文艺出版社	6.47
工商管理	机械工业出版社	11.16
少儿读物	人民文学出版社	7.44
视听艺术	上海音乐出版社	14.95
自然科学	科学出版社	13.90
生活娱乐	吉林科技出版社	4.79
趣味阅读	陕西师范大学出版社	7.45
医学	人民卫生出版社	23.39
农林牧渔	中国农业出版社	29.81
工业技术	机械工业出版社	18.40
计算机	人民邮电出版社	16.34

注：表中出版机构的资料为 2006 年 1 月数据。

---

① 东方图书报告：《中国图书市场月度监测报告（2006 年 1 月）》，东方出版交易中心 2006 年版，第 5 页。

表 6-5　我国工商管理类零售出版市场上 TOP10 出版机构的市场份额①

2006 年 1 月排名	出版单位	2006 年 1 月市场份额（%）	2005 年 12 月排名	2005 年 1 月排名
1	机械工业出版社	11.16	1	1
2	北京大学出版社	6.95	2	3
3	中信出版社	5.07	3	4
4	中国人民大学出版社	3.50	6	9
5	广东经济出版社	3.34	4	6
6	经济科学出版社	3.31	8	5
7	企业管理出版社	3.25	7	8
8	中国财政经济出版社	3.22	5	2
9	清华大学出版社	2.51	9	13
10	中国社会科学出版社	2.44	10	20

注：2006 年 1 月表中 10 家出版社的零售码洋占该类全部出版社的 44.75%，2005 年 12 月为 46.97%。

自 20 世纪 80 年代开始，我国出版业市场开始快速发展，出版业原有的地区垄断、行政垄断格局逐步改变，出版业的市场竞争日趋激烈。我国出版业总体市场和大部分细分市场是一种垄断竞争市场，这从表 6-4、表 6-5 可以看出。出版社图书零售码洋的市场份额能够表明该出版社图书市场占有率的大小和竞争能力的强弱。尽管表 6-4、表 6-5 反映的是月度市场情况，但在很大程度上也能说明我国出版业的市场结构情况，因为在一定时段内市场占有率是具有相对稳定性的。

---

① 东方图书报告：《中国图书市场月度监测报告（2006 年 1 月）》，东方出版交易中心 2006 年版，第 55 页。

二　出版市场不完全竞争的根源和有效竞争的前提

(一) 出版市场不完全竞争的根源

完全竞争是经济学理论中假设的高效率理想模式。在现实经济生活中，包括出版业在内的许多产业的市场都是一种不完全竞争市场。其中，多数产业不完全竞争的原因可以归结为规模经济、进入的高成本、法律和政策限制、产品差别等因素。通过对上述因素的考察，我们可以发现出版市场不完全竞争的根源在于规模经济、市场进入壁垒和产品差异三个方面。

1. 规模经济的作用。当规模经济在一个产业发生重要作用时，一个或几个企业就可以将产量提高到一定程度，以至在整个产业的总产量中占据重要的比例，于是这个产业就成为一个不完全竞争市场。如果一个产业中存在规模经济，企业可以通过提高产量来降低成本，这就意味着较大的企业可以比较小的企业具有一定的成本优势。规模经济较多地出现在具有网络性经营特点的行业，如电力、自来水、煤气管道、电信等自然垄断行业。对于一些自然垄断行业，由一个厂商生产全行业产品的总成本比由多个厂商生产的总成本低，因此独家生产比多家竞争更有效率。在一定程度上，出版业中也存在规模经济现象，生产同一出版产品的边际成本是递减的。如果某一出版市场上存在规模很大的出版企业，如国外专业、教育出版领域中的出版行业巨头，那么，这些出版企业的规模优势会阻止其他企业进入这一领域。因此，规模经济是决定出版业市场结构和竞争程度的一个重要因素。

2. 出版业进入壁垒。进入壁垒是阻碍新企业进入一个产业的各种因素。当一个产业的进入壁垒很高时，这个产业的企业就很少，竞争的程度和压力都是有限的。进入壁垒可分为经济壁垒和法律、政策壁垒，出版市场的不完全竞争较多地来源于后者。

从纯经济的角度看，出版业进入的经济壁垒并不高。从进入出版业所需的绝对费用和必要资本量来看，出版产业的进入壁垒是较低的。必要资本量壁垒取决于新企业进入市场所必须投入的资本量大小。我国的《出版管理条例》规定，有 30 万元以上的注册资本和固定场所即可成立出版社。有资料显示，我国图书出版社的社均资产仅为 3000 多万元。① 因此，在我国进入出版业的必要资本量壁垒较低。在发达国家，成立一个出版社所需的资金也不多，也不需要专门的高端设备和特殊场所。在英国，"鉴于很少或没有厂房设备的投资，并且大多出版作品也是外部采办的，尤其是在新科技的帮助下，创立出版公司非常容易"②。绝对费用壁垒是由于既存企业对资源、专利、销售渠道方面的占有或控制造成的。对出版产业而言，绝对费用壁垒主要表现在作者资源和销售渠道上，但在这些方面，既存企业并不存在排他性的占有或控制，因此，出版业基本不存在绝对费用壁垒。

但是，在一定的环境下，进入出版业的法律、政策壁垒较高。由于出版业的特殊性，一些国家对出版产业制定了一系列有别于其他产业的政策，对出版业的准入进行了法律或政策限制。这些法律、政策方面的限制提高了出版业的进入壁垒。在我国，对出版社的设立实行审批制，对出版活动主体的经济成分、主管主办单位都有严格要求，因此在我国，进入出版业的政策壁垒很高。20 世纪 90 年代中期以后，我国图书出版社的数量几乎没有

---

① 金淑清、刘拥军、叶新：《中国出版社经济状况报告》，《出版广角》2000 年第 8 期。

② ［英］保罗·理查森：《英国出版业》，袁方译，世界图书出版公司北京公司 2006 年版，第 26 页。

增加，这表明由政策、法制构筑的行业进入壁垒对出版业具有决定性的意义。在大多数西方国家，出版业进入的法律、政策壁垒并不高。例如，英国对图书出版产业的规制较少，图书出版业的准入非常自由，这与英国的广播业形成鲜明对比。但西方国家中也有例外的情况，如法国奉行"文化例外"政策，意即任何文化产品均不应被视同一般商品，法国对本国出版业给予了较多的政策、法律保护；加拿大对外资进入本国出版业也进行了较多的限制。总之，进入出版业的法律、政策壁垒也是导致某些地区和某些领域的出版市场不完全竞争的重要原因。

3. 出版产品的差异。产品差异化是指同一产业内相互竞争的企业所生产的同类产品之间可替代的不完全性。具体地说，"产品差异化，是指企业向市场提供的产品或销售产品过程中的条件，与同产业内的其他企业相比，具有可以区别的特点"①。出版领域存在进行产品差异化的巨大空间，产品差异也是造成出版市场不完全竞争的根源之一。

出版业的产品差异性程度较大。出版产品按照所属学科专业、消费群体等标准可被分成很多种类，例如，按照中国图书分类法，我国的图书品种可分为 22 个类别。不同类别的出版产品之间存在着显著的差异。同一类别的出版产品，由于受众差异（如读者在年龄、性别、文化程度、收入水平上的差异）、功能差异（如同一类别的图书可分为专业用书、普及读物和工具书）和营销方式差异（如不同的分销渠道、促销方式），也存在很大的差异。在同样的价格下，如果购买者对某个出版企业的产品表现出特殊的偏好时，那么该出版企业的产品与同行业内其他出版企业的产品具有差别。总之，出版产品的内容特点和其消费的差

---

① 杨建文等：《产业经济学》，学林出版社 2004 年版，第 79 页。

异化特征决定了出版产品是一种具有很大差异性的产品，出版机构实行产品差异化策略的空间很大。出版企业可以通过产品差异化来构筑对付潜在竞争者的进入壁垒。出版产品的多样化可以吸引最大范围的受众，使受众有较大的选择余地。一方面，大量具有差异性的出版产品使潜在竞争者在试图进入这一市场时会慎重考虑，因为每一种有差异的出版产品的需求并不很大。由于产品存在差异，每个出版企业的产品特色便构成了垄断因素，产品差异程度越大，垄断程度就越高。另一方面，由于同类出版产品之间的差异不是大到产品完全不能相互替代，一定程度的可相互替代性又让出版企业之间相互竞争，替代程度越高，竞争也就越激烈。也可以说，相互替代是出版企业竞争的根源，而产品差异化则是出版市场垄断的根源之一，当市场上具有一定程度的集中，又存在许多具有产品差异的企业时，就形成了垄断竞争。也正是基于这一原因，现代出版市场就总体而言是一种垄断竞争市场。

根据以上分析，我们可以得出这样的结论，由于规模经济、进入壁垒、产品差异因素的影响，出版业是一个兼具垄断和竞争成分的行业。在不同国家、地区以及不同的细分出版市场，出版业的垄断与竞争程度具有较大差别，出版市场垄断的成因也存在很大差异。

现今国际出版市场和西方发达国家出版市场存在较强的集中、垄断倾向，这些垄断多数属于经济垄断，即出版经营者依靠经济实力、知识产权、市场经营策略和投资策略等取得的垄断地位。经济垄断是自由竞争和技术进步的产物，因此在多数情况下能够得到社会的承认。对于经济垄断，只要它对市场公平性不构成威胁，各国均采取较为宽容的态度，因为市场竞争中，规模经济和优胜劣汰必然带来生产和销售的集中，必然形成垄断，一定程度的规模经济有助于节约社会资源和增进经济效益。在全球化背景下，跨国出版集团的涌现和成长，极大地影响着国家的文化竞争力和文化安全。因此，一定程度上和一定范围内的出版集中化、规模化是合理的。

我国部分地区和部分专业领域的出版垄断主要是一种行政垄断，这与西方出版市场的经济垄断不同。所谓行政垄断是指企业采用或借助于非市场手段（主要是行政力量）实现的市场垄断，包括地区封锁、地方保护、设立行政性垄断机构、政府限定交易、国家指定专营等形式。由于行政垄断限制了市场竞争，具有不公平性，因此受到经济学家和社会公众的反对。我国出版业以往的专业分工格局，主要是政府行为的产物。这种专业分工体制在某种程度上限制了出版资源的合理流动，影响了出版经济活动的效率和社会福利水平。目前，以往计划经济时代形成的出版业专业分工格局正在逐步被打破，社会资本和国外资本正在不同程度地进入出版业的各个领域，不仅进入印刷、分销等出版业下游环节，而且不同程度地涉足内容策划、组织、制作等上游环节。我国未来的出版市场格局将是出版业长期市场竞争的结果。当然，在出版业的发展过程中，政府有必要进行适当管制，如制止不正当竞争、强制拆分或禁止并购，以防止寡头垄断或完全垄断造成社会福利的损失。

（二）出版市场有效竞争的前提

市场经济运行过程自始至终表现为竞争过程，在这个意义上竞争是构成市场经济体制的内在要素。任何一种市场经济的正常运行，除了其他前提条件之外，都必须首先建立和保持一个有效的竞争制度。[①] 竞争的最大功能在于它能促进社会资源有效的配置和使用。竞争发挥有效功能需要一定的条件，我们将这些条件

---

① 陈秀山：《现代竞争理论与竞争政策》，商务印书馆 1997 年版，第 1 页。

称作有效竞争的前提。

出版市场有效竞争的实现，需要具备以下前提：完备的法制体系，以明确规定产权和风险责任，保障企业的经营活动（开业自由），允许自由选择交易对象（契约自由）；有效的金融制度，以保证币值的相对稳定；政府促进和保护竞争的有关政策、机构和措施；完备的市场体系；资本、人才等生产要素的流动条件，以保证生产要素的灵活流动；必要的信息传播手段，以保证和促进市场信息的迅速传播与反馈。

在这些有效竞争的前提中，保障企业合理进出市场的、完备的市场体系是尤为重要的。在出版市场进入方面，如果长期存在壁垒和障碍，那么就会导致企业集中，从而形成垄断，竞争也就不复存在。市场壁垒所形成的进入障碍有两种情况：一种是地方或区域壁垒，它是靠行政手段形成的，就一国市场范围而言，有百害而无一利；另一种是效率壁垒，它是由于规模效益在客观上形成的对于新加入者的壁垒。后一种情况需要具体分析，如果这种壁垒的存在并没有限制已有企业之间的竞争，那么这种壁垒就有它的积极作用，因为盲目的、分散的众多中小企业的竞争，只能导致毁灭性的结果，即"毁灭性竞争"。如果由于企业集中程度太高而形成了垄断或寡头垄断，对新加入的竞争者形成了市场进入的障碍，而且影响经济效率和社会福利，那么这种壁垒就应该运用政府的竞争政策加以阻止或拆除。

完善的市场退出机制也是出版市场有效竞争所必需的。在出版市场退出方面存在的各种障碍使出版资源难以有效利用，竞争无法发挥有效功能。在我国现阶段主要有以下两种情况：一种是出版企业本身不愿退出（即使在企业亏损、资本闲置的情况下），而"期待"国家以补贴等形式给予扶持和帮助，或者"观望"同行其他竞争对手，希望别人退出而自己留下；另一种是出版企业本身难以退出，这主要是由于有关压力（来自主管主办部门、政府等方面）形成的。

唯有具备必要的前提，出版业才能开展有效的市场竞争。但需要指出的是，事实上，这些前提从来都不可能完全具备，在竞争压力最大的地方，竞争参与者的垄断倾向也更为明显。即使完全具备了上述前提，也并不意味着竞争在任何部门、任何领域都是有效的。竞争在公共产品生产领域和总量调节方面的功能失灵，表明单纯依靠竞争手段难以实现资源的合理配置；竞争的"事后调节"性质和价格信号的"时滞"不可避免地导致经济运行的波动，从而造成一定程度的资源浪费。所以，出版业的持续、快速、健康发展，需要政府采取一定的宏观调控手段，也需要进行一定的制度性改革，以弥补、纠正市场竞争机制的缺陷。

目前，中国出版体制改革的"破冰之旅"在国家文化体制改革的大背景下已经开启，出版业新一轮资源重组、市场秩序调整也已拉开帷幕。2007 年是中国出版体制改革的一个重要拐点：这一年，国内出版传媒第一股——辽宁出版传媒股份有限公司在上海证券交易所挂牌上市；由广州日报报业集团间接控股的广东九州阳光传媒股份有限公司（简称"粤传媒"）在深圳证券交易所正式挂牌上市，这是第一家经过新闻出版总署批准的在境内主板上市的传媒公司。2007 年发生的一系列事件不断地触动中国出版界的神经，其中，辽宁出版集团采编与经营业务整体上市、江西出版集团入主中国和平出版社、深圳出版发行集团组建三条新闻最具标志性，因为这三大事件对中国出版体制在资本准入与退出、经营地域、专业分工三方面的政策壁垒形成重大突破，中国出版业开始与资本市场对接，出版业的跨地区、跨行业经营成为现实，这些意味着中国出版业的现有市场竞争格局将进一步经历重大变革。

第二节　完全竞争和完全垄断条件下的出版市场

完全竞争市场是经济学理论分析中的理想化市场形态，是一种抽象的市场类型。完全垄断市场也是一种相对简单的市场形态，是一种极端的情形。经济学认为一个完全竞争的行业是有效率的，在一个完全竞争的行业中任何形式的生产重组都不可能使每个人的福利更好。尽管完全竞争市场赖以建立的前提条件与现实经济生活中的市场竞争状况相去甚远，但分析处于完全竞争假设条件下的出版企业行为，有助于我们更好地认识出版业引入市场竞争机制的必要性，也有助于我们深刻理解中国出版发行体制改革的目的和意义。而分析完全垄断条件下的出版市场，能帮助我们解释为什么存在垄断利润的出版市场会吸引其他资本和企业努力进入，为什么政府要打破垄断格局，建设竞争型的出版市场。

一　完全竞争假设条件下的出版市场分析

完全竞争又称纯粹竞争，是指一种不受任何阻碍和干扰，不存在丝毫垄断因素的市场结构。我们假设完全竞争条件下的出版企业追求收益最大化或成本最小化，这要求出版企业必须有效地管理内部活动（防止资源浪费、选择有效率的生产方法等），并在市场上做出正确的决策（以最低成本购买适当数量的投入，选择最佳产量水平）。

（一）完全竞争条件下出版企业的短期收益与均衡行为

在完全竞争市场上出版企业只是价格的接受者，而不能改变价格，因而单个出版企业面对的需求曲线是一条水平线。同时需求曲线又是平均收益线和边际收益线：$P = AR = MR = D$。完全竞争条件下，某一种出版产品市场的需求曲线与单个出版企业面对的需求曲线是不同的，当然，这两者之间又有着一定的联系。由于一个完全竞争的出版行业是由许多相对于市场而言很小的出版企业所组成的，因此，一个出版企业的需求曲线只是整个出版行业的需求曲线的一个微小部分。图 6 - 1（a）、（b）分别表示完全竞争条件下，某一种出版产品市场的供求情况以及该市场中的单个出版企业所面对的需求曲线的形态。

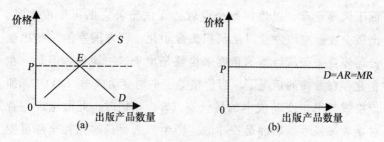

图 6 - 1　完全竞争条件下出版市场的需求曲线和行业、

出版企业的平均收益、边际收益曲线

在短期内，完全竞争市场上产品价格和生产规模都是确定的，厂商不能根据市场需求来调整全部生产要素。因此，处于完全竞争条件下的出版企业根据利润最大化原则（$MR = MC$），通过调整可变要素的使用量来调整其生产、销售量。短期内，完全竞争条件下出版企业的均衡存在以下几种情况。第一种情况：获得超额利润的均衡（见图 6 - 2），即只要边际收益线高于平均成本线的最低点，出版企业就能获得超额利润，超额利润（面积 $CPAB$）＝总收益（面积 $OPAQ$）－总成本（面积 $OCBQ$）。第二种情况：亏损最小的均衡（见图 6 - 2），即只要市场价格即边际收益线低于平均成本曲线的最低点，出版企业出现亏损，此时，亏损（面积 $PCBA$）=总收益（面积 $OPAQ$）-总成本（面积 $OCBQ$）。第三种情况：获得正常利润的均衡（见图 6-4），即只要市场价格即边际收益线与平均成本曲线的最低点相切，出版企业就只能获得正常利润，此时，总收益（面积 $OPAQ$）=总成本（面积 $OPAQ$）。第四种情况：必须继续生产的短期亏损均衡（见图 6-5），在短期内，如果出版企业在收入刚好抵补它的可变成本或者损失正好等于固定成本时，停业点（E）就会出现。如果纯粹从经济的角度来考虑，当价格低于该停业点，以致出版企业收入无法抵补它的可变成本时，出版企业就应该停业以使其损失最小化，西方国家的一些出版公司停业关张从经济的角度来说就是出于这一原因。但是，在企业存在亏损的情况下，当价格等于平均变动成本（AVC），即价格线与平均变动成本的最低点（E）相切时，此时生产与否对企业来说亏损额都是一样的，即生产所得只够弥补全部可变成本。但这种情况对出版企业来说，还是生产比不生产要好，因为，一旦形势好转，出版企业可以立即投入生产。所以在短期，出版企业继续生产的条件是 $P \geqslant AVC$。

对于企业必须继续生产的短期亏损均衡的分析，从经济学的角度解释了为什么在网络经济不够景气的环境下一些网络书店是亏损的，但是它们仍然继续营业。出于利润最大化的目的，网络书店在不能赢利的情况下也应该使其亏损最小化，因为即使在网络书店没有销售任何商品时，它仍然必须负责履行契约，在短期内，一个网络书店必须支付办公场地租金、银行利息等固定成本。所以，只要网络书店的收入减去其可变成本后能够弥补部分固定成本，网络书店继续营业就会比较合算。

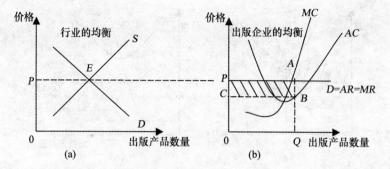

图 6 - 2　短期内出版企业获得超额利润的均衡

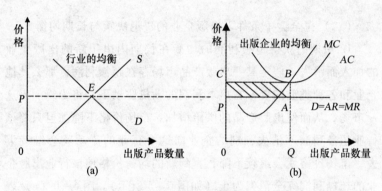

图 6 - 3　短期内出版企业亏损最小的均衡

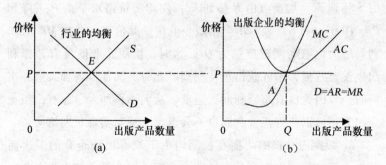

图 6 - 4　短期内出版企业获得正常利润的均衡

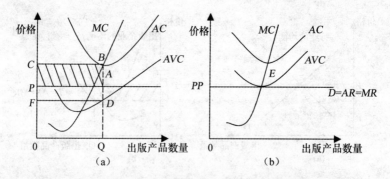

图 6-5　必须继续生产的短期亏损均衡（a）和停业点（b）

（二）完全竞争条件下出版企业的进退决策与长期均衡

1. 短期内获得超额利润的均衡在长期内由于新的出版企业的加入而消失。假定某一出版产品市场存在超额利润，那么其他企业和各种类型的资本在追求利润的动机驱动下，将纷纷加入这一市场，从而使出版产品的供给增加，市场价格下降。但只要该行业超额利润不消失，别的企业向这个行业的流动就会继续下去，市场价格就会继续下降，直到新的均衡价格使该行业出版企业的超额利润完全消失为止（如图 6-6 所示）。图 6-6（a）表示由于新的出版企业加入，出版产品供给能力增强，使供给曲线由 S 移到 S_1，均衡点由 E 移到 E_1，使均衡价格水平由 P 下降到 P_1，图 6-6（b）表示单个出版企业接受此价格，并按 $MR = MC$ 利润最大化原则调整产量为 Q_1，这时，出版企业既没有超额利润也没有亏损，刚好获得正常利润。此时，其他准备加入这一市场的企业因为没有超额利润可追求，从而不再加入，原有出版企业因为还可以获得正常利润也不会退出，从而实现长期均衡。

2. 短期内亏损的均衡在长期内由于原有出版企业的退出而消失。假定某一出版产品市场存在亏损，这个行业的出版企业

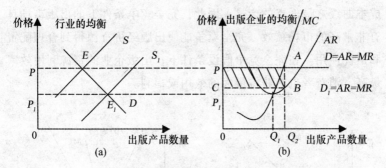

图 6-6　完全竞争条件下出版企业长期均衡：短期盈利的调整

将纷纷退出这个行业，结果商品供给减少，市场价格上升。只要
出版企业的亏损不消失，原有出版企业的退出就会继续下去，价
格将继续上升，直到新的均衡价格使亏损全部消失为止（见图
6-7所示）。图 6-7（a）表示由于原有出版企业的退出，供给
能力减弱，使供给曲线由 S 移到 S_1，均衡点由 E 移到 E_1，均衡
价格水平由 P 上升到 P_1。图 6-7（b）表示，出版企业接受行
业的均衡价格水平，并按 $MR = MC$ 的利润最大化原则，调整产
量为 Q_1。这时，出版企业既没有超额利润，也没有亏损，刚好
获得正常利润。此时，由于原有出版企业已能获得正常利润而不
再退出，新的企业也不会加入这一市场，从而达到长期均衡。

　　从以上分析可知，完全竞争假设条件下出版市场的长期均衡
状态具有以下特点：第一，在行业达到长期均衡时生存下来的出
版企业都具有最高的经济效益和最低的成本；第二在行业达到长
期均衡时生存下来的厂商只能获得正常利润，如果有超额利润，
新的企业就会被吸引加入，造成整个市场的供给量增加，使市场
价格下降到各个出版企业只能获得正常利润为止；第三，在行业
达到长期均衡时，各个出版企业提供的出版产品数量，不仅必然
是其短期平均成本曲线之最低点的产量，而且必然是其长期平均

成本曲线之最低点的产量。因此，完全竞争条件下的出版市场具有非常高的市场绩效，完全竞争能使出版经济资源得到合理配置和最优使用。在完全竞争假设条件下，出版企业的资源利用效率最高，消费者也能获得最大的效用或福利。

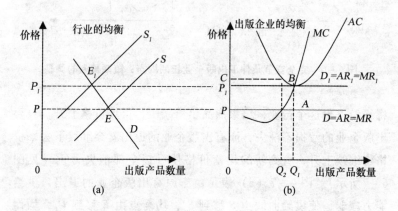

图 6-7　完全竞争条件下出版企业长期均衡：短期亏损的调整

二　完全垄断出版市场的均衡行为与市场绩效

完全垄断市场是指一个行业提供的某种产品只有一家生产厂商，不存在丝毫竞争因素的市场结构。经济垄断和行政垄断两种垄断形式在出版领域都存在，如国外有些大型的专业出版集团在某一专业出版领域就拥有完全垄断地位，这是激烈市场竞争的结果；我国以往在中小学教材租型出版和发行环节存在的垄断就是一种行政性垄断。

（一）完全垄断出版市场的均衡行为——出版垄断利润的来源

假设在完全垄断条件下，在某个地区的某一类出版产品市场中只有一家出版企业，因此这家出版企业面对的需求曲线就是整个行业的需求曲线。处于垄断地位的出版企业面对着一条向右下方倾斜的需求曲线。与完全竞争条件下的出版企业不同，在完全垄断条件下，出版企业是产品价格的制定者，而不是价格的接受者，因此它可以根据情况确定价格，以确保垄断利润。完全垄断条件下出版企业的短期均衡也有三种情形：获得超额利润的均衡（见图 6–8）、最小亏损的均衡（见图 6–9）、获得正常利润的均衡（见图 6–10）。从长期来看，拥有完全垄断地位的出版企业可以调整一些生产要素，如果短期亏损，它就可能会在长期中退出这个行业。因为这一点，所以欧美国家的某些大型出版集团为维护自身的市场利润，将业务存在亏损的子公司出售；如果有盈利，出版企业就会调整自己的生产规模，使产量由边际收益曲线和长期边际成本曲线的交点（$MR = LMC$）来决定。如果处于完全垄断地位的出版企业逐步扩大规模，必然在开始阶段会得到规模经济的好处，使自己的盈利增加；如果它的边际收益曲线和长期边际成本曲线的交点决定的产量位于长期平均成本曲线的上升阶段，此时的总收益必然大于总成本。所以，在长期内，拥有完全垄断地位的出版企业通常会有超额利润。又由于其他企业不能进入该行业，因而超额利润会长期存在。处于垄断地位的出版企业的长期均衡与图 6–8 所示的情形相仿，只是图中的曲线 AC 和 MC 应改为 LAC 和 LMC。

（二）完全垄断条件下的出版企业行为和市场绩效

完全垄断条件下的出版企业为实现利润最大化，通常会实施价格歧视、搭售等市场行为。所谓价格歧视，是指企业在同一时间、对同一种产品，向不同的购买者索取两种或两种以上的价格。价格歧视并不反映成本的差别，要使差别定价的做法在实际中行得通，必须具备以下两个条件：首先，市场存在着某种不完善性，以致总体市场可以细分为许多相互独立的分市场，垄断企

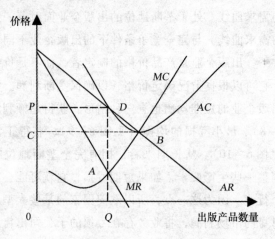

图 6-8　处于完全垄断地位的出版企业获得超额利润的均衡

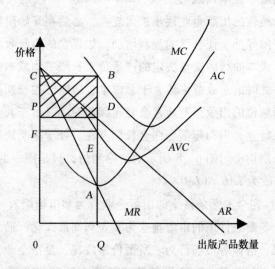

图 6-9　处于完全垄断地位的出版企业亏损的均衡

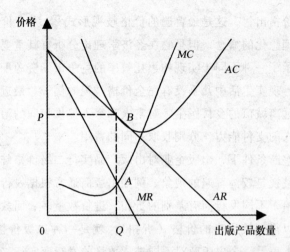

图 6-10　处于完全垄断地位的出版企业获得正常利润的均衡

业可以在这些分市场中分别实行不同的价格，否则实行低价的分市场上的产品就会流到高价的分市场，使差别定价失效；其次，各个分市场必须具有不同的需求价格弹性，利润极大化要求满足 $MR = MC$ 这个条件，因此，各个分市场的 MR 在利润极大化的情况下应该相等。

垄断企业的差别定价方法一般有三种：一级价格歧视，二级价格歧视和三级价格歧视。按不同的价格出售不同单位的产量称作价格歧视。一级价格歧视是指垄断企业按不同的价格出售不同单位的产量，并且这些价格是因人而异的，这种情况有时也称为完全价格歧视；二级价格歧视又被称为非线性定价，是指垄断企业按不同的价格出售不同单位的产量，但是购买相同数量产品的每个人都支付相同的价格，因此，不是在不同的人之间，而是不同的产量之间存在价格歧视；三级价格歧视是指垄断企业对不同的人按不同的价格出售产品，但卖给特定个人的每单位产量都按相同的价格出售，这是最普遍的价格歧视形式①。完全价格歧视是一个理想化的概念，但是它在经济学理论分析有其重要性，因为它展示了一种不同于实现帕累托效率的竞争市场资源配置机制的情况。现实生活中几乎没有完全价格歧视的例子。最近似的实例就是远离城市的乡村医生，对富人和穷人提供相同的治疗，但根据病人的支付能力，分别收取不同的费用。

在垄断条件下，出版企业对出版产品实行二级价格歧视和三级价格歧视是较为普遍的现象。例如出版商通常根据发行商的进货数量给予不同发行商有差别的折扣，进货数量多、回款快的发行商可以得到较优惠的价格（折扣），就是一种二级价格歧视。图 6 – 11 表示一个出版商对不同进货数量的发行商实行二级价格歧视的情况。当发行商的进货数量在 0—Q_1 之间时，出版商提供的价格为 P_1；当发行商的进货数量在 Q_1—Q_2 之间时，出版商提供的价格为 P_2；当进货数量在 Q_2—Q_3 之间时，出版商给予发行商更优惠的价格 P_3。在出版商销售数量为 Q_3 的情况下，出版商采取这种销售办法所获得的总利润，要比对不同进货数量的发行商一律提供价格 P_3 时更高。如图 6 – 11 所示，统一按 P_3 计价时，发行商的消费者剩余相当于三角形 $P_3E_3P_0$ 的面积，而出版商实行二级价格歧视后，发行商的消费者剩余就只剩下 $P_0P_1E_1$、E_1BE_2、E_2CE_3 三个三角形面积，其余的利润都被出版商所获得。

在出版产业中，企业实行三级价格歧视的例子主要有：学术期刊出版商通过预订的形式将期刊销售给图书馆和个人时，对图书馆和个人给予不同的预订价格；出版物的国内发行价格和国外发行价格存在差异；出版物销售企业对特定的读者对象或消费群

---

① ［美］哈尔·R. 范里安：《微观经济学：现代观点》（第 6 版），费方域等译，上海人民出版社 2006 年版，第 357—358 页。

体（如中小学生、老年人等群体）给予价格（折扣）优惠。

此外，垄断条件下的出版企业还会选择搭售等市场策略。所谓搭售就是将各种相关的产品打包一起销售。企业选择搭售通常考虑的是能否使成本最小化以及不同产品之间是否存在互补性。例如，教材供应商向中小学生供应教材时搭售教辅出版物。再如，期刊的销售中就采用了搭售方式，因为期刊通常是以预订的方式销售的，这是一种将单独的各期刊物一起销售的方式，显然将期刊组合在一起出售，要比将各期期刊单独出售更节约成本。

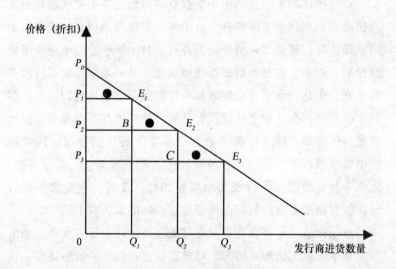

图 6-11 出版商对不同发行商实行的二级价格歧视

在完全垄断的市场中，企业的规模通常都非常大，一般而言，这有利于实现大规模生产和规模经济效益。对于铁路、电力、自来水等自然垄断行业来说，由于规模经济十分显著，如果由许多小型企业进行竞争，则单位产品成本可能较高；如果由一家企业进行大规模生产，则可以降低单位产品生产成本，从而可能以较低价格向消费者提供更多的产品。但是在大多数产业中，完全垄断会阻碍竞争，会导致严重的低效率，对于出版业亦然。基于前文对完全垄断出版市场的均衡行为的分析，我们可以将完全垄断条件下出版市场绩效的特征归纳为以下几点：出版资源配置低效率；垄断的出版市场可能长期存在超额利润，不利于社会福利最大化；完全垄断条件下的出版企业生产经营低效率；出版企业产品、技术创新动力不足，出版企业和出版产业发展缓慢。在此以我国教材出版市场的发展状况为例对完全垄断出版市场的绩效进行实证分析。

在传统体制下，我国中小学教材的出版任务主要依靠租型方式完成，租型权大多由各省、自治区、直辖市出版总社或出版集团掌握，发行权也无一例外地为各省、自治区、直辖市新华书店所控制，中小学教材出版发行领域呈现明显的地域垄断和行政垄断色彩，由此导致了这一领域具有比出版行业平均利润高出许多的垄断利润。在计划经济时代，教材价格并不高，但随着我国社会经济的发展，以及所谓"教育市场化"程度的加深，同时教材出版领域存在垄断因素，教材价格因此不断攀升。其结果是，近年来教材的出版发行成为出版业的经济支柱，在我国一些省份，教材出版业务的利润占出版业总利润的 2/3 以上。

市场化必然要多元化，只有打破垄断，才会形成竞争。如果没有竞争，就无法形成博弈，也难以使过高的产品价格降低。自 20 世纪 90 年代起，国家教育部就开始推行中小学教材多样化改革，率先在教材编写领域引入竞争机制，打破了传统体制下由一种教材或少数几种教材包揽全部市场的局面。2001 年，为保证教材质量，降低教材价格，减轻学生家长经济负担，形成出版发行业竞争性市场，国务院办公厅转发体改办等四部门《关于降低中小学教材价格深化教材管理体制改革的意见》，开始改革中小学教材指定出版方式和单一渠道发行体制，并在福建、安徽和重庆三省市进行教材招投标试点。2005 年，国务院下发"国函（2005）15 号"和"发改经体（2005）1088 号"文件，进一步推动教材招投标改革试点，并对相关方面做出明确规定，试点区域进一步扩大。在两省一市（福建、安徽和重庆）先期试点过程中，在招投标机制的作用下，招标教材的平均降价幅度达到 4%—5%①。如果教材出版发行环节进一步引入竞争机制，中小学教材的价格必将实现更大幅度的降低，学生家长的经济负担也将进一步减轻。

我国政府实行教材招投标的重要目的和意义，在于打破教材出版发行领域的地区封锁、行业封锁和所有制限制，积极培育和引入市场竞争主体，形成出版发行市场的竞争性格局，打破中小学教材租型出版和发行环节的行政性垄断，建立一种质量与价格共同发挥作用的机制，以保障那些优质优价的教材在市场竞争中立于不败之地，使教材出版行业步入良性发展的轨道。

第三节 垄断竞争和寡头垄断条件下的出版市场

在现实中，出版业的市场结构较多地表现为垄断竞争和寡头垄断两种形态。以下将就垄断竞争和寡头垄断条件下的出版市场行为和绩效进行分析。

一 垄断竞争出版市场的均衡行为与市场绩效

垄断竞争市场在很多产业中普遍存在，此类市场的竞争程度较大，而垄断程度较小，比较接近于完全竞争状态。目前的中国

---

① 杜珂：《打破行业垄断，扩大教材招投标试点——专访国家中小学教材出版发行招投标试点工作协调小组组长范恒山》，《中国改革》2005 年第 11 期。

出版市场总体上是一个垄断竞争的出版市场，即许多出版企业生产和销售有差别的同类产品，兼具垄断和竞争两种市场特点的一种出版市场结构。

（一）垄断竞争出版市场的均衡分析

垄断竞争出版企业的需求曲线向右下方倾斜，与垄断出版企业相似，而与完全竞争出版企业不同（见图6－12、图6－13、图6－14、图6－15）。但由于竞争因素的存在，垄断竞争出版企业的需求曲线比较平坦，近似于一条水平线，所以这一需求曲线又接近于完全竞争出版企业的需求曲线。垄断竞争出版企业的平均利润曲线的高度是指某一该类企业卖出任意特定数量的产品所能索取的价格，这一曲线高度取决于被假定为与该出版企业进行竞争的其他出版企业的平均价格。因为任何出版企业的价格超出其他出版企业达到一定程度之后，购买者便会转向其他竞争者。所以一般来说，在垄断竞争出版市场中存在短期超额利润，就长期而言出版企业能获得正常利润。

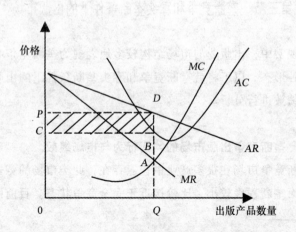

图6－12　垄断竞争条件下出版企业获得超额利润的均衡

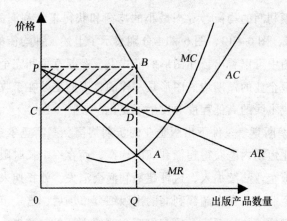

图 6 – 13　垄断竞争条件下出版企业亏损的均衡

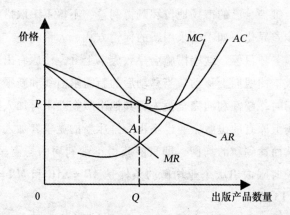

图 6 – 14　垄断竞争条件下出版企业获得正常利润的均衡

　　垄断竞争市场中的出版企业均衡，也可分为短期均衡和长期均衡两种情况来讨论。

　　1. 垄断竞争出版企业的短期均衡。在短期内，垄断竞争出版企业与完全竞争、完全垄断出版企业一样，存在三种均衡，即获得超额利润的均衡、亏损最小的均衡和获得正常利润的均衡。图 6 – 12、图 6 – 13、图 6 – 14 分别表示了上述三种均衡的情况。我们从图中可以看出，在图形的形式上，垄断竞争和完全垄断条件下出版企业的短期均衡图形是一样的，不同之处在于收益线的斜率和成本线的高低程度等发生了变化。

2. 垄断竞争条件下出版企业的长期均衡。垄断竞争条件下，出版企业短期内能获得超额利润的均衡，而在一个长时限内由于新的出版企业陆续加入，这种超额利润会消失。就长期来说，新的出版企业进入存在超额利润的出版细分市场后，这一市场的供给能力增加，价格下降，原有出版企业的市场份额减少，表现为出版企业面临的需求曲线向下移动。同时原有出版企业为了加强竞争力，维护自己的市场地位和既得利益，不得不采取措施使产品进一步差异化，如不断采用新的促销方式、大量刊登广告、增加售后服务项目等，这些措施会导致成本上升，使原有出版企业的平均成本曲线向上移动。当移动后的新需求曲线和新平均成本曲线相切时，超额利润完全消失，其他出版企业不再加入这个行业，市场上原有的出版企业也不再为排斥新的竞争者加入而采取行动，从而达到新的均衡，即只能获得正常利润的均衡。所以，在一个长时限内出版企业均衡的条件是 $AR = LAC$ 和 $MR = LMC$，如图 6 – 15 所示。

短期内存在亏损的出版市场，在长时段内由于原有出版企业的退出而萎缩。就长期而言，一些出版企业退出亏损的细分市场后，使市场上的供给能力减弱，而原有出版企业的市场份额却得以扩大，表现为需求曲线向上移动；同时，由于市场销售条件、竞争程度的松动，原有出版企业减少了广告、促销服务等方面的费用，成本得以降低，因而使得平均成本曲线向下移动，当移动后的新需求曲线和新平均成本曲线相切时，亏损全部消失，出版企业达到新的均衡,即只能获得正常利润的均衡。如图 6 - 15 所示。

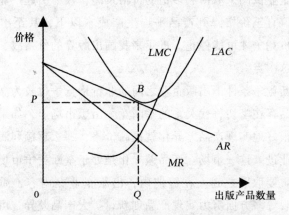

图 6 - 15 垄断竞争条件下出版企业的长期均衡

(二)垄断竞争的市场行为和绩效

在垄断竞争条件下,出版企业的市场行为主要表现在企业的价格策略、产品策略、销售策略层面,出版企业的价格竞争和非价格竞争都比较激烈。垄断竞争条件下的出版企业主要根据竞争对手的价格和产品差别选择自己的价格策略、产品策略和销售策略。

垄断竞争的出版市场中,由于出版企业数量较多,致使出版企业之间较难达成价格(折扣)协议,即使达成了价格(折扣)协议,也无法保证监督所有企业严格遵守,所以价格(折扣)竞争是垄断竞争市场上出版企业之间开展竞争的主要方式。在垄断竞争条件下,如果出版企业在产品质量、品种、装帧设计等方面具有优势,那么出版企业可以在较高的价格水平上销售产品,即使其价格高于市场中其他出版企业的价格水平也不会失去全部顾客。因为出版产品具有较多的差异化特征，有的消费者宁愿付出较高的价格，也要购买优质的出版产品或有特色的产品。如果有出版企业试图采取薄利多销的价格策略，极易引起产业内的连锁降价，直至价格降到产品平均生产成本以下，甚至出现亏损时，降价竞争才可能停止，近年来我国出版界的价格战、折扣战说明了这一点。

垄断竞争条件下出版企业之间的非价格竞争也较为激烈。在出版产品存在密切替代关系的垄断竞争出版市场上，如果出版企业没有很好地实现产品差异化就提高价格，那么超额利润会吸引其他企业进入这一市场。产品差异化是处于垄断竞争市场的出版企业的重要取胜之道。在短期内，出版企业在内容、质量、功能、外观等多方面努力实现产品创新，扩大产品差异，可以从产品优质优价中获取利润，因此出版企业之间的产品策略竞争是非常激烈的。在垄断竞争条件下，出版企业还比较重视广告竞争和销售竞争策略的实施，通过广告等营销手段，向消费者传递本企业的产品信息，吸引消费者购买自己的产品。

垄断竞争条件下出版市场绩效的特征可以归纳为以下三点：

1. 垄断竞争的出版市场不存在长期超额利润。

2. 出版产品的差异性、多样化满足了消费者的不同需求。出版企业之间的产品竞争和销售竞争有利于推动出版企业不断创新，提升产品和服务质量，因而有利于消费者。

3. 出版企业之间在价格、产品质量方面的竞争会造成各种形式的资源浪费。因垄断竞争可能引致的资源浪费包括出版产品装帧、包装材料的浪费，过高的促销费用支出等，这些成本最终都会通过价格转嫁给消费者，增加消费者的负担。

在出版领域，大众出版业在出版业三大板块中市场化程度最高，大众出版市场是一种典型的垄断竞争市场。在大众出版、教育出版、专业出版三大出版领域中，大众出版的社会影响力和娱乐功能最强，进入壁垒最低，风险较低，回报周期短，因而吸引了大批出版企业进入这一领域，因此这一出版领域的竞争十分激烈。近年来，我国不少教育、专业类出版社纷纷介入大众出版领域；大众出版领域原有的出版社在激烈争夺自身专业范围之外的其他细分市场，如美术出版社、文艺出版社进军少儿出版领域；民营资本在通过各种方式进入出版业时，较多地选择了大众出版领域；不少地方出版集团、出版社在北京设立分支机构，争夺大众出版领域的出版资源，也加剧了大众出版市场的竞争。这些态势综合起来，已对大众出版领域的市场格局产生了深刻影响。目前我国大众出版领域存在一些突出的问题：竞争日趋白热化，产品结构性过剩，市场增长缓慢，库存直线上升。在大众出版领域的角逐中，一些出版企业通过市场竞争使自身实力得到极大提升，进而朝一流出版企业迈进，而另一些出版企业却对市场竞争无所适从，市场地位日益被动，有些企业将逐渐退出这一出版领域。基于我们对垄断竞争出版市场的均衡分析，以上现象可以得到很好的诠释。

再以我国教育出版领域的教辅出版市场为例，由于教辅出版市场存在高额利润，我国 500 多家图书出版社中有 90% 以上的出版社都曾进入教辅出版领域。[①] 一些出版社不管自己有没有教辅出版的操作经验和相关资源配备，也不深入了解教辅图书市场的实际状况，就贸然进入这一市场，这些出版社一旦遇到经营困难，就实行折扣战。如前所述，在垄断竞争条件下，如果企业一味采取低价策略，将导致产业内的连锁降价，直至出现亏损为止。近年我国教辅出版市场的"折扣大战"不仅破坏了市场竞

---

① 黄永华：《教育出版的现状、问题和思考》，《中国编辑》2005 年第 3 期。

争秩序，而且也损害了教辅出版行业的整体利益。因此，将教辅出版市场的折扣战称作自杀行为是毫不为过的。可以说，目前我国的教辅出版市场就是一种垄断竞争市场（尽管存在着无序竞争），在这一市场的竞争中，出版市场出现分流、一些出版机构退出这一领域是必然趋势。

二 寡头垄断出版市场的企业行为与市场绩效

寡头垄断市场，是指一个行业的产品供给的全部或绝大部分由少数几家大企业所控制，它们彼此势均力敌，形成几家大企业在一个行业中共存的市场，这几家大企业就是寡头企业，它们之间既互相依存，又存在激烈竞争。寡头垄断市场虽然也包含垄断与竞争两种因素，但和垄断竞争市场相比，寡头垄断市场是一种更接近于完全垄断的市场结构。出版界有一些寡头垄断的实例，例如，西方发达国家出版业的产业集中度很高，全球专业出版市场主要由汤姆森、里德和威科三大公司垄断，教育出版市场也基本上属于这种寡头垄断型的产业结构。又如，亚马逊和巴诺是美国主要的网络书店，其中亚马逊网络书店控制着美国 80% 的网络图书销售市场，巴诺书店的市场份额占 10%[①]。

（一）寡头垄断出版市场的企业行为

寡头垄断市场上的出版企业不会轻易调整自己的价格，市场价格呈刚性，寡头垄断市场上所存在的价格具有相对的稳定性。如图 6-16 所示，在寡头垄断出版市场上，寡头出版企业的需求曲线是一条弯折线。寡头出版企业如果从原点价格 P' 的水平提高价格时，其他企业没有相继提高价格，寡头出版企业由于提高

---

① 余敏主编：《2002—2003 国际出版业状况及预测：国际出版蓝皮书》，中国书籍出版社 2003 年版，第 13 页。

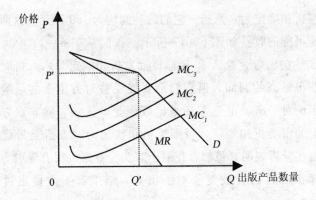

图 6 – 16　寡头垄断出版市场上企业面临的需求曲线

价格而减少的市场需求比率大于价格提高的比率，寡头出版企业需求曲线的弹性变大。寡头出版企业如果从原点价格 P' 的水平降低价格，其他企业没有相继降低价格，寡头出版企业由于降低价格而增加的市场需求比率小于价格降低的比率，其需求曲线的弹性变小。由于寡头出版企业面临的需求曲线有拐点，相应的边际收益曲线也就成为间断的两段。寡头出版企业根据 $MC = MR$（边际成本等于边际收益）的原则选择产量 Q'，企业的市场价格为 P'。只要寡头出版企业的边际成本曲线在边际收益曲线的缺口内，价格 P' 就是企业能获得最大收益的价格。

　　西方经济学家们运用对策论来分析寡头企业的市场行为，这种对策分析的一个著名例子就是"囚徒困境"。寡头企业常常发现他们的市场处境就是一种"囚徒困境"。假定在某种出版物市场上只有两个出版企业 A 和 B（即双头垄断），如果这两个出版企业均将产品的批发折扣定为六五折，则它们的利润均为 120 万元；如果一个出版企业给出的折扣为六五折而另一个出版企业的折扣为六八折，它们的利润分别为 200 万元和 40 万元；如果它们都将折扣确定为六八折，它们的利润均为 160 万元。这两个出版企业可能的收益如图 6 – 17 所示。我们从图 6 – 17 中可以看出，虽然在出版企业 A 和 B 都将批发折扣确定为六八折时它们可以获得最高的利润，但它们都要接受被对方出卖的风险。因此，不论对于出版企业 A 还是出版企业 B 来说，除非双方缔结六八折的市场折扣协议，否则把折扣确定为六五折是最优的选择。上述分析表明，虽然合作对于寡头企业来说很有吸引力，但它们都担心自己会被竞争对手出卖，结果都不敢提出过高的价格。

	出版企业B	
	折扣 六五折	折扣 六八折
折扣 六五折	120万元，120万元	200万元，40万元
折扣 六八折	40万元，200万元	160万元，160万元

（出版企业A）

图 6 – 17　寡头垄断条件下出版企业面临的"囚徒困境"

一般来说，由于寡头垄断出版市场的产品价格比较稳定，所以出版企业之间的竞争主要集中于产品竞争。各个出版企业努力开发新产品，增加产品附加值，提高产品质量，完善售后服务，以此争取更多的消费者，扩大市场占有率。此外，在寡头垄断市场上，由于企业的数量少，企业行为相互影响大，因此企业之间倾向于采取协调行为，共同瓜分市场，谋求共同利益的最大化。当今西方国家出版业兼并、并购频繁，大型出版集团之间互相持股较为普遍，这是西方出版巨头为谋求整体利益的最大化、共同控制出版市场的重要途径。例如，近年来，约有半数的法国出版社经历了转手，其中最大的两起并购案是，以前排名第二的阿歇特（Hachette）出版集团购并原法国第一大出版商 Editis 后，又被迫将其一半多的所有权转卖别家；排名第五的 Seuil 出版社则被第八位的 Martinière 出版社吞并。[①]

（二）寡头垄断出版市场的绩效

我们可以将寡头垄断条件下出版市场绩效的特点归纳为以下几点。

1. 寡头垄断的出版市场存在超额利润。在政府不加管制或轻度管制的情况下，寡头出版企业可能通过价格协调行为，维持较高的产品价格以获得经济利润。

2. 寡头垄断的出版市场存在出版资源配置的效率损失。由于新的企业进入寡头垄断的出版市场很困难，出版资源的合理流动存在障碍，有可能导致资源配置与社会需求之间出现距离，造成效率损失。例如，针对出版业日益集中、垄断的倾向，一部分西方媒体和公众激烈抨击西方出版业日益沦为唯利是图的商人用来谋利的工具，出版业大大降低了自身的文化品格。

3. 在寡头垄断的出版领域中，寡头企业之间的非价格竞争推动了产品创新，提高了产品质量，有利于满足购买者的各种需求。为了在非价格竞争中取胜，出版机构大量投资于产品开发和品牌维护，这有利于推动出版产业进步。例如，外研社（外语教学与研究出版社）和外教社（上海外语教育出版社）是我国大学英语教材市场上的两大出版巨头，为争夺大学英语教材市场份额，两家出版社在教材开发与营销、品牌和销售网络维护等方

---

① 康慨：《2004：法国书业大动荡》，《中华读书报》2004 年 12 月 29 日，资料来源：http：//www. gmw. cn/content/2005 – 01/04/content_ 158396. htm。

面进行了大量投资。长期以来，外研社一直倡导以教育培训来推广产品的市场理念，外教社则十分重视建立完善的销售网络，两家出版社都积极拓展与出版相关的业务，大力推动教材销售，例如开展教师的继续教育培训、网上教育培训，建立读者俱乐部、外语培训中心等。外研社和外教社在大学英语教材市场上竞争的一个重要结果就是，近年来我国大学外语教材的出版和营销水平得到较大提升。

第七章

出版传媒政府规制的理论与现实分析

经济活动的自由，原本意指法治下的自由，而不是说完全不要政府的行动。[①]

——弗里德利希·冯·哈耶克

政策变迁极大地影响了整个文化产业。政策既是对社会文化、经济和技术状况的回应，也是结果。政策也是引发和（或）抑制文化产业转型的基本因素。[②]

——大卫·赫斯蒙德夫

经济学中的"政府规制"（government regulation）是指政府以追求效率和公平为目标，依照一定的法律或规章，对企业和消费者的经济活动施加的干预行为。规制可视为政府向社会提供的一种特殊的公共产品，它属于政府的微观管理职能。在我国，一些学者也将"regulation"翻译成"管制"，本书中的"规制"和"管制"可以相互替代。在分析政府对出版传媒市场的规制之

---

① [英]弗里德利希·冯·哈耶克：《自由秩序原理》，邓正来译，生活·读书·新知三联书店 1997 年版，第 279 页。

② [英]大卫·赫斯蒙德夫：《文化产业》，张菲娜译，中国人民大学出版社 2007 年版，第 153—154 页。

前，我们有必要进一步明确政府规制的内涵。

政府规制不能等同于政府对经济的宏观调控，这两者既有联系又有区别。政府规制与宏观调控均是政府干预经济的重要方式，二者的目的都在于弥补市场机制的缺陷，为经济的健康、有序发展创造良好的环境，它们是政府职能作用于企业的两个方面。但是，宏观调控与市场规制是两种非常不同的政府职能。[①]经济学中所谓的宏观调控，是指 20 世纪 30 年代经济危机之后逐步形成并被许多国家所推崇的政府干预经济的主要方式。宏观调控的经济学理论基础是凯恩斯主义经济学，宏观调控主要是指政府通过间接途径来改变经济主体行为，而不是直接进行干预，政府通过财政、货币等政策间接地对经济总量进行宏观调节与管理，以实现经济持续稳定的增长；政府规制的作用范围则集中在微观经济领域，其理论基础是微观规制经济学，规制是政府直接对微观经济主体的行为进行规范、约束和限制，因而规制经济学所应用的主要是微观经济学的基本范畴和分析方法。萨缪尔森也指出，"管制的基本内容是制定政府条例和设计市场激励机制，以控制厂商的价格、销售或生产等决策"[②]。从严格的理论角度讲，我们不应该把政府的所有经济干预行为，如价格规制和市场进入规制等直接规制行为，都当作宏观调控。因此，本书所探讨

---

① 钱颖一在其《宏观调控不是市场监管》(《财经》2005 年第 5 期) 一文中阐述了政府宏观调控与市场管制的区别。郭志斌在其《论政府激励性管制》一书中将宏观调控与政府管制的区别概括为：宏观调控是间接的、总量上的控制，它借助财政、货币等政策性工具作用于市场，通过市场参数的改变间接影响企业行为；而政府管制则是直接的、个量上的，它借助有关法律和规章直接作用于企业，规范、约束和限制企业行为。(见郭志斌《论政府激励性管制》，北京大学出版社 2002 年版，第 47 页)

② [美] 保罗·萨缪尔森、威廉·诺德豪斯：《经济学》(第 16 版)，萧琛等译，华夏出版社 1999 年版，第 246 页。

的政府对出版传媒市场的规制，主要是指政府针对出版市场运行、出版产品供求双方的经济决策所采取的规范、约束和控制行为。

第一节 出版市场规制的经济学缘由与理论范围

在经济学家看来，市场机制是迄今为止所能证实的最有效的一种资源配置机制，但是，市场机制只有在符合一系列假设条件的基础上才能实现资源配置的帕累托效率。虽然这些假设条件并非完全没有现实基础，但这些条件与现实经济生活存在较大差距，这意味着市场机制在实践中存在诸多缺陷。市场作为一种资源配置手段，会产生垄断、外部性、信息不对称等失灵现象，这导致资源配置无法实现帕累托效率。虽然有关市场失灵的一些问题可以由市场机制自身解决，但市场机制的内部调节功能有一定的限度，需要非市场力量来弥补市场的缺陷。政府规制是基于垄断、外部性以及信息不对称等市场失灵现象而存在的。美国经济学家萨缪尔森认为："管制具有三大公众利益理由（public - interest justifications）：其一，管制企业行为可以防止垄断或寡头垄断滥用市场力量；其二，可纠正诸如污染之类的负外部性问题……其三，可以矫正信息的不完全。"[①] 政府对出版市场实施规制的理由很多，除了上述经济理由外，还有一些非经济理由。我们在此主要探讨政府对出版市场规制的经济学缘由。

垄断、外部性、信息失灵现象不同程度地存在于出版领域，

---

① ［美］保罗·萨缪尔森、威廉·诺德豪斯：《经济学》（第16版），萧琛等译，华夏出版社1999年版，第246页。

这些市场失灵现象便是政府对出版市场实施规制的经济学依据。在市场经济中，政府规制的作用是弥补市场缺陷，使市场尽可能地按照竞争性方案运作，这就从理论上决定了政府规制的范围，规制范围应与市场失灵的范围成正比。市场缺陷只是政府规制的必要条件但不是充分条件。也就是说，政府规制是因为市场缺陷的存在而存在，但市场缺陷的存在不一定必然需要政府规制。因为解决市场失灵的力量与方式是多元化的，不仅有政府力量，而且还有非政府力量（如出版行业协会）；不仅有政府规制，而且还有宏观调控等政府干预社会经济的其他手段。而且需要指出的是，政府干预并不是总能带来良好的、预期的效果，有时可能会导致社会福利的损失，出现政府失灵的问题。市场机制能够有效解决的问题，政府应减少或适度放松规制。同时，政府的规制范围是动态的，而非一成不变的。随着技术的进步，当某一行业的成本或需求条件发生变化、市场失灵被消除或减少时，政府应减少或放松规制，规制范围应相应缩小。

一　垄断与出版市场的政府规制

造成垄断的原因有许多，如资源禀赋、技术创新、竞争的赢家、成本特性、非经济力量等都会形成市场权力[①]，进而导致垄断的产生。在出版领域，为鼓励、保护知识创新，对出版产品实施版权保护是必要的，由此形成的垄断是合理的。但出版领域的有些垄断行为是有害的，会严重阻碍出版产业的健康发展。例如，有些出版企业在供给垄断性出版产品的过程中，凭借自身的

[①]　市场权力表示单个企业或少数企业控制某一产业的价格和生产决策的程度，最常用的市场权力衡量指标是一个产业的集中度。参见［美］保罗·萨缪尔森、威廉·诺德豪斯《经济学》（第16版），萧琛等译，华夏出版社1999年版，第139页。

市场优势地位，肆意制定高价，损害了消费者的利益，抑制了社会对文化需求的消费，尤其是剥夺了部分弱势群体的知识、信息消费权，从整体上降低了社会福利水平，这一种出版垄断行为应该由政府加强规制。

需要指出的是，并不是所有的出版垄断都需要政府干预，在确定是否需要政府规制或政府应加强还是放松规制时应根据不同的原因进行具体分析。

其一，如果一种出版垄断抑制了市场竞争，对消费者权益和社会公众福利造成了侵害，那么就需要政府来对这种垄断性力量进行规制。在市场经济体制下，政府的作用是维护市场的公平竞争，促进市场的有效竞争，因此打破行政垄断和区域市场垄断应当成为政府出版规制的重点之一。

其二，如果某一出版市场的进出壁垒较低，虽然该出版市场的集中度较高，但是新进入的出版企业可以削减原有出版企业的市场权力，那么就没有必要对该出版市场的垄断进行过多干预。如果市场方式能够较好地解决出版垄断带来的问题，除非能够证明剔除规制成本后政府规制带来的收益大于市场方式带来的收益，否则应以市场机制为主要调节方式，而不应由政府规制去替代市场方式。理由很简单，政府规制存在成本，这种成本包括维持管制机构运行的直接成本和规制活动带来的间接成本，如规制失效造成的效率损失、寻租行为产生的非生产性资源浪费、管制机构以权谋私或滥用职权等。

其三，如果是因技术、内容等创新形成的出版垄断（如某创新企业因率先研发、推出了新型电子期刊而在电子期刊细分市场上占有垄断地位），只要垄断性出版产品可能存在替代品，就不需要对其进行干预。因为市场的力量自然会迫使垄断局面不可维持，如果出版企业对自身的垄断性出版产品要价过高，垄断利润过于丰厚，就等于是在为各种替代品提供市场空间。

二 外部性与出版市场的政府规制

如前所述，出版产品存在较大的外部性，出版产品的外部性主要表现在三个方面：知识、信息本身具有外部性；知识、信息创造的新市场具有外部性；知识、信息创造的新利益具有外部性。

具体来说，出版产品外部性的经济含义在于：当生产或消费出版产品的效益没有由出版者或消费者全部获得时，即存在正外部性，如果没有非市场力量的调节，将导致过少的供给量或消费水平，这在古籍、学术出版物、"农村书屋"等具有公共产品或准公共产品属性的出版产品供求中表现较为明显；当生产或消费出版产品的成本没有由出版者或消费者全部承担时，即产生负外部性，如果没有非市场力量的调节，这将导致过多的供给量或消费水平，例如，大众出版领域存在的跟风、"搭便车"现象，以及非法出版者的盗版盗印这一较为极端的现象。

我们经常提及的"社会效益"与出版产品和出版活动的外部性具有密切联系，外部性这一经济学概念可以帮助我们更好地理解出版的社会效益问题。在出版经济活动中，外部性是普遍存在的，只是程度不同而已。这也说明社会效益其实也是一个经济问题，社会效益与经济效益是密不可分的。也正是从这个角度来说，将社会效益放在第一位，努力追求社会效益与经济效益的最佳结合，并不是一句空话。现代营销学认为企业应当树立社会营销观念，企业在制定营销战略时应正确处理企业利润、消费者需求和社会责任三个方面的关系，如果从经济学上寻找这一营销观念的理论基础，那便是企业应该重视生产、经营中出现的外部性问题。只有真正理解了出版产品的外部性问题，出版企业才能在不忘记社会效益的前提下努力扩大经济效益，真正实现社会效益最大化，也为自身赢得更为长远的利益和强大的生命力。

无论是正外部性还是负外部性，其存在都将使出版资源配置的结果偏离帕累托效率。因为外部性是市场交易双方对第三方产生的影响，它并不是经济人活动的目的，而只是活动带来的伴随物或副产品，所以市场机制对其无法进行调节，这是市场失灵的一种表现。在市场机制无法解决外部性时，需要引入非市场力量来进行调节。在此情况下，政府针对出版领域中的外部性进行规制便是必然。

三　信息失灵与出版市场的政府规制

信息失灵是指生产者或消费者不具备达成帕累托效率状态所需的完全信息条件。具体来说，信息失灵可以分为信息不充分和信息不对称两种性质不同的情况，这两种情况对资源配置的影响是不同的。信息不充分是指生产者或消费者在进行生产或消费决策时无法获得足够的信息来实现其收益或效用最大化。信息不对称，是指交易双方对所交易的对象拥有不对等的信息，交易对象的提供者往往比另一方掌握了更多和更充分的信息。导致信息不对称的原因主要在于私人信息和信息搜寻成本（交易成本），而造成信息不充分的原因除了私人信息和信息搜寻成本之外更主要的是由于不确定性因素。交易双方为解决信息失灵问题而实施的信息传递、甄别等行为受到信息成本的制约。一般来说，当获取信息的边际成本大于或等于获取信息的边际收益时，交易双方将停止其获取信息的各种行为。因此，从理论上来说，完全依靠市场方法来解决信息失灵问题是可行的，但其前提是信息成本为零。显然，仅仅依靠市场机制是无法解决市场失灵问题的。因此，信息失灵也成为政府规制的一个合理性根据。

在现实经济生活中，政府针对信息失灵现象进行的规制活动较为常见，如对广告业的规制、对经营者资质的规制、对从业资格的规制，等等。在出版经济活动中，出版企业之间、出版企业与消费者之间也存在信息不对称和信息不充分的问题，拥有信息优势的一方有可能侵害另一方的利益，政府为了保证出版市场的健康、有序运行，有必要进行市场规制。以下政府对出版业的规制行为可视为源于信息失灵问题。

其一，利用政府的强制力量要求拥有信息优势的一方提供其信息，如政府出版行政主管部门要求出版机构在图书版权页附上图书在版编目信息；再如，2002 年新闻出版总署、国家计委、教育部联合发出通知，要求中小学教材一律在封底标示本学科、本年级、全学年各册教材的零售价格。① 此举的目的之一就在于增加中小学教材价格的透明度，消减教材出版机构与消费者之间的信息不对称。

其二，为解决信息搜寻成本问题，利用政府的优势力量进行信息的收集和整理，免费向社会提供信息公共品，或为信息市场的形成与发展提供支持。例如，政府出版行政主管部门积极推进出版信息化建设，以实现出版行业跨地区、跨行业的信息交换、资源共享；推进信息标准化管理，制定和规范出版业信息采集的技术标准，如信息分类及编码、数据格式和数据库建设规范等通用标准，提高行业信息的采集和流通效率；实施出版行业电子政务建设，依托政府信息网络平台推进出版机构信息的公开化，新闻出版总署实施"金版工程"即属于此类举措。

---

① 新闻出版总署、国家计委、教育部关于在中小学教材封底标示全学年零售价格有关问题的通知（新出联［2002］6 号），2002 年 2 月 20 日。

第二节　国际比较视野中的出版市场政府规制分析

政府规制可以分为经济性规制与社会性规制。经济性规制的核心内容是价格规制与市场进入规制。日本经济学家植草益认为："经济性管制指的是在自然垄断和存在信息不对称的领域，主要为了防止发生资源配置低效率和确保利用者的公平利用，政府机关用法律权限，通过许可和认可等手段，对企业的进入和退出、价格、服务的数量和质量、投资、财务会计等有关行为加以管制。"① 对于社会性规制，植草益是这样阐述的："以保障劳动者和消费者的安全、健康、卫生、环境保护、防止灾害为目的，对产品和服务的质量和伴随着提供它们而产生的各种活动制定一定的标准，并禁止、限制特定行为的管制。"② 具体就出版业而言，政府对出版市场的规制主要包括出版市场进入规制、出版产品价格规制、出版机构行为规制和出版传播内容规制等内容。本书将在国际比较的视野中对中外出版市场规制的特点进行分析。

一　出版传媒规制的立法

在立法机关的选择上，西方主要国家均采用两院制，如美国国会两院有国家立法权，国会两院都有专门处理传播政策问题的委员会。同时西方国家的各地方有地方立法权，如美国各州的立法机关可制定涉及出版业的州法律。

以美、英为代表的英美法系国家对出版业的法律管制采用

---

① ［日］植草益：《微观规制经济学》，朱绍文等译，中国发展出版社 1992 年版，第 27 页。

② 同上书，第 22 页。

"直接保障式"，即在宪法中明确规定，不准立法机关或政府制定任何妨碍出版权利的专门法律（事实上仍有诸多限制）。在这类西方国家，出版方面的专门法较少，出版业依靠宪法有关原则、普通法、可以遵循的判例等调控。例如，在美国，涉及出版的专门法规并不多，主要有宪法修正案和《版权法》，但是涉及出版的其他法律却不少，主要包括《义务兵役法》、《间谍法》、《史密斯法》、《国内安全法》、《诽谤法》、《国家保密法》、《反猥亵法》、《统一商法》、《公平交易法》以及《谢尔曼反托拉斯法》等。

属大陆法系的法、德等国对出版业的法律管制则采取"间接保障式"，表现在立法上，就是这些国家的宪法认为立法机关可以制定专门法以保障公民的出版权利，这类西方国家大都针对出版业制定了专门的法典或法律，且内容严谨，条文原则性强，形式也比较完整，如法国、瑞典、芬兰等国制定了《出版自由法》。在德国，联邦各州成立的特别联合委员会制定了州新闻出版法草案，各州以此为蓝本，制定了大体相同的新闻出版法。法、德等国除了专门的出版法外，出版业也受国家基本法和许多普通法的保护和管制。

我国立法机关实行一院制，即由全国人大及其常委会行使国家立法权。国务院及其部委根据全国人大及其常委会的授权制定行政法规和规章，即具有行政立法权和授权立法权。省、自治区、直辖市的立法机关和政府在不和宪法、法律、法规相抵触的前提下，行使地方立法权。

我国的出版立法是以我国《宪法》为核心和依据的，我国《宪法》第22条、第35条、第47条规定了出版事业的性质、任务和作用。以我国《宪法》为依据，我国制定了一系列涉及出版业的普通法。我国现行法制中三组最重要的普通法同出版业都有密切的关系，即《刑法》和《刑事诉讼法》、《民法通则》和《民事诉讼法》、《行政诉讼法》和《行政处罚法》。行政法规在我国出版法律体系中具有重要的地位。我国的出版行政法规有《出版管理条例》、《期刊管理条例》、《音像制品管理条例》、《印刷管理条例》、《信息网络传播权保护条例》、《著作权法实施条例》、《著作权集体管理条例》等。我国出版法制体系中还包括由国务院所属部委制定的行政规章，这些规章包括这样几类：有关出版活动主体管理的规章，关于取缔、打击非法出版物的规章，"保密法"规章，有关出版单位经济活动的管理规章，有关出版队伍建设的规章。地方性法规和其他规范性法律文件也是我国出版法制体系中的重要内容，如《上海市图书报刊管理条例》等。

尽管我国以《宪法》为基础、以《出版管理条例》等法规为主体的出版法律体系已经确立，但还有待进一步完善。目前国家新闻出版总署正积极推进新闻出版的法制建设，同时提出各级出版行政主管部门要加大依法监管的力度，增强出版管理工作的规范性和权威性。

通过比较我们可以发现，西方国家的出版法律体系普遍比较健全，以法律作为规制出版业的主要手段。西方国家的通行做法是在出版专门法或其他普通法中对出版活动加以规范和限定。而且西方各国法律理念和对出版业认识的差异鲜明地反映到出版立法上。法、德等国的法律理念崇尚理性主义，有成文法的传统，且法、德等国认为，出版业是特殊的文化产业，关系到民族和文化的认同，为保护出版业的发展，这些国家制定了针对出版业的专门法。美、英等国的法律理念崇尚经验主义，有判例法的传统，同时，在这些国家出版业的经济属性胜过其文化属性，出版业并不被视为特殊行业，因此更多是靠判例法和衡平法来规范出版业的发展。

我国迄今还没有专门的出版法，但必要的出版法律体系已经具备。我国是有成文法传统的国家，审理任何案例都要依据成文的法律、法令的条文，判例只是在司法实践中起参考作用。目前我国专门针对出版业的法规的规格较低，有些规章、政策还带有一定的滞后性，这与《宪法》中有关出版活动的规定的进步性、严肃性和高规格不太相称。我国可在修订的《出版管理条例》的基础上，制定更高规格、更系统、更完整的专门法；加大对出版业进行立法保护的力度，逐步建立、完善与 WTO 例外规章相适应的规章条例；完善与社会主义市场经济相适应的出版法制体系，实施有效的出版发展政策。

二 出版市场进入规制

进入规制是政府对出版业实施的经济性规制中最主要的内容之一。政府通常采取特别许可、注册制、申报制等手段对出版市场实行进入规制。出版市场进入规制并不等于不允许新的企业进入，政府只有适度允许新企业进入，才能发挥竞争机制的积极作用。另外，如果过多的企业进入到出版业中，则会出现重复投资、过度竞争的现象，而任何出版市场的空间都是有限的，这将导致市场中的许多企业不可维持。政府对出版市场实施进入规制的经济目的就在于用限制过度进入的方法，实现社会成本的最小化和资源配置的高效率。

世界上现存的出版准入制度可分为批准制（许可制）、登记制（报告制）、保证金制、完全自由制。当今世界上，有相当数量的国家和地区实行批准制。西方国家多采用登记制，创办出版机构者在开业前只需在有关机关登记注册。登记注册是程序性、手续性的要件，目的是便于有关国家机关事后的管理和了解情况，如法国、瑞典、芬兰、比利时、荷兰等国的出版法中有相关的规定。一些国家和地区实行保证金制，如我国香港地区的《刊物管制综合条例》规定，只要缴纳一万元保证金，再有两人担保，即可开业。完全自由制，即创办出版机构不需要国家机关批准，也不需要开业者登记注册，如德国《北莱茵—威斯特伐利亚州新闻法》中有这样的规定。

中华人民共和国《出版管理条例》第二章、第六章有关条款对出版单位的设立条件、申请、批准等作了详细的规定。《出版管理条例》第9条规定："报纸、期刊、图书、音像制品和电子出版物等应当由出版单位出版。"第11条规定："设立出版单位，应具备下列条件：①有出版单位名称、章程；②有符合国务院出版行政部门认定的主办单位及其必要的上级主管机关；③有确定的业务范围；④有30万元以上的注册资本和固定的工作场所；⑤有适应业务范围需要的组织机构和符合国家规定的资格条件的编辑出版专业人员；⑥法律、行政法规规定的其他条件。审批设立出版单位，除依照前款所列条件外，还应当符合出版单位总量、结构、布局的规划。"第12条规定："设立出版单位，由其主办单位持申请书向所在地省、自治区、直辖市人民政府出版行政管理部门提出申请；省、自治区、直辖市人民政府出版行政管理部门审核同意后，转报国务院出版行政管理部门审批。"

以上法律规范说明，我国政府对创办出版机构实施比较严格的许可和管理制度，对创办出版机构的主体实行主办主管单位制；公民的出版活动，须通过合法的出版机构实现；目前登记注册的出版单位在产权性质上多属国家所有。这一状况与目前我国宏观的政治、经济、文化体制等具体国情存在必然的联系。侧重于事前防范和产业链上游规制的出版机构规制政策，对于确保执政党、政府有效领导和积极调控新闻出版业、预防非法出版具有比较重要的作用。在政治、经济、文化层面的各项宏观体制改革的推动下，中国新闻出版业正在经历一个制度变迁、机制转型的阶段。作为我国文化体制改革的一个重要组成部分，我国出版发行体制改革正按照"区别对待、分类指导、循序渐进、逐步推开"的原则进行。目前，包括中央级出版机构、地方出版机构、高校出版机构在内的多种类型的出版机构主体正在积极探索自身的发展道路，相关的制度建设工作处于试行、探讨、摸索阶段。在未来可以预见的一个时期内，我国出版业的运行体制将是出版机构以"双轨制"或"多轨制"发展。与这种出版机构分类运行体制相对应的是，政府应建立、完善对出版机构分类规制的宏观政策体系。在这一过程中，尤其应当尽快建立健全符合新形势、新环境和我国国情的，有利于出版业健康、有序发展的出版机构法律调控体系。

三 出版机构行为规制

政府对出版机构行为的规制涉及多方面的内容，但理论上通常着重分析预防制和追惩制。预防制是指事先限制的出版监管制度；追惩制是对出版主体的过失采取事后惩治的出版监管制度，即在出版物出版发行后，通过有关机构审读样书或社会舆论监督，发现违法行为时，依照出版法律或其他法律予以惩处。

西方国家对出版机构行为的规制采取追惩制，绝大多数西方国家的法律规定要对出版、印刷、发行责任人予以明确，规定实行出版物版本呈缴制度。如法国《出版自由法》规定，所有印刷品在出版之时，其印刷者须送交两份备案，所有公开发表的印刷品都必须注明印刷者的姓名及住址，否则将处以罚款或监禁。西方国家在版本呈缴制度上不仅关注国家机关对出版主体的管理和监督，而且也多出于文化目的而作出此项规定，如英、美等国规定要向国家图书馆或著名大学图书馆呈缴、登记出版物。我国

《出版管理条例》第 20 条、第 23 条、第 33 条分别规定实行出版计划和重大选题审批备案制度、出版物样本送缴制度、印刷或复制许可证制度。第 25 条规定实行出版单位编辑责任制度，即如果编辑失职，就要追究出版单位法人和责任人的法律责任，这种出版单位的内部工作制度带有一定追惩制的成分。总的来说，出于历史、社会原因，我国对出版机构行为的管制采取预防制，这有利于保证出版活动在法制轨道上良性发展。

西方国家用以调控出版活动的法律比较细化，调控范围很广，几乎囊括了出版活动的所有方面。例如，在规范书业市场竞争方面，法国专门制定了针对书价的《雅克·朗法》，英国制定了《图书贸易法》，日本的《大规模零售店铺法》对书店营业面积作出了专门规定，德国《竞争限制法》对图书销售给予了规定。我国的《出版管理条例》及有关法规对发行单位的资格认定、出版社自办发行的权限、外资介入出版物分销业务、出版物的连锁经营等问题也作出了规定，但在入世后出版分销等环节的竞争日趋激烈的情况下，我国有必要制定更高规格、更完善、更具体的法规。

在对违法出版行为的法律处分上，西方国家的出版法律对违法出版行为的法律责任进行了详细规定。如法国《出版自由法》规定，出版物的负责人要对违法行为负主要责任，而不管其个人动机如何。此外，下列人员可能以同谋犯的名义受到起诉：被指责的出版物的作者、印刷者、出售者，以及一切普通法所适合的人员。英国《淫秽出版物法》详细规定了出版淫秽出版物的认定和处罚标准，英国《刑事审判与公共秩序法》规定，出版淫秽出版物属于严重刑事犯罪。在西方国家，没收出版物、吊销许可证等处分，一般由法庭行使，在特殊情况下，行政机关可以没收出版物，但必须在指定时间内将案件移交法庭审查决定。如意大利现行宪法规定："对出版物的没收，必须根据出版法认为触犯诽谤罪或违反法律统治，才能由司法机关依法律程序处理。"西班牙宪法规定："仅根据司法判决，才可没收出版物。"这些规定为追究违法出版行为的法律责任确定了合理界限，有利于保障公民出版权利。

我国《出版管理条例》对违法出版行为的法律责任作了具体规定。该条例第54—66条对违法出版的行政处罚作了详细规定，同时规定，构成犯罪的，依法追究刑事责任，构成民事侵权的，依法追究民事责任。我国出版行政管理机关对违法违规出版主体行使行政处罚权，处罚的方式有警告、罚款、没收非法收入、封存出版物、责令出版单位停业整顿直至吊销登记证等。我国未规定没收出版物由法院决定，但根据《行政诉讼法》，当事人对行政机关的具体行政行为不服，可以提起行政诉讼，从而也起到防止行政机关任意处罚的作用。今后，在条件成熟的情况下，我国可进一步增强司法处分的作用。我国的出版法律对违法出版行为的法律责任规定得比较详尽，这对出版业沿着法制化轨道发展具有重要作用。但我国的一些出版规章、政策不像法律法规那样具体、可操作，也不太容易进行司法解释，而西方出版法律体系中的行政法规则较为全面、可操作性强。我国的出版法律法规有必要向更明确、更清晰、更全面的方向完善，在管理上要加大"依法行政"的力度，这对守法和执法都十分重要，西方国家在这方面的经验值得我们借鉴。

利用WTO例外规章进行立法，是一些西方国家对出版业进行保护的通行做法。我国应尽快建立健全与WTO例外规章及社会主义市场经济发展相适应的出版法律体系。首先要充分研究欧盟、加拿大、法国、美国等国家和地区的文化、信息政策与规章，了解欧盟与美国视听服务贸易之争，在此基础上调整我国现行的出版法规政策。其次，总结 20 世纪 90 年代以来我国在对外合作方面行之有效的做法，结合国外出版产业的惯例，在我国的出版法规政策中增加与对外合作相关的内容。例如，根据印刷、复制、发行等外资可介入的领域的发展状况和特点，确定外国资本在这些领域合资、合作企业的股权比例和合作方式，规定这些企业中中外高级主管人员的结构和比例等。

西方国家近年来出台的涉及出版业的信息法律较多，如美国自 1998 年以来陆续颁布了《数字千年版权法》、《下一代因特网研究法》、《2000 年信息和准备情况披露法》等法律。为适应社会信息化的发展，我国要尽快制定、完善与出版业有关的信息法规和政策，推动出版业快速、健康发展。

四 出版传播内容规制

西方各国的宪法、法律均对出版传播内容加以严格的限定。美国宪法修正案第 1 条规定："国会不得制定剥夺言论自由或出版自由的法律。"但是，在美国的司法实践中并不排除以内容为基础的对言论出版进行限制的法律，最高法院说："有一些言论属于明确界定和严格限制之列，对这些言论予以禁止和惩罚从不认为会引起违宪问题。"[①] 美国的法律和法院判例对出版产品内容作出以下规定：（1）没有引发危害公共秩序导致暴乱的言论自由；（2）没有泄露国家机密的言论自由；（3）不得出版猥亵、海淫、色情的黄色刊物；（4）不得恶意诽谤；（5）不得出版和分发侮辱和取笑任何种族、民族、信仰或宗教的刊物，等等。

英国 1857 年通过了《淫秽出版物法》，该法规定，无论是

---

① ［美］杰罗姆·巴伦等：《美国宪法概论》，刘瑞祥等译，中国社会科学出版社 1995 年版，第 188 页。

书籍，还是杂志，如果从整体上看具有腐化读者趋势的，均可认定为淫秽出版物。1959 年修订的《淫秽出版物法》规定，出版淫秽作品即是犯罪。这里的"出版"包括发行、散发、销售、租赁和出租，甚至免费赠送。1964 年该法修订后，将处罚范围扩大至以此为营利目的而出版的作品，而且印刷商、发行商、批发商、商店店主均面对刑事处罚。英国《刑事审判与公共秩序法》（1994）规定，出版淫秽出版物属于严重刑事犯罪。英国《儿童保护法》、《官方机密法》等法律也对出版产品的内容作出了规定。

根据法国《出版自由法》及有关法律，出版产品的禁载内容包括：国防机密、司法机密、罪行材料、未成年犯、假消息、教唆犯罪、伤害风化等方面的内容。德国《传播危害青少年之文学作品法》专门对色情、淫秽出版物进行控制。

当前，发达国家在对出版产品内容实施监管的过程中，较为重视对网络等新媒体内容的管制。例如，早在 1996 年，英国政府就颁布了网络监管行业性法规《3R 安全规则》；德国于 1997 年通过了《多媒体法》；1998 年，《儿童网上保护法》获得美国国会批准，并经美国前总统克林顿签署之后生效。

对出版产品的传播内容进行规制，是维护我国社会制度和国家安全，保障正常的社会、经济秩序，保护公共利益和公民合法权益的需要，也是确保出版活动有益于提高民族素质、有益于经济发展和社会全面进步的需要。我国《出版管理条例》（自 2002 年 2 月开始施行）第 26 条、第 27 条对出版产品的内容进行了详细的规定，《互联网出版管理暂行规定》（自 2002 年 8 月开始施行）也就互联网出版物的内容进行了相关规定。除《出版管理条例》《互联网出版管理暂行规定》之外，《刑法》、《国家安全法》、《保守国家秘密法》、《治安管理条例》、《民法通则》、《未成年人保护法》、《著作权法》、《反不正当竞争法》、《证券法》等法律法规中也有对出版产品内容进行管理的规定。例如，依照《刑法》规定，在出版产品内容上可能发生的犯罪有：煽动分裂国家罪、煽动颠覆国家政权罪、泄露国家秘密罪、制作传播淫秽物品罪、损害商业信誉罪、侮辱罪、诽谤罪等。在我国，对出版产品规制的重要手段之一就是开展"扫黄打非"，"扫黄打非"是政府针对出版领域的一种社会性规制行为。

通过比较我们可以发现，尽管由于社会制度和国家性质的不同，各国对出版产品的内容规制仍有一定的一致性，从形式上看，不外乎两大类：一是为保障国家利益而设的限制，如对煽动性言论、泄露国家机密的限制；二是为保障公民和社会组织的利益而设的限制，如对诽谤性言论的限制。我国法律对出版产品内容已有一系列的规定，但是对于出版产品禁止内容的判断标准及处理措施尚需继续完善。从宪法对出版权利保护的内涵来看，如何进一步完善有关规定，是一个至关重要而又十分复杂的课题。

五　出版产品价格规制

价格是引导资源配置的主要因素，因此，价格规制是政府对出版经济活动规制的核心内容。价格规制的执行效果直接影响政府对出版市场规制的实际成效。出版产品价格规制的主要内容是指政府从出版资源有效配置和出版产品公平供给的角度出发，为出版行业设计一系列条件和标准，指导出版机构的价格决策。

（一）西方国家的出版产品价格规制

世界各国对出版产品市场价格规制的情况可分为两类：一类是对出版产品市场价格进行较为严格的管制，实行出版产品的统一定价制度或限价制度，如法国、日本、德国等西方国家和中国；另一类是实行出版产品的自由定价制度，如英国、美国、比利时等国家。

出版产品统一定价（或限价）制度的实质在于出版商在出版产品进入市场之前，就已经确定了出版产品的零售价格，零售商只能按照定价销售，其优点在于出版产品价格较为稳定，有利于维护出版市场秩序。从目前的情况来看，实行出版产品统一定价制度或限价制度的国家占多数。法国是这类国家中的典型代表，法国先后实行过 3 种出版物定价制度，即建议书价制度、"纯"书价制度和统一书价制度。所谓建议书价，是指由出版商向书店提出图书的建议售价，出版商按不同季节，根据政府对物价不同的控制政策，自由地对书价提出建议。建议价一般印在书上，书店以此价作参考，自行确定图书售价。纯书价制度是法国1979 年针对建议书价实行的一种新的书价制度，即要求出版商以某一确定书价将书卖给书商，书籍上不许印出标价，从而使书商可以自由地确定图书的零售价格。前两种出版物定价制度使得法国大型书业企业低价售书的行为合法化，而使中小型书业企业的经营出现困难。因此，法国于 1981 年 8 月制定了著名的《雅克·朗法》（自 1982 年 1 月 1 日起生效），《雅克·朗法》以实行统一售价政策、保护中小书商利益为核心。根据《雅克·朗法》的规定，法国实行出版物统一定价制度。法国的出版物统一定价制度是指由出版商确定图书的零售价格，并将定价印在书籍上，书商按统一书价出售，不允许随意变价出售。法国图书价格分完税价和非完税价两种，一般在国内销售的图书实行完税价，出口图书可享受非完税价。统一价格制度并不是要求绝对的、无原则的价格统一，《雅克·朗法》对实行统一定价作了一些补充规定，在一些特殊情况下出版物可以降价出售。1985 年 3月 21 日，法国最高法院公布了《关于违反〈雅克·朗法〉的惩罚条例》（以下简称《条例》），国务会议还制定了《条例》的实施细则，规定了对违反《条例》的行为进行处罚的措施。在实践中，法国政府严格执法，通过一系列民事诉讼与罚款，维护了上述法规的权威性，有效地保证了法国出版市场的正常交易秩序。《雅克·朗法》保障了作者创作的积极性，保护了中小出版商、书商的利益，法国出版市场的繁荣与多元化在很大程度上得益于这部法律。

日本是对出版产品市场价格实施较严格管制的又一个典型国家。日本自大正年间（1912—1926 年）起实行出版物的定价销售制度，其初衷在于抑制出版市场的恶性竞争。1978 年，日本公正交易委员会基于出版市场需求和流通业的发展变化，提出了废除定价制度的建议，由此引发了持续 20 多年的论争。论争的结果是，日本在实行出版物定价销售制度的同时，鼓励出版业对经过一定销售时间后的出版物实施"限期定价"和"部分定价"等富有弹性的定价办法。日本出版界认为，如果从促进市场竞争的角度考虑，应该废除出版物定价制度，但由于各方在废除或保存出版物定价制度的问题上尚未达成共识，而且考虑到取消定价制度可能引致出版市场的恶性竞争和出版物质量的下滑，所以目前仍保留这一制度。

出版产品自由价格制度的实质就是定价权从出版商手中转到销售商手中，销售商对出版产品价格具有更大的主动权，其优点在于出版产品价格能随行就市、便于灵活调整。实行出版产品自由定价制度的国家有英国、美国、瑞典、比利时、澳大利亚等国。英国在 1996 年之前实行出版产品定价销售制，出版界遵循"净价书协议"。"净价书协议"旨在控制不正当的价格竞争，它规定任何一种由出版社出版的新书，不管书店的订货量有多大，也不管出于何种慈善动机，或读者有何特殊情况，书店均不得以低于出版社规定的价格出售。净价书是指除教科书、某些儿童读物以外的图书。1995 年，英国以妨碍自由竞争、对消费者不利为由，废止了这一拥有百年历史的制度，出版业实行自由定价制度。

在美国，不存在以书刊为对象的统一定价销售制度。图书出版商在图书上不印定价，但在图书目录和广告上标注定价，出版商在此定价的基础上以一定折扣将图书卖给零售书店，零售书店按此定价打折扣或不打折扣将书卖给读者，零售书店一般打印售价标签贴在书上，以资识别。期刊出版商在期刊上标明售价，零售商一般按此定价出售，但也可以打折出售。也就是说，美国的书刊零售价由零售商决定，其主要理由在于：美国市场非常广阔，流通渠道也十分复杂，要想监督全国的零售价格并有效地维持统一价格，实际上是行不通的。[①]

通过以上对主要西方国家的出版产品价格规制制度的考察，我们可以发现：对出版产品价格的规制并没有统一的标准，选择何种价格规制方法（较为严格的限价制度或自由价格制度），主要由各国国情和出版市场发展的实际需要决定。就一般情况而言，实行出版产品限价制度的国家较为强调出版产品的文化属性，而实行出版产品自由定价制度的国家多将出版业视同一般的经济产业，鼓励出版市场自由竞争。

（二）中国的出版产品价格规制

新中国成立以来，我国出版产品价格规制政策经历了多次调整。1949—1956 年，国家对出版机构的管理主要体现在出版方针的制定及监督执行方面，对出版物定价并无具体要求和规定，出版机构自行确定出版物价格。1956—1984 年，我国实行书刊

① 王益等：《世界各国：书刊实行定价销售制还是实行自由价格制》，《出版参考》1998 年第 3 期。

统一定价、按印张分类定价、明码标价、保本微利的政策。1956
年，我国开始对出版产品价格实行管制。1956 年 2 月，文化部
颁布了全国图书、期刊定价标准，确定了图书按印张分类定价的
模式，将图书分成 11 大类、26 项，不同类别的图书有不同的定
价标准。这个模式的基本特征是"保本微利"，即不以实际成本
为基础定价，只与出版物类别有关。1956—1984 年，我国一直
实行出版物分类别按印张定价的方法，这期间由于政治运动的需
要，强调低价政策，但还是遵循"保本微利"的原则。正是在
这一原则的指导下，我国出版物价格长期偏低。1984—1988 年，
我国启动书价改革，实行按大类确定每印张定价幅度，地方书价
地方管理的出版价格政策，但出版企业仍不能自主定价。1988—
1992 年，我国实行控制图书定价利润率的出版价格政策。1992
年以后，我国仍实行出版物定价销售制度，但是除中小学课本和
大中专教材仍实行国家定价外，其他出版物的定价标准基本由出
版单位自行制定。1993 年 4 月，国家物价局出台文件，明确了
除大中专教材、中小学课本及教辅、党和国家重要文献有专门规
定外，其他图书由出版机构根据纸张成本、印刷工价、发行册数
自行定价，这就意味着我国放开了一般出版物的价格，出版机构
在出版物定价上有了较大的自主权。

　　从上述我国出版产品价格规制政策的发展历史来看，在计划
经济时代我国出版产品的价格受到比较严格的规制，但随着我国
经济体制改革的不断深入，出版产品价格规制开始由严紧走向宽
松，价值规律和市场因素逐渐成为制定出版产品价格的主要依据
和决定因素。出版产品价格规制政策的变革不仅反映了我国出版
业的发展历程，而且也反映了我国社会经济、文化制度的变迁。

　　我们应该辩证地、历史地看待我国的出版产品价格规制制
度。我国长期实行的出版产品统一定价制度是特定历史条件下的

产物，这一制度在一定的历史环境下对出版业的繁荣发展发挥了积极的推动作用，其合理性具体表现在：符合不同地域经济、文化发展水平差异大及市场环境复杂等国情；有利于政府监督管理；有利于保障出版产业链中生产、流通、消费等环节的利益均衡。但是，出版产品统一定价制度也存在一些不足：我国目前实行的出版产品统一定价制度仍带有一定的计划经济痕迹，出版产品价格也因此具有较为浓厚的垄断色彩；在出版物统一定价制度下，出版成本、交易费用以及各环节利润都预先包括在定价之中，预期利润具有前置性和固定性的特点，出版产品价格不能随着市场行情的变化而灵活变动；出版产品价格对市场变化的反映存在滞后性，难以准确反映需求量和销售量的变化；在某些地区或专业领域的出版市场上，出版产品的市场价格存在不合理现象，例如，我国出版业中的"高定价、低折扣"行为是一种影响公平竞争的不正当经营行为，严重破坏了市场秩序，必须严加管制。

随着我国出版业的发展和出版体制改革的深化，我国原有的出版产品价格规制方法已经不能完全适应新形势的需要，应该进行适当变革。笔者在此就我国出版产品价格规制改革提出以下建议。

第一，政府出版行政主管部门应该尽快完善出版产品价格管理办法，完善对于出版市场价格行为的约束机制，通过法律、经济手段规范出版产品定价行为，对不正当经营手段加强管制，通过政府必要的引导和市场竞争规则，使出版产品价格趋向合理。

第二，对出版产品的价格实行分类规制，对于公共产品属性较强的出版产品，应加强价格规制，而对于一般出版产品，应逐步建立主要由市场形成价格的机制。

第三，对垄断性出版产品加强价格规制，如实施中小学教材限价政策；除对教材严格限价外，还要逐步完善适用于其他出版物的价格制定指导意见。

第四，考虑到我国不同地区经济发展水平不均衡、物价指数相差较大等因素，可尝试推行地区差别定价方法。

第五，公布出版产品成本核算方法，增加出版产品定价的透明度，形成有效的社会监督机制。

结　　语

　　本书选择微观经济学的研究范式和分析框架，对出版产品、出版传媒机构、出版产品需求与消费者行为、出版供给与出版传媒机构供给行为、出版传媒产业的市场垄断与竞争、政府对出版传媒市场的规制等出版经济问题进行了系统的研究。

　　为了给出版经济学研究提供较为坚实的理论依托，将出版经济学研究置于宏阔的理论背景之中，作者对经济学说史上有关精神文化经济、信息经济的理论学说进行了系统的梳理、归纳，这些理论学说对于出版经济学、传媒经济学理论体系的构建具有重要的基础学理价值，可被视为出版经济学、传媒经济学的相关理论基础。唯有同时具备"较高的理论起点"和"稳固的实践根基"，出版经济学、传媒经济学研究才能体现其应有的理论价值和现实意义，才能获得其长久的生命力。

　　出版产品是出版活动的生产对象和出版消费的主要对象，是出版经济活动的核心范畴。出版产品的经济特征是出版经济学需要研究的首要问题，选择出版产品作为出版经济学研究的逻辑起点和基点是合理的。出版产品的经济特征应包括出版物的经济特征和版权（著作权）的经济特征两方面，出版产品的经济特征直接决定着出版机构的经济属性。

　　作为内容产品和文化商品，出版产品是精神产品与物质产品的统一形式，是文化资本与经济资本结合的产物。在新的经济、技术环境下，出版产品的经济物品属性需要进行深入研究。技术、市场条件、制度、政策等因素对出版产品的经济属性具有重要影响。从中外出版业的现实来看，出版领域中具有私人产品属性、公共产品属性、准公共产品属性和混合产品属性的出版产品是共存的。

　　明确和重视版权的经济特征对出版企业和出版产业的发展具有重要意义；阐明版权的经济特征，也是研究出版经济学的一个先决条件和重要基础。版权在使用价值和价值方面的特征是，版权不必以牺牲所有者对其知识、信息及技术成果的使用价值为代价，可以同时向多人转让知识、信息及技术成果的使用价值，并可以从特定的多个人那里获得其价值补偿，甚至可以反复地获得价值补偿。版权的价值并不是取决于生产它所耗费的社会必要劳动时间，而是取决于其社会需求程度和所能转化成的效益。版权的经济寿命与其法律寿命不尽相同，版权的经济寿命由无形损耗决定。某些版权的经济寿命在不断缩短。产品的生命周期理论对于评估版权的经济寿命具有一定的借鉴意义。

　　不同的出版产品在经济特征上存在一定差异，这决定了不同的出版产品应该采用不同的规则和模式进行公平、有效的提供。在出版领域，由于部分出版产品具有公共产品或准公共产品、混合产品的经济属性，完全通过市场机制由营利性出版机构来提供所有出版产品是不现实的，那样不仅会不利于社会公平、公正目标的实现，也会影响提供出版产品的经济效率。不同经济性质的出版机构的共存是合理的，也是必要的。在选择出版产品的供给机构及其运营机制时，可以将出版产品的技术特征、需求特点、交易费用，出版传播活动的伦理目标以及供给机构的无形资产作为判断标准进行综合考虑。

　　出版产品的需求与消费问题是出版经济学研究的核心内容

之一。出版产品的需求具有复杂性特点，出版产品的交换价格水平、消费者个体资源、消费者的偏好、消费者对未来的预期、出版产品的供给状况及国家政策导向等因素对出版产品需求影响较大。在其他条件既定的情况下，出版产品的需求量与出版产品自身价格之间呈反方向变动关系。出版产品的需求价格弹性不高，这是就总体和某一历史时期而言的。在出版领域，不同出版产品的需求价格弹性存在一定差异，对于那些容易找到替代品的出版产品，如通俗普及读物等，其价格弹性相对要高，而某些对于消费者是必不可少且较少有替代品的出版产品，如指定的教科书、行业标准出版物等，则有较低的价格弹性。必须注意的是，目前不同的媒介、信息产品正在相互渗透、彼此兼容，呈现跨媒体发展的趋势，出版产品的需求价格弹性并非是一成不变的。除了受到产品可替代程度的影响之外，出版产品的需求价格弹性还受到以下因素的影响：消费者对出版产品的需求程度、出版产品消费在消费者家庭支出中的比例、出版产品发挥效用的程度等。

在提供给消费者的出版产品具有异质性和差异性的前提下，出版产品的消费具有边际收益递增的特点。即出版产品的消费数量越多，传播范围越广，其效用就能越充分地发挥。对于某一特定的出版产品而言，消费者从同一出版产品中获得的知识、信息是有限度的，或者在一定时间内提供给消费者的不同出版产品中存在大量重复、雷同的知识、信息，那么在这些情况下，消费者从出版产品中获得的边际收益是递减的。在具体分析出版产品效用和消费者边际收益时，应该充分考虑消费者需求的变化、出版产品使用价值发挥作用的客观条件变化以及消费的时效性等因素。

对于出版领域而言，出版产品的消费者并不是被动的接受者，而是整个出版活动中极具活跃性的决定性因素。消费者在选择不同的媒介产品时存在偏好，在选择同一类出版产品中的不同产品时也存在不同的消费取向。出版产品的消费符合消费者经济活动的一个普遍特征：消费者在获取了可支配的资源（包括收入、时间等）以后，通过一系列的选择和决策，最终将这些资源分配在一定的用途上，从而最大限度地满足自己的需要（当前需要和未来需要）。但需要提及的是，并非所有的出版产品消费都是基于消费者理性基础之上的，部分消费者对出版产品的使用只是习惯所致。以经济学的眼光来看，出版产品消费行为实际上包括三个环节：消费决策→实施消费→消费结果。其中，出版产品消费者的决策大致包含了三个层次：消费者的资源初次分配选择；消费者的资源再分配选择；消费者的资源消费—购买选择。消费者对于出版产品消费的资源投入具有二重性：不仅投入了货币，而且投入了时间。用"理性经济人"思想来看，出版产品消费者在消费过程中会追求个人收益的最大化，而这种追求个人收益最大化的自由行为会无意识地、卓有成效地增进社会的公共利益，产生一定的外部收益。传播学视角下的出版产品消费行为模式与经济学视野中的出版产品消费行为模式存在诸多可以融通之处。

出版产品供给行为因受到社会政治、经济、文化等诸多因素的影响，而具有其复杂性。对出版产品的市场供给影响很大的因素主要包括：技术因素、价格、出版物需求状况、出版企业所奉行的战略与策略、出版企业对未来行情预期、政府的出版产业政策。

在其他条件不变的情况下，出版产品的供给量与出版产品价格之间呈正向变动关系，即供给量随着出版产品本身价格的上涨而增加，随着出版产品本身价格的下降而减少。对于这一供给规律，必须加以说明的是：这一规律在一定的政策条件下适用，但在很多政策环境下则不适用或不完全适用；这一供给规律适用于大多数出版企业和出版产品，但对于一部分出版机构和一些特殊的出版产品并不完全适用；任何一条出版产品的供给曲线只反映某一时期某类出版产品的供给状况；供给曲线向右上方倾斜一方面反映了出版企业对经济效益的追求，另一方面也意味着在供给量增加的同时，成本会相应地提高；出版产品的供给对市场价格的反应较为滞后；作为微观经济组织的出版机构，在实践中决定供给量时通常是依凭经验判断，出版产品的本期（当前出版周期）价格并不一定由本期产量决定，出版产品的本期价格也不一定能决定下期（下一出版周期）产量。

在出版领域，不同种类和不同环境下的出版产品具有不同的供给价格弹性：政府出版物和义务教育阶段的免费教材等公共产品或准公共产品的供给缺乏弹性或无弹性；以市场模式运作为主的一般性大众出版物的供给存在一定的弹性。但是，就出版行业整体而言，出版产品是缺乏供给价格弹性的。必须提及的是，尽管供给弹性是就供给量与价格两者变动的关系而言的，但分析出版产品的供给弹性时，必须考虑价格以外的其他因素，出版行业的产品属性和文化使命也决定了出版机构不能只顾经济效益、无视社会效益，不能急功近利、急于求成。本书还对出版生产函数与供给决策，出版生产成本，出版产品价格，中外出版机构生产行为的特点进行了分析，得出了一系列结论。

本书总结了现代市场经济条件下的出版传媒市场具有的一些共性特征。在考察出版市场的共性特征和中外出版业实际情况的基础上，作者认为，出版业的市场结构存在以下具体特征：出版市场主要分属于垄断竞争市场和寡头垄断市场两种市场形态；在一定的制度、政策环境下，完全垄断的出版市场是存在的；就不同的出版领域而言，大众出版、教育出版、专业出版三大出版领域的市场进出壁垒高低和产品差异性程度，决定了在不同的出版领域中存在不同的市场结构和竞争程度；如果将出版物粗略分为政府出版物、专业出版物、教育出版物、大众出版物四类，那么相应出版领域的市场化程度和竞争程度是递增的，如果将出版市场进行更深层次的细分，不同出版市场的市场结构也存在差异；出版产业链中的不同环节的垄断与竞争程度也存在差异：从上游往下游，市场化程度越来越高，垄断程度越来越低。在此基础上作者论述了出版市场不完全竞争的根源和有效竞争的前提，并分析了完全竞争假设条件下以及完全垄断、垄断竞争和寡头垄断条件下的出版市场的特征。

政府是出版经济活动中的重要主体，出版经济活动的有序开展和出版市场的健康运行离不开政府的适度干预。本书分析了出版活动中的市场失灵现象，在此基础上探讨了政府对出版传媒市场实施规制的经济学缘由和理论范围，对中外出版规制立法状况、出版市场进入规制、出版机构行为规制、出版传播内容规制和出版产品价格规制进行了分析，得出了一系列结论，并提出了一些建议。

在本书的写作过程中，作者有一个深切的感受：出版研究领域需要经济学理论和研究方法，但是要将经济学理论与出版业成功结合实属不易，因为出版业确有其特殊规定性和内在规律。由于作者时间和学识有限，而且出版经济研究所需资料的搜集存在一定困难（尤其是当前出版企业的经营数据资料较难收集），因此，本书难免存在一些缺憾与不足。尽管如此，作者今后仍将继续对出版经济问题进行深入研究，继续为出版经济学、传媒经济学理论体系的发展与完善而努力。

图表索引

参考文献

中文参考文献

1. ［英］亚当·斯密：《国民财富的性质和原因的研究》，郭大力、王亚南译，商务印书馆 1972 年版。

2. ［德］弗里德里希·李斯特：《政治经济学的国民体系》，陈万煦译，商务印书馆 1961 年版。

3. ［英］大卫·李嘉图：《政治经济学及赋税原理》，郭大力、王亚南译，商务印书馆 1962 年版。

4. ［德］马克思、恩格斯：《马克思恩格斯选集》第 1 卷，中共中央马克思恩格斯列宁斯大林著作编译局编译，人民出版社 1995 年版。

5. ［德］马克思、恩格斯：《马克思恩格斯选集》第 2 卷，中共中央马克思恩格斯列宁斯大林著作编译局编译，人民出版社 1995 年版。

6. ［德］马克思、恩格斯：《马克思恩格斯全集》第 26 卷第 1 册，中共中央马克思恩格斯列宁斯大林著作编译局编译，人民出版社 1972 年版。

7. ［德］马克思、恩格斯：《马克思恩格斯全集》第 47 卷，中共中央马克思恩格斯列宁斯大林著作编译局编译，人民出版社 1979 年版。

8. ［德］马克思：《1844 年经济学哲学手稿》，中共中央马克思恩格斯列宁斯大林著作编译局译，人民出版社 1985 年版。

9. ［德］马克思：《资本论》第 1 卷，中共中央马克思恩格斯列宁斯大林著作编译局译，人民出版社 1975 年版。

10. ［德］马克思、恩格斯，中共中央宣传部出版局编：《马克思恩格斯关于出版问题的言论》，中国展望出版社 1986 年版。

11. ［法］费尔南·布罗代尔：《15 至 18 世纪的物质文明、经济和资本主义》，顾良、施康强译，生活·读书·新知三联书店 1992 年版。

12. ［美］保罗·萨缪尔森、威廉·诺德豪斯：《经济学》（第 16 版），萧琛等译，华夏出版社 1999 年版。

13. ［美］哈尔·R. 范里安：《微观经济学：现代观点》（第 6 版），费方域等译，上海人民出版社 2006 年版。

14. ［美］斯蒂格利茨：《经济学》，梁小民等译，中国人民大学出版社 2000 年版。

15. ［美］道格拉斯·诺思：《经济史中的结构与变迁》，陈郁、罗华平等译，上海三联书店、上海人民出版社 2003 年版。

16. ［美］萨尔坦·科马里：《信息时代的经济学》，姚坤、何卫红译，江苏人民出版社 2000 年版。

17. ［美］E. 曼斯菲尔德：《微观经济学：理论与应用》，郑琳华等译，上海交通大学出版社 1988 年版。

18. ［美］阿尔文·托夫勒：《未来的冲击》，孟广均等译，新华出版社 1996 年版。

19. ［美］布赖恩·卡欣、哈尔·瓦里安编：《传媒经济学：数字信息经济学与知识产权》，常玉田等译，中信出版社 2003 年版。

20. ［美］罗伯特·皮卡德：《媒介经济学》，冯建三译，（台北）远流出版事业股份有限公司1994年版。

21. ［美］马丁·杰伊：《法兰克福学派史（1923—1950）》，单世联译，广东人民出版社1996年版。

22. ［美］约翰·费斯克：《理解大众文化》，王晓珏、宋伟杰译，中央编译出版社2001年版。

23. ［美］小赫伯特·史密斯·贝利：《图书出版的艺术与科学》，王益译，河北教育出版社2004年版。

24. ［美］艾佛利·卡多佐：《成功出版完全指南》，徐丽芳、吴赟等译，河北教育出版社2004年版。

25. ［美］克里斯·安德森：《长尾理论》，乔江涛译，中信出版社2006年版。

26. ［美］迈克尔·波特：《竞争战略——分析产业和竞争者的技巧》，陈小悦译，华夏出版社1997年版。

27. ［加］文森特·莫斯可：《传播政治经济学》，胡正荣等译，华夏出版社2000年版。

28. ［加］哈罗德·伊尼斯：《帝国与传播》，何道宽译，中国人民大学出版社2003年版。

29. ［英］弗里德利希·冯·哈耶克：《自由秩序原理》，邓正来译，生活·读书·新知三联书店1997年版。

30. ［英］马克斯·H. 博伊索特：《知识资产：在信息经济中赢得竞争优势》，张群群、陈北译，上海人民出版社2005年版。

31. ［英］丹尼斯·麦奎尔、［瑞典］斯文·温德尔：《大众传播模式论》，祝建华、武伟译，上海译文出版社1997年版。

32. ［英］保罗·理查森：《英国出版业》，袁方译，世界图书出版公司北京公司2006年版。

33. ［英］莱内特·欧文：《中国版权经理人实务指南》，袁方译，法律出版社 2004 年版。

34. ［英］伊恩·麦高文、詹姆士·迈考尔编：《国际出版原则与实践》，徐明强译，中国书籍出版社 1999 年版。

35. ［日］植草益：《微观规制经济学》，朱绍文等译，中国发展出版社 1992 年版。

36. ［日］小林一博：《出版大崩溃》，甄西译，上海三联书店 2004 年版。

37. 日本编辑学校编：《日本出版社概况——工作内容与组织形式》，申力扬译，高等教育出版社 1998 年版。

38. 巢峰：《出版论稿》，复旦大学出版社 2007 年版。

39. 巢峰：《政治经济学论稿》，复旦大学出版社 2007 年版。

40. 陈昕：《中国出版产业论稿》，复旦大学出版社 2006 年版。

41. 陈昕：《中国图书出版产业增长方式转变研究》，广西师范大学出版社 2008 年版。

42. 陈秀山：《现代竞争理论与竞争政策》，商务印书馆 1997 年版。

43. 崔保国：《信息社会的理论与模式》，高等教育出版社 1999 年版。

44. 端木义万：《美国传媒文化》，北京大学出版社 2001 年版。

45. 冯子标、焦斌龙：《分工、比较优势与文化产业发展》，商务印书馆 2005 年版。

46. 顾江：《文化产业经济学》，南京大学出版社 2007 年版。

47. 国家新闻出版总署图书出版管理司编：《中国图书出版产业报告（2005—2006）》，中国人民大学出版社 2007 年版。

48. 国家新闻出版总署图书出版管理司编：《中国图书出版产业报告（2003—2004）》，中国人民大学出版社 2006 年版。

49. 贺剑锋：《中国出版企业竞争力研究》，湖北人民出版社 2004 年版。

50. 胡知武：《版权经济实务》，中国经济出版社 2002 年版。

51. 黄恒学主编：《公共经济学》，北京大学出版社 2002 年版。

52. 郭志斌：《论政府激励性管制》，北京大学出版社 2002 年版。

53. 黄先蓉：《出版物市场管理概论》，武汉大学出版社 2005 年版。

54. 金碚：《报业经济学》，经济管理出版社 2002 年版。

55. 金冠军、郑涵主编：《全球化视野：传媒产业经济比较研究》，学林出版社 2003 年版。

56. 李思屈、李涛：《文化产业概论》，浙江大学出版社 2007 年版。

57. 林穗芳：《中外编辑出版研究》，华中师范大学出版社 1998 年版。

58. 林毅夫、蔡昉、李周：《充分信息与国有企业改革》，上海三联书店、上海人民出版社 1997 年版。

59. 刘宇飞：《当代西方财政学》，北京大学出版社 2000 年版。

60. 陆本瑞主编：《外国出版概况》（修订版），辽海出版社 2003 年版。

61. 罗紫初：《出版学原理》，武汉大学出版社 1999 年版。

62. 罗紫初、吴赟、王秋林：《出版学基础》，山西人民出版社 2005 年版。

63. 罗紫初主编、吴赟副主编：《出版学基础研究》，山西人民出版社 2005 年版。

64. 邵培仁：《传播学》（修订版），高等教育出版社 2007 年版。

65. 邵培仁主编：《媒介管理学》，高等教育出版社 2002 年版。

66. 邵培仁等：《文化产业经营通论》，四川大学出版社 2007 年版。

67. 邵培仁、江潜：《知识经济与大众传媒》，浙江大学出版社 1999 年版。

68. 马庆泉：《新资本论纲要》，中国人民大学出版社 2004 年版。

69. 史梦熊、牛慧兰、张杰等：《出版产业与版权法》，科学出版社 2000 年版。

70. 史正富：《现代企业的结构与管理》，上海人民出版社 1997 年版。

71. 王耀先：《出版社的经营管理》，辽海出版社 2001 年版。

72. 王益、汪轶千主编：《图书商品学》，人民出版社 1999 年版。

73. 王祖祥：《微观经济分析》，武汉大学出版社 2001 年版。

74. 乌家培、谢康、王明明：《信息经济学》，高等教育出版社 2002 年版。

75. 吴飞：《大众传媒经济学》，浙江大学出版社 2003 年版。

76. 吴江江等：《中国出版业的发展与经济政策研究》，湖北人民出版社 1994 年版。

77. 薛晓源、曹荣湘主编：《全球化与文化资本》，社会科学文献出版社 2005 年版。

78. 杨建文等：《产业经济学》，学林出版社 2004 年版。

79. 余敏主编：《国外出版业宏观管理体系研究》，中国书籍出版社 2004 年版。

80. 余敏主编：《前苏联俄罗斯出版管理研究》，中国书籍出版社 2002 年版。

81. 余敏主编：《2002—2003 国际出版业状况及预测：国际出版蓝皮书》，中国书籍出版社 2003 年版。

82. 曾华国：《媒体的扩张》，南方日报出版社 2003 年版。

83. 张锦华：《传播批判理论》，（台北）黎明文化事业公司 1994 年版。

84. 张军：《神秘王国的透视——现代公司的理论与经验》，上海译文出版社 1996 年版。

85. 张培刚：《微观经济学的产生和发展》，湖南人民出版社 1997 年版。

86. 张晓明、胡惠林、章建刚主编：《2004 年中国文化产业发展报告》，社会科学文献出版社 2004 年版。

87. 张友能：《图书市场规律探求》，厦门大学出版社 1992 年版。

88. 张卓元主编：《政治经济学大辞典》，经济科学出版社 1998 年版。

89. 赵曙光、史宇鹏：《媒介经济学：一个急速变革行业的原理与实践》，湖南人民出版社 2003 年版。

90. 中国现代化战略研究课题组、中国科学院中国现代化研究中心：《中国现代化报告 2004——地区现代化之路》，北京大学出版社 2004 年版。

91. 钟永诚主编：《作家·学者·出版人三方纵论出版大格局》，山东人民出版社 2005 年版。

92. 周源：《发达国家出版管理制度》，时事出版社 2001 年版。

93. 《中国图书出版资源基础数据库》课题组：《"九五"期间全国出版社竞争力评估报告》（上）、（下），《出版广角》2001 年第 10、11 期。

94. 安华：《一本书能赚多少钱 贝塔斯曼亮出底牌》，《出版参考》1999 年第 9 期。

95. 安庆国：《从欧美出版之比较看中国出版的发展》，《出版广角》2000 年第 9 期。

96. 白琳：《我国现有出版市场的博弈分析》，《科技与出版》2005 年第 6 期。

97. 白晓煌：《新编辑系统——日本中小出版社生存之策》，《出版参考》2001 年第 11 期。

98. 毕伟：《出版产业的市场作用机制及产业调控政策》，《中国出版》1998 年第 6 期。

99. 蔡继辉：《中国图书出版产业国际竞争力分析》，《出版经济》2004 年第 9 期。

100. 曹明、吴文华：《图书价格形成的经济学分析》，《价格理论与实践》2004 年第 3 期。

101. 巢峰：《出版物的特殊性——出版经济学绪论》，中国出版工作者协会编：《出版研究年会文集（1983）》，山西人民出版社 1984 年版。

102. 巢峰：《论出版物效益中的矛盾》，《中国编辑》2004 年第 4 期。

103. 巢峰：《要研究出版经济的特殊矛盾》，《编辑之友》2000 年第 1 期。

104. 巢峰：《中国图书出版业的滞胀现象——兼论出版改革

的症结所在》，《中华读书报》2005 年 1 月 26 日。

　　105. 陈浩义、冷晓彦：《我国中文电子图书市场竞争分析》，《情报科学》2005 年第 2 期。

　　106. 陈昕：《加快出版产业链和价值链的建设》，《编辑学刊》2004 年第 3 期。

　　107. 陈资灿：《图书价格及其定价改革》，《价格月刊》1998 年第 9 期。

　　108. 程三国：《中外出版业发展战略研究与竞争力分析》，《中国图书商报》2001 年 9 月 12 日。

　　109. 刁其武：《新中国图书出版的政府监管》，《当代中国史研究》2003 年第 6 期。

　　110. 杜珂：《打破行业垄断，扩大教材招投标试点——专访国家中小学教材出版发行招投标试点工作协调小组组长范恒山》，《中国改革》2005 年第 11 期。

　　111. 方卿：《论出版产业链的基本属性》，《出版科学》2006 年第 4 期。

　　112. 方卿：《提升我国科技出版的国际竞争力》，《出版发行研究》2003 年第 1 期。

　　113. 封延阳：《我国图书市场结构研究》，《出版发行研究》2002 年第 9 期。

　　114. 傅英宝：《图书的经济性评价》，《大学出版》1999 年第 4 期。

　　115. 高淑霞、盛晓东：《出版经济学刍议》，《科技与出版》2002 年第 6 期。

　　116. 韩梅、胡博：《出版体制改革带来的新冲动——破产退出机制的建立》，《大学出版》2004 年第 2 期。

　　117. 郝振省主编：《2005—2006 中国数字出版产业年度报

告》，中国书籍出版社 2007 年版。

118. 贺剑锋、刘炼：《我国图书买方市场的特征及对策研究》，《出版科学》2001 年第 4 期。

119. 贺剑锋：《对我国出版业市场进入与退出关系的思考》，《中国出版》2003 年第 3 期。

120. 贺圣遂：《出版经济应服务于出版文化》，《中国新闻出版报》2006 年 11 月 1 日。

121. 黄长征：《我国电子图书市场的问题、成因与对策》，《情报科学》2003 年第 2 期。

122. 黄凯卿、李艳：《从统计数据看我国网络出版的市场状况》，《出版发行研究》2003 年第 5 期。

123. 黄永华：《教育出版的现状、问题和思考》，《中国编辑》2005 年第 3 期。

124. 江鸣：《影响出版经济增长的几个非体制因素》，《出版经济》2001 年第 3 期。

125. 姜明：《浅谈出版社转制后的定位与政府职能转型》，《中国出版》2005 年第 8 期。

126. 金淑清、刘拥军、叶新：《中国出版社经济状况报告》，《出版广角》2000 年第 8 期。

127. 开儒：《控制发行价格，提升出版利润》，《出版经济》2004 年第 2 期。

128. 李莉、于睿：《图书出版业贸易监管体制的中外比较分析》，《生产力研究》2005 年第 11 期。

129. 李凌芳：《中外图书市场消费状况比较研究》，《图书情报知识》2004 年第 2 期。

130. 李勉：《正确对待出版经济问题》，《经济纵横》1986 年第 8 期。

131. 李明德：《版权产业与知识经济》，《知识产权》2000年第 1 期。

132. 李文云、徐励、唐惠颖：《管理课本，一点不能含糊》，《环球时报》2006 年 1 月 13 日。

133. 李星：《探讨图书的市场需求弹性规律》，《图书发行研究》1996 年第 4 期。

134. 李宇彤：《出版社图书营销体系优化的经济学分析及建议》，《出版发行研究》2001 年第 7 期。

135. 李治堂、张志成：《我国图书市场需求的实证分析》，《现代情报》2004 年第 1 期。

136. 李智慧、刘薇：《中国图书市场的宏观经济模型》，《出版参考》2005 年第 36 期。

137. 梁宝柱：《出版经济学的对象、性质、意义》，《出版发行研究》1990 年第 1 期。

138. 梁宝柱：《出版经济学的意义、任务及其理论体系》，《经济经纬》1993 年第 3 期。

139. 梁宝柱：《试论出版经济与国民经济的关系》，《出版发行研究》1991 年第 1 期。

140. 廖建军：《论出版产业的外部性与政府管理》，《图书情报知识》2005 年第 2 期。

141. 林江：《宽带时代的网络出版及其监管》，《中国出版》2001 年第 8 期。

142. 刘本仁：《目前非法出版活动的特点及其监管》，《出版发行研究》2003 年第 6 期。

143. 刘杲：《盼望出版经济学更快成长》，《出版经济》2000 年第 5 期。

144. 刘杲：《延续和完善出版经济政策》，《出版经济》

1999 年第 2 期。

145. 刘剑：《图书策划需经营者参与——日本出版业策划现状调查报告》，《中国图书商报》2003 年 12 月 19 日。

146. 刘杰：《出版经济学的研究及建构》，《出版科学》1996 年第 2 期。

147. 刘蔚绥：《浅议出版产业的核心竞争力》，《出版科学》2005 年第 3 期。

148. 刘峥：《电子出版物的价格影响因素及模式分析》，《情报科学》2003 年第 9 期。

149. 卢盈军：《图书价格构成与定价策略》，《中华读书报》2002 年 9 月 11 日。

150. 陆祖康：《我国图书市场供需特征分析》，《暨南学报》（哲学社会科学）1996 年第 2 期。

151. 罗紫初：《中外出版业宏观调控手段比较——中外出版业比较研究之二》，《编辑学刊》1998 年第 5 期。

152. 罗紫初：《中外出版业宏观调控体制比较——中外出版业比较研究之一》，《编辑学刊》1998 年第 4 期。

153. 罗紫初：《中外出版业经济政策比较》，《大学出版》2004 年第 1 期。

154. 彭建斌：《期刊市场中的竞争势力》，《中国出版》1997 年第 4 期。

155. 彭松建：《出版经济学之我见》，《出版经济》1999 年第 2 期。

156. 钱颖一：《宏观调控不是市场监管》，《财经》2005 年第 5 期。

157. 卿家康：《我国图书定价改革与当前书价》，《出版发行研究》1996 年第 4 期。

158. 邱勤：《买方市场条件下的出版经营观》，《天津商学院学报》2004年第6期。

159. 邵培仁：《论中国媒介经济管理的前景》，《中国传媒报告》2003年第4期。

160. 史玉德：《论出版经济在知识社会的动力地位》，《经济经纬》2000年第3期。

161. 孙寿山：《中国出版业现实竞争力研究分析》，《出版发行研究》2004年第12期。

162. 陶明远：《出版产业的核心竞争力及西部出版社核心竞争力的培育》，《中国图书评论》2004年第1期。

163. 田建平：《我国出版产业中"两个效益"问题之辨析》，《出版发行研究》2005年第5期。

164. 王东：《图书广告的妙用》，《中国图书商报》2002年4月9日。

165. 王芳：《自己的书自己出——美国图书出版界的DIY现象》，《中国图书商报》2003年4月4日。

166. 王建辉：《省域出版经济再思考》，《中国新闻出版报》2005年8月2日。

167. 王利民：《论著作权的性质》，《财经问题研究》1999年第7期。

168. 王连峰：《论著作权的经济属性》，《郑州大学学报》（哲学社会科学版）1997年第1期。

169. 王联合：《转制下的规制逻辑（上）：基于出版物属性的考察》，《出版发行研究》2005年第3期。

170. 王秋林：《出版经济学学科构建探讨》，《出版发行研究》2002年第7期。

171. 王睿新、丁永健：《图书出版发行业产业链的利润分配和效率分析》,《重庆社会科学》2005 年第 12 期。

172. 魏玉山：《国外新闻出版国家监管体制》,《出版发行研究》2005 年第 1 期。

173. 翁昌寿：《中国出版产业链理论构想与现实操作》,《编辑之友》2003 年第 3 期。

174. 吴乐平：《近观中国期刊市场走势》,《中国图书商报》2001 年 12 月 4 日。

175. 吴明华：《中外出版产业集中度比较分析》,《出版发行研究》2002 年第 9 期。

176. 吴士余：《出版泡沫与政府规制——读〈出版大崩溃〉》,《中国新闻出版报》2004 年 6 月 3 日。

177. 吴赟：《中外期刊消费市场比较分析》, 中国期刊协会主编：《中国期刊年鉴 2003/2004》, 中国大百科全书出版社 2004 年版。

178. 吴赟：《中西期刊业的产业集中度分析》,《出版参考》2005 年第 25 期。

179. 夏晗：《经济全球化与我国出版经济增长潜势》,《出版经济》2002 年第 3 期。

180. 徐丽芳：《网络出版的定价模式研究》,《出版发行研究》2004 年第 3 期。

181. 徐志京：《也谈"出版经济"的特殊矛盾——与巢峰先生商榷》,《编辑之友》2000 年第 6 期。

182. 阎晓宏：《关于出版产业、出版事业的界定以及分类指导问题》,《出版发行研究》2003 年第 2 期。

183. 杨贵山：《欧美专业出版商关注数字版权管理》,《中国图书商报》2003 年 7 月 25 日。

184. 杨红卫：《加强和完善出版物市场监管体系》,《中国新闻出版报》2003 年 10 月 14 日。

185. 杨永：《出版经济增长极定位的方法论构想》，《出版经济》2000 年第 1 期。

186. 姚德权：《我国新闻出版市场准入规制内涵与动因分析》，《出版发行研究》2004 年第 11 期。

187. 姚德鑫：《论出版产业整合》，《出版发行研究》2001 年第 4 期。

188. 姚建中：《出版物需求预测的风险分析》，《出版发行研究》2001 年第 8 期。

189. 尹章池：《影响我国出版市场的制度因素、制度缺陷与化解设计》，《编辑之友》2004 年第 4 期。

190. 于波：《图书商品与市场经济》，《社会科学战线》1999 年第 4 期。

191. 于友先：《论出版产业的两重属性与宏观管理》，《编辑之友》2003 年第 4 期。

192. 于友先：《论现代出版产业的双效益活力》，《出版发行研究》2003 年第 8 期。

193. 袁国雄：《图书发行市场结构与市场行为分析》，《出版科学》2003 年第 1 期。

194. 袁亮：《出版物的性质》，《出版发行研究》1996 年第 5 期。

195. 袁亚春：《图书定价的社会与经济意义及其分析》，《浙江社会科学》1997 年第 3 期。

196. 曾庆宾、刘明勋：《我国出版产业税收政策的思考》，《中国出版》2004 年第 4 期。

197. 张稷：《市场经济条件下辞书出版的宏观监管与市场规范》（上）、（下），《中国出版》2001 年第 11、12 期。

198. 张其友：《出版物量、本、利关系的边际分析》，《出版经济》2002 年第 5 期。

199. 张其友：《出版物需求弹性的微观调控策略》，《编辑之友》2005 年第 5 期。

200. 张其友：《出版物需求价格弹性的分析与应用》，《出版经济》2003 年第 4 期。

201. 张其友：《加强出版物定价管理的思考》，《出版经济》2001 年第 12 期。

202. 张其友：《影响出版市场需求非价格因素》，《出版经济》2004 年第 11 期。

203. 张五常：《经济解释》(38)，《21 世纪经济报道》2002 年 3 月 21 日。

204. 张霞：《跨媒体经营——出版产业结构调整新走向》，《图书情报知识》2005 年第 1 期。

205. 张晓玲：《关于我国图书发行市场的若干思考》，《经济师》2005 年第 1 期。

206. 张小争、佟鸿举：《版权：传媒产业的核心价值》，《传媒》2004 年第 2 期。

207. 张志成、李治堂：《我国图书发行业市场结构、行为与绩效分析》，《出版发行研究》2003 年第 12 期。

208. 赵晶：《我国书价虚高问题的 RPM 分析》，《华北水利水电学院学报》(社科版) 2005 年第 4 期。

209. 周昆、王甲东、张意：《不对称信息理论在期刊发行市场中的应用》，《编辑学报》2003 年第 5 期。

210. 周蔚华：《我国图书出版产业的集中度和规模经济分析》，《中国出版》2002 年第 10 期。

211. 周蔚华：《中国图书出版产业的供求分析》，《出版经济》2002 年第 9 期。

212. 周蔚华：《中国图书出版产业结构分析》，《出版经济》2003 年第 3 期。

213. 周蔚华：《中国图书出版的产业关联分析》，《大学出版》2004 年第 3 期。

214. 朱承斌：《论出版产业发展的税收政策支持》，《中国税务报》2000 年 10 月 9 日。

215. 朱胜龙：《出版产业链：拉动地方经济发展的强力引擎》，《当代财经》2004 年第 5 期。

英文参考文献

1. Albarran, Alan B. (1996). *Media Economics*: *Understanding Markets*, *Industries and Concepts*. Ames: Iowa State University Press.

2. Albarran, Alan B. (1998). *Global Media Economics*: *Commercialization and Integration of World Media Markets*. Ames: Iowa State University Press.

3. Alexander, Alison, James Owers, Rod Carveth, C. Ann Hollifield, & Albert N. Greco (2004). *Media Economics*: *Theory and Practice*. Mahwah, New Jersey: Lawrence Erlbaum Associates.

4. Bagdikian, B. (2000). *The Media Monopoly*. Boston: Beacon Press.

5. Bogart, D. (ed.). (2002). *The Bowker Annual*: *Library and Book Trade Almanac* (47th edition). New Providence, New Jersey: R. R. Bowker.

6. Book Industry Study Group, Inc. (2005). *Book Industry Trends 2005*. New York: Author.

7. Compaine, Benjamin M. , & Douglas Gomery (2000). *Who Owns the Media*？：*Competition and Concentration in the Mass Media Industry* (3rd edition). Mahwah, New Jersey：Lawrence Erlbaum Associates.

8. Croteau, David, & William Hoynes (2001). *The Business of Media*：*Corporation Media and the Public Interest.* The U. S. , London, & New Delhi：Pine Forge Press.

9. Daly, C. , Henry, P. , & E. Ryder (1997). *The Magazine Publishing Industry.* Boston：Allyn & Bacon.

10. David, Sloan W. (1993). *The Media in America*：*A History.* Scottsdale, Ariz. ：Publishing Horizons.

11. Doyle, Gillian (2002). *Understanding Media Economics.* London, Thousand Oaks and New Delhi：Sage Publications.

12. Eisenhart, Douglas M. (1994). *Publishing in the Information Age*：*A New Management Framework for the Digital Era.* Westport：Quorum Books.

13. Euromedia Research Group (2004). *The Media in Europe.* London, Thousand Oaks and Calif. ：Sage Publications.

14. Freeman, Christopher & Luc Soete (1997). *The Economics of Industrial Innovation* (3rd edition). Cambridge, Mass. ：MIT Press.

15. Gallagher, K. , Parsons, J. , & K. D. Foster (2001). A tale of two studies：Advertising effectiveness and content evaluation in print and on the web. *Journal of Advertising Research*, 41 (4), pp. 71—81.

16. Garnham, Nicholas (1990). *Capitalism and Communication*：*Global Culture and Information Economics.* London：Sage Publi-

cations.

17. Greco, Albert N. (1991). *Advertising Management and the Business Publishing Industry*. New York: New York University Press.

18. Greco, Albert N. (1999, Fall). The impact of horizontal mergers and acquisitions on corporate concentration in the U. S. book industry: 1989—1994. *Journal of Media Economics*, 12 (3), pp. 165—180.

19. Greco, Albert N. (2000, November). Market concentration in the U. S. consumer book industry: 1995—1996. *Journal of Cultural Economics*, 24 (4), pp. 321—336.

20. Greco, Albert N. (2001a, January). The general reader market for university press books in the United States, 1990—2000, with projections for the years 2000 through 2004. *Journal of Scholarly Publishing*, 32 (2), pp. 61—86.

21. Greco, Albert N. (2001b, April). The market for university press books in the United States: 1985—1999. *Learned Publishing*, 14 (2), pp. 97—105.

22. Greco, Albert N. (2004). *The Book Publishing Industry*. New York: Lawrence Erlbaum Associates.

23. Hatfield, S. (2001, May). The new task for publishers: Making the web pay. *Ad Age Global*, 23.

24. Hesmondhalgh, David (2002). *The Cultural Industries*. London, Thousand Oaks and New Delhi: Sage Publications.

25. Hoskins, Colin, Stuart McFadyen, & Adam Finn (2004). *Media Economics: Applying Economics to New and Traditional Media*. London, Thousand Oaks and New Delhi: Sage Publications.

26. International Federation of the Periodical Press (FIPP)

(2004). *World Magazine Trends 2003/2004*.

27. Katz, E. (1959). Mass communication research and the study of popular culture: An editorial note on a possible future for this journal. *Studies in Public Communication* 2.

28. Katz, E., M. Gurevitch, & H. Haas (1973). On the use of the mass media for important things. *American Sociological Review* 38.

29. Ludwig, J. (2000). The essential economic problem of the media: Working between market failure and cross financing. *Journal of Media Economics*, 13 (3), pp. 187—200.

30. Oda, Stephanie, & Glenn Sanislo (2001). *Book Publishing USA – Facts, Figures, Trends: Factors Shaping the US Book Industry 2000—2001*. London: Holger Ehling Publishing.

31. Oda, Stephanie, & Glenn Sanislo (2002). *The Subtext 2001—2002 Perspective on Book Publishing: Numbers, Issues & Trends*. Darien, CT: Subtext.

32. Ohman, R. (1996). *Selling Culture: Magazines, Markets, and Class at the Turn of the Century*. New York: Verso.

33. Picard, Robert G. (1989). *Media Economics: Concepts and Issues*. Newbury Park, Calif. : Sage Publications.

34. Picard, Robert G. (2002). *Media Firms: Structures, Operations, and Performance*. Mahwah, New Jersey: Lawrence Erlbaum Publishers.

35. Picard, Robert G. (2002). *The Economics and Financing of Media Companies*. New York: Fordham University Press.

36. Publishers' Board of Trade (U. S.) (2000—2006). *Publishers Weekly*. New York : F. Leypoldt.

37. Rubin, A. M. (1994). Media uses and effects: A uses-and-gratifications perspective. In J. Bryant and D. Zillmann (eds.), *Media Effects: Advances in Theory and Research*. Hillsdale, New Jersey: Lawrence Erlbaum.

38. Schumpeter, Joseph A. (1934). *The Theory of Economic Development: An Inquiry into Profits, Capital, Credit, Interest, and the Business Cycle*. Cambridge: Harvard University Press.

39. Siwek, Stephen E. (2004). *Copyright Industries in the U. S. Economy: The 2004 Report*.

40. Stokes, Jane C. (1999). *The Media in Britain: Current Debates and Developments*. Houndmills, Basingstoke, Hampshire: Macmillan; New York: St. Martin's Press.

41. Straubhaar, Joseph D., & Robert LaRose (2002). *Media Now: Communications Media in the Information Age*. Belmont, CA: Wadsworth / Thomson Learning.

42. Summer, D. (2001). Who pays for magazines? Advertisers or consumers? *Journal of Advertising Research*, 41 (6), pp. 61—67.

43. Transaction Periodicals Consortium (2000—2006). *Publishing Research Quarterly*. New Brunswick, New Jersey: Transaction Periodicals Consortium, Rutgers University.

44. Vogel, Harold L. (2001). *Entertainment Industry Economics: A Guide for Financial Analysis* (5th edition). Cambridge, New York, Oakleigh, Madrid, Cape Town: Cambridge University Press.

45. Woll, Thomas (2002). *Publishing for Profit: Successful Bottom-line Management for Book Publishers*. Chicago: Chicago Review Press, Inc.

46. Yoon, S., & J. Kim (2001). Is the Internet more effective

than traditional media? Factors affecting the choice of media. *Journal of Advertising Research*, 41 (6), pp. 53—60.

　　47. Zaret, David (1999). *Origins of Democratic Culture: Printing, Petitions, and the Public Sphere in Early-Modern England*. Princeton, New Jersey: Princeton University Press.

后　记

　　本书是在我的博士学位论文《微观出版经济理论研究》的理论框架基础上修改、充实而成的。它的形成、出版离不开许多师长、前辈的指导和督促，离不开亲友们的关心与帮助。

　　首先，我应该感谢珞珈山和求是园的两位导师——罗紫初教授和邵培仁教授。2004 年 9 月，我有幸成为我国出版学专业博士学位独立授权点招收的首届博士研究生之一，在武汉大学信息管理学院出版科学系罗紫初教授的指导下研习出版学。罗老师是我国出版学教育、研究领域的先行者和主要奠基人，他博学多识，对学术问题和业界动态常有锐见，作为我步入治学门径的引路人，罗老师给学生以很好的指点。博士学业完成后，得到浙江大学邵培仁教授抬爱，作为师资博士后进入浙江大学传媒与国际文化学院、浙江大学传播研究所学习、工作。作为我国传播学、媒介管理学研究领域的重要领军人物，邵老师渊博的学识、独到的眼光和勇于创新的气魄，令学生钦佩。邵老师对学生的学术研究给予了充分肯定和悉心指导，并鼓励学生申报各类科研课题，他关于"学术研究枪弹论"的精到阐述，给学生以深刻的启迪。在此，学生谨向两位导师致以深深的敬意和谢忱，感谢他们的栽培之恩，感谢他们的悉心关怀，感谢他们给予的成长机会。在他们的激励下，学生在学术之途上将更加奋力前行。

　　在武汉大学攻读博士学位之初，在与罗紫初教授就博士学位论文选题的多次交流中，我初步定下了出版学学理研究的大方向。具体选择出版经济理论研究作为博士论文选题，主要缘于以下几点：其一，自攻读硕士研究生起，我就对理论思辨课题有较大兴趣，撰写、发表过数篇出版学基础理论方面的学术论文；其二，出版学归根结底属于应用性的社会科学，即便是基础理论层面的出版学研究，也应充分关注、反映产业实践，出版经济理论便是一个能够与出版产业实践紧密结合的理论研究课题；其三，我对经济学、管理学比较感兴趣，硕士学位论文选题是期刊经营管理方面的。因此，在攻博的第一学年，我便定下了出版经济理论这一具体的研究方向，开始进行相关的理论积累和资料收集工作。在这一过程中，罗老师在提醒我进行出版学理论研究需要注意一系列难题的同时，鼓励学生创新，不断地给我信心和勇气。

在我的博士论文选题论证和本书写作过程中，许多前辈、师友给予了指导和帮助。出版界资深专家、原湖北省新闻出版局局长、中国编辑学会副会长、湖北省编辑学会会长蔡学俭先生向晚辈提供了热心的帮助和指点。在初入出版之门不久，我就知道蔡老是出版界的权威，蔡老执笔的《图书编辑工作基本规程》曾被国家新闻出版署在我国出版行业转发，后被列为国家标准。及至结识蔡老，发现他是一位慈祥、随和的长者，乐于指点后学。在看了我的博士论文开题报告后，蔡老不仅提醒我需要充分注意出版业的特性，不能将普通经济学理论往出版业生搬硬套，而且在自己的藏书中找出了一些珍贵的研究资料供我写作之用，令晚辈十分感动。出版界资深专家、《辞海》编辑委员会常务副主任、中国辞书学会名誉会长、中国编辑学会副会长巢峰先生也对晚辈的研究给予了可贵的指导和鼓励。巢峰先生不仅是出版家、编辑家，是中国出版界最高个人奖项

"韬奋出版奖"得主，而且是一位经济学家，长期兼任上海市经济学会会长、上海市经济学会名誉会长、上海社会科学界联合会副主席。在我国，"出版经济学"的概念和研究任务即由巢峰先生在 20 世纪 80 年代初最早提出。我曾去信向巢老请教，巢老热心提掖后进，很快就给予回复。巢老在信中对晚辈的研究进行了肯定和指导，并随信惠赠了自己新近出版的两部厚重论著《政治经济学论稿》和《出版论稿》。在今后的学术科研工作中，我会把蔡老、巢老等老一辈出版家的关心、鼓励当作动力，当作前辈的更高期望，更加努力。

在我研究出版经济学的过程中，武汉大学信息管理学院出版科学系的黄凯卿教授、方卿教授、吴平教授、黄先蓉教授、朱静雯教授、张美娟教授和北京大学信息管理系王余光教授、北京大学新闻与传播学院谢新洲教授等师长分别在理论框架建构、基本概念界定、写作章节安排等方面为我提供了宝贵意见。湖北长江出版传媒集团信息部主任贺剑锋博士给了我重要的建议。贺老师在编辑出版实务方面也向我传授过不少经验和心得。珞珈求学期间，我曾选修了曹之教授、王子舟教授的中国古代编撰史、文献学、版本学等与编辑学、出版学相关的课程，两位老师让我深层次地感受了国学的厚重，他们就专业论文的写作对我进行过认真的指导。身为省级优秀教师、武汉大学十大教学名师的曹之老师治学严谨、平易近人，每次批阅完我的课程论文并给出成绩后，都专门打电话告知。南开大学文学院赵航教授，南京大学信息管理系张志强教授，浙江大学传媒与国际文化学院李岩教授、李杰教授、吴飞教授，武汉大学丁成标教授，也给予我很多关心、指导和帮助，在此向这些老师、前辈致以衷心的感谢。

珞珈十年，和许多学友相识、同窗问道是一种可贵的缘分。读博期间，住在我楼上的一位兄长——同年级的杨帆博士，是我平日串门较频繁的同学。杨帆兄深具大哥风范，对我关照颇多；他思维敏锐，专攻数字信息咨询和网络社会学，与他的交流让我及时获知了一些相关专业领域的前沿信息，对我的专业研究有较大启发。湖南少儿出版社总编辑谢清风博士是业界的青年才俊，我们曾就出版业的经济问题进行过很好的交流。

本书为中国博士后科学基金会提供的中国博士后科学基金面上资助项目（资助编号：20070421205）、浙江省教育厅人文社会科学研究规划项目（资助编号：20070035）的研究成果。书中第五章第四节"出版产品价格的经济分析"和第七章中的"出版产品价格规制"为国家社科基金项目（资助编号：08CXW007）的阶段性研究成果。本书中的一些章节内容已作为单篇论文先后发表于《中国出版》、《出版发行研究》、《出版科学》、《大学出版》、《出版与印刷》、《中国编辑》、《编辑学刊》、《国外社会科学》、《经济导刊》等学术期刊，并有十余篇被《中国人民大学复印报刊资料》《中国期刊年鉴》全文转载。我要感谢这些学术载体和辛勤耕耘于其中的编辑老师们。这些承担着学术交流、发布重任的学术媒介，为我的研究成果提供了重要的展示平台。中国社会科学出版社王曦女士和王斌先生为本书的面世提供了极大帮助，在此深表谢意。

如我辈者以为，攻读博士学位是一个"与自我搏斗"的历程。在这一过程中，家人是我的坚强后盾。如果没有我的爱人、父母、岳父母的深挚关爱和鼎力支持，我难以顺利走到今天。我的爱人孙旭女士，和我一道品尝了人生的许多酸甜苦辣，她的爱和宽容不断地给我动力和勇气。正是有了她的理解，我才能经常以科研之名，对着一方电脑屏幕尽情地发呆。

让我更为感动的是，在我博士毕业以后，她舍弃了原来的工作，同我一道告别东湖之滨，前往西子湖畔，与我携手开创新的生活。我将这部专著视作献给我的亲人的一份礼物。

所有这一切，需要我加倍努力、永远珍惜！

吴 赟
2008 年初夏记于杭州